이 책은 환대를 기독교 구원을 구성하는 불가결의 요소로 이해한다. 저자는 복음서와 바울 서신을 '하나님의 환대'라는 관점에서 설명한 후, 신적 환대로 태어난 그리스도인들이 어떻게 세상에서 환대를 실천해야 하는지를 제안한다. 특히 우월적 주인이 베푸는 자선적 환대가 아니라 죄인을 식사 자리에 초청한 그리스도의 자기 해체적 환대를 주장한다. 또한 그리스도인들이 스스로를 주인으로만 생각하는 것이 아니라 때로는 세상 사람들의 손님이 된 입장에 설 필요도 있음을 강조한다. 이 책은 세상에 대해서는 말할 것도 없고 동료 기독교인들에 대한 환대에도 무능한 요사이의 한국교회가 꼭 들어야 할 메시지를 담고 있다.

김구원 개신대학원대학교 구약학 교수

1세기 중동인의 시각으로 신약성서를 해석하는 사람들에게 당시 있었던 외인에 대한 환대 문화는 성경을 읽는 키워드 중 하나였다. 그런데 본서의 저자는 이러한 환대가 단순히 당시 성경의 배경 문화가 아니라 신약성경의 핵심 주제이며, 이 환대가 바로 하나님의 인간에 대한 사랑과 인간 상호 간의 사랑에 대한 구체적인 표현이라는 것을 주석과 해석을 통해서 설득력 있는 어조로 표현해 내고 있다. 본서를 읽으면 환대가 얼마나 중요한 크리스천 윤리인지, 또 그 성경적 근거는 무엇인지 명확해질 것이다.

김동수 평택대학교 신약학 교수, 한국신약학회 직전 회장

나는 종종 "이친득구"(以親得救)라는 말을 사용한다 "친절을 통해 구원을 얻는다"는 뜻이다. 여기서 친절은 환대의 또 다른 용어다. 이 책은 환대가 구원과 밀접한 관련이 있다는 점을 성경신학적으로 매우 설득력 있게 논증한다. 누가-행전 및 바울 서신과 요한복음의 면밀한 해석을 통해 저자는 신적 환대와 구원의 관계성을 명증하게 드러낼 뿐 아니라, 신적 환대가 교회 공동체의 특성으로 인간의 환대로 확장되어야 함을 밝힌다. 특별히 환대의 사회적 함의를 집요하게 추적한 것은 이 책의 실제적 공헌이다. 호스트와 게스트의 유비를 통해 저자는 교회가 하나님의 환대를 재현해야 한다고 주장하면서 현대 교회는 환대 회복을 통해 이방인, 소수자, 외국인, 낙인 찍힌 자들, 이민자들과 같은 부류의 사람들을 구원 공동체 안으로 이끌어야 한다고 말한다. 환대를 선교적 차원까지 확장하는 저자의 통찰력에 찬사를 보낸다. 배타적인 한국교회의 지도자들과 목회자들, 신학생들에게 일독을 권한다. 교회 독서 그룹의 교재로 적격이다.

류호준 백석대학교 신학대학원 은퇴 교수

내가 거룩하니 너희도 거룩하라"고 말씀하신 하나님께서는 "내가 너희를 환대한 것처럼 너희도 남을 환대하라"고 명령하신다. 이 책은 교회가 세계와 사회로부터 격리되어 자신만의 성을 쌓는 바벨탑 마인드를 버리고, 환대의 손을 내밀어 이웃과 연대하며 하나님 나라를 확장해가는 성경적 태도를 택하라고 요청한다. 저자는 치밀한 성경신학의 토대 위에 사회학적 안목과 목회적 관심을 동원해 설득력 있는 실천 모델을 제시한다. 참다운 교회의 회복과 새로운 미래를 모색하는 이들에게 일독을 권한다.

유선명 백석대학교 신학대학원 구약학 교수

이 책은 '환대'가 신약성서의 핵심주제임을 밝혀 성서읽기의 새로운 지평을 활짝 연다. 저자는 만민을 환대하는 예수의 행동과 함께 '환대행위자'로서 초기 교회의 실천을 세심하게 주목한다. 신적 차원과 인간적인 차원에서 이루어지는 가치체계의 전복(順覆)을 환대의 관점에서 추적하여, 현대사회에서 파생되는 문제를 들춰내는 저자의 독법에는 학문적 신중함과 함께 폐쇄 공동체의 유혹에 빠진 현대교회와 그리스도인들에게 던지는 엄청난 도전이 숨어 있다. 결국 성서읽기의 지향점은 '말이 아닌 실천'임을 포착한 본서의 독서야말로 설교자와 신학도들이 곱씹을 필수과제가 되었다. 저자가 제시하는 환대의 중요성을 학습함으로써 환대신학의 부활은 물론 사회의 변혁주체로서 교회의 순기능이 원활히 작동되기를 기대한다.

윤철원 서울신학대학교 신학대학원 신약학 교수

양극화가 중요한 사회 이슈로 떠오른 가운데, 환대(hospitality), 호혜라는 개념을 재조명하려는 움직임이 심상치 않게 일고 있다. 성경도 "남에게 대접을 받고자 하는 대로 너희도 남을 대접하라. 이것이 율법이요 선지자니라"(마 7:21), "손님 대접하기를 잊지 말라. 이로써 부지중에 천사들을 대접한 이들이 있었느니라"(히 13:2)라고 말하며, 환대에 대해 강조한다. 하나님의 환대를 경험한 인간이 이웃에게도 환대를 베푼다는 원리가 기독교 신앙의 핵심임을 성서 텍스트에 기초하여 설득력 있게 설명한 조슈아 지프의 이 책은 오늘날 우리로 하여금 기독교의 본질에 대해 다시 생각하게 만드는 책이다. 일독을 강력 추천한다.

조광호 서울장신대학교 신약학 교수

주목할만한 이 책에서 조슈아 지프는 소외된 사람들과 외인들에게 환대를 베푸는 것이 성경적 신앙의 핵심임을 보여준다. 그는 성경 해석으로부터 우리 시대에 대한 분석으로 이동하면서 무조건적인 환영이 구원에 핵심적이며 따라서 그리스도인들에게 필수적이라고 주장한다. 오늘날 어떤 메시지도 이보다 더 긴급할 수 없다.

제니퍼 M. 맥브라이드 Radical Discipleship: A Liturgical Politics of the Gospel 저자

오늘날 우리의 삶의 방식에는 두 가지 다른 접근법이 있다. 하나는 장벽을 쌓고, 다른 사람들을 두려워하고, 부를 추구하고, 내주기는 거의 하지 않는 삶이다. 다른 하나는 다리를 놓고, 다른 사람들을 환영하고, 충분한 정도만 추구하고, 궁핍한 사람들에게 관대하게 내주는 삶이다. 교회에서 두 가지 삶의 방식이 모두 발견되지만, 후자만이 기독교적인 삶의 방식이다. 이를 믿지 못하겠거든 조슈아 지프의 이 책을 읽어보라. 그의 성경적 논증은 나무랄 데 없다. 이를 믿는다면 조슈아 지프의 이 책을 읽어보라. 그의 논거와 실제적인 예들은 성숙한 신자들 및 교회들에게도 도전을 제기할 것이다.

크레이그 L. 블롬버그 Christians in an age of Wealth: A Biblical Theology Stewardship 저자

21세기 미국 교회는 배제의 위기에 직면해 있다. 이 책에서 조슈아 지프는 비이성적인 외국인 혐오에 젖지 않고 대신 예수의 환대의 발자국을 따르는 교회의 가능성을 지향한다. 북미 교회들이 성경의 중요한 이 가르침을 수용한다면 우리는 명실상부한 그리스도의 증인이 될 수 있을 것이다.

라승찬 The Next Evangelicalism: Freeing the Church from Western Cultural Captivity 저자

매우 간결하고, 실질적이며, 매력적인 책이다. 지프는 하나님과 인간의 환대가 기독교 신앙의 핵심임을 성공적으로 보여준다. 그는 고대 성경 텍스트들과 우리가 현재 직면해 있는 도전들 사이의 매력적이고 유익한 대화에 활기를 불어넣는다. 저자의 이 연구는 교회에 주는 선물이자 환대 관행 회복에 대한 중요한 공헌이다.

크리스틴 D. 폴(서문에서 발췌함)
Making Room: Recovering Hospitality as a Christian Tradition 저자

SAVED BY FAITH AND HOSPITALITY

Joshua W. Jipp

© 2017 Joshua W. Jipp

Originally Published in English under the title
Saved by Faith and Hospitality by Joshua W. Jipp
Published by Wm. B. Eerdmans Publishing Co.
4035 Park East Court S.E., Grand Rapids, MI 49546, U.S.A.
All rights reserved.

This Korean edition is translated and used by permission of Wm. B. Eerdmans Publishing Co. through arrangement of rMaeng2, Seoul, Republic of Korea.

This Korean Edition Copyright © 2019 by Holy Wave Plus, Seoul, Republic of Korea.

이 한국어판의 저작권은 알맹2 에이전시를 통하여 Wm. B. Eerdmans Publishing Company와 독점 계약한 새물결플러스에 있습니다. 신저작권법에 의하여 한국 내에서 보호받는 저작물이므로 무단 전재와 무단 복제를 금합니다.

환대와 구원

혐오·배제·탐욕·공포를 넘어 사랑의 종교로 나아가기

SAVED
BY FAITH
AND
HOSPITALITY

조슈아 W. 지프 지음
송일 옮김

새물결플러스

목차

서문　10

약어　14

머리말　16

서론　20

1부　신적 환대　43

    1장　누가-행전에 묘사된 음식, 낙인, 그리고 교회의 정체성　45

    2장　바울 서신에 묘사된 차이와 분열 가운데서의 교회의 환대　97

    3장　요한복음에 묘사된 인간 존재의 의미와 교회의 사명　139

2부 인간의 환대   173

    4장   환대와 세상: 종족주의 극복하기   175

    5장   환대와 이민자: 외국인 혐오 극복하기   215

    6장   환대와 경제: 탐욕 극복하기   255

맺는 말   303

참고문헌   306

성구 및 기타 고대 저작 색인   324

서문

환대 개념은 지난 수십 년간 상당한 관심을 받아왔다. 환대를 주로 식사 초대 또는 친구나 거래처 대접과 결부시키는 단조로운 이해에서 벗어난 환대 개념이 다시금 신학적·도덕적·사회적으로 중요하다고 인식되고 있다. 최근에는 환대 관행을 회복·비평·적용하는 여러 우수한 책들과 논문들이 발표되고 있다.

많은 저자들이 성서 및 역사의 전통을 새로운 시각으로 살피고 있다. 이들은 환대를 다루는 많은 고대 텍스트들을 복구해 이 텍스트들 속에서 풍성한 자료를 발견하고 있다. 그러나 때로는 다양한 가정들 및 고대의 환대가 자리잡고 있는 다른 관습들에 별 관심을 쏟지 않은 채 이러한 자료들로부터 환대 개념이 추출되고 있다.

공동체의 정체성 유지와 외인들에 대한 환영 제공 사이의 긴장뿐만 아니라 취약계층에 대한 관심이 가장 이른 시기에 기록된 일부 성서 텍스트들에 명백히 나타난다. 믿음의 사람들은 수천 년 동안 하나님과의 만남으로서의 환대라는 신비와, 제한된 자원이라는 도전 사이에서 살고 있다. 외인을 통해 예수를 만날 가능성과 거짓 교사나 악의를 지닌 방문객을 환영하는 데 따르는 위험은 우리에게도 계속 도전이 되고 있다.

　이러한 모든 긴장들이 환대를 관용과 동일시하는 경향이 있는 오늘날의 이해에 전부 잘 들어맞는 것도 아니고, 외인들에 대한 현대의 흔한 공포심을 조장함을 지지하는 것도 아니다. 환대와 관련된 사례의 대부분을 차지하는 축복과 도전, 그리고 일부 남용 사례들을 우리는 성서에서 발견할 수 있다. 성서 전통 안의 긴장들에 주의를 기울이지 않으면, 예수를 따르는 사람들이 특정 집단에 속한 사람들을 환영할지 여부에 관해 어째서 때로는 판이한 결정을 내리는지 이해하기 어렵다.

　이 책에서 저자는 매우 다양한 자료들을 사용하여 하나님의 환대가 인간의 관습의 토대이며, "신의 환영을 경험한 사람들은 하나님의 환대를 다른 사람들과 나누려 할 것이다"라고 주장한다. 이 책은 초기 기독교 전통에서 특별한 의미가 있다. 저자는 환대 제공의 놀라운 중요성을 탐구하는데, 고대 교회에서는 환대의 실천이 "어떤 사람이 예수의 메시지와 인격을 받아들였다는 표지"로서 구원 자체와 연결될 정도로 중요했다.

　신약학자인 저자는 복음서들과 신약성서의 다른 부분에 등장하는 환대라는 주제를 능숙하게 논의한다. 또한 저자는 여러 다른 학문 분야들을 효과적으로 사용한다. 저자의 훌륭하고 가독성 높은 글쓰기 능력이 빼어난 학식과 잘 어우러졌다. 저자는 지난 이십 년 동안 산출된 환대에 관한 광범위한 성서 연구를 능숙하게 취합해서 교회의 정체성을 규정함에 있어 그리스도의 환대가 갖는 의의를 강조한다.

　깊은 열정과 심오한 공감능력이 그의 신중한 학식을 보강한다. 이 책은 흥미로운 주제에 대한 학문적 연구를 훨씬 뛰어 넘는다. 저자는 무엇이 걸려 있는지 이해하고 있다. 환대는 중요하다—환대는 신학적으로 중요하고 사회적으로 중요하고 특히 교회에게 중요하다. 저자는 하나님의 환대가 자신의 관행과 사회구조 내에서 환대를 구현하는 공동체를 형성한다고 설득력 있게 주장한다.

저자는 성서 텍스트 안의 미묘한 의미들을 파악해서 환대에 대해 놀랍도록 새로운 통찰을 제공한다. 저자는 최근의 신약성서 연구를 잘 활용해서 식사 나눔, 관대한 베풂, 손님-주인 역할에서의 상호성의 중요성에 대해 사려 깊게 논의한다. 그는 불신자들에게 환대를 실천한 바울의 경험에 대해 매혹적으로 보여주고, "좋은" 손님이 되려는 바울의 노력에 관한 성서의 설명을 사용해서 타종교인들과의 참된 우정의 중요성과 도전에 대한 논의를 끄집어낸다. 바울이 환대를 기꺼이 받아들였다는 그의 논의는 독창적이고 중요하다.

교회 공동체 안의 차이들을 어떻게 해결할지에 대한 씨름은 새로운 현상이 아니다. 기독교인들 사이의 민족, 성별, 인종, 문화, 사회경제적 차이들을 다룸에 있어서 환대의 역할은 신약성서에서도 명백하다. 우리는 초기 기독교인들의 분투와 지혜에서 배울 수 있는데, 저자는 이러한 기회들에 활기를 불어넣는다. 저자는 어려움을 인식하면서도 환대가 어떻게 기독교인들이 차이를 분쇄하거나 제거하지 않으면서 사회적 구분을 초월하는 공동의 정체성을 형성하도록 도움을 줄 수 있는지 보여준다.

저자는 환대에 관한 어려운 질문들을 회피하지 않는다. 현재의 이민 문제에 대해 관심을 보이는 그는 하나님의 백성들이 그들 가운데 거주하는 외국인들에게 어떻게 반응했는지에 관한 구약성서 자료들을 고

찰한다. 그는 성서에서 오늘날의 문제들을 해결할 수 있는 풍성한 지혜를 캐낼 수 있음을 또다시 보여준다.

성서 텍스트와 배경에 대한 탄탄한 이해에 관심이 있는 사람과 현대의 삶에서 환대의 의의에 관심이 있는 사람에게 이 책은 매우 간결하고, 실질적이며 매력적인 해결책을 제시한다. 저자는 하나님과 인간의 환대가 기독교 신앙의 핵심이며, 환대는 그리스도를 따르는 모든 사람에게 핵심 관행임을 성공적으로 보여준다. 저자는 그 과정에서 자신이 묘사한 "성서 텍스트가 우리 자신, 우리의 문제, 질문, 필요를 어떻게 다루는가"를 보여주는 과업을 무난히 달성하며, 고대 텍스트들과 우리의 현재의 도전들 사이의 매력적이고 유익한 대화에 활기를 불어넣는다. 저자의 이 연구는 교회에 주는 선물이자 환대의 관행 회복을 위한 중요한 공헌이다.

크리스틴 D. 폴

약어

ABRL	The Anchor Bible Reference Library
BBR	*Bulletin for Biblical Research*
BibInt	Biblical Interpretation Series
BTB	*Biblical Theology Bulletin*
CBQ	*Catolic Biblical Quarterly*
ECCon	Early Christianity in Context
ESEC	Emory Studies in Early Christianity
HTR	*Harvard Theological Review*
JBL	*Journal of Biblical Literature*
JSNT	*Journal for the Study of the New Testament*
JSNTSup	Journal for the Study of the New Testament Supplement Series
JSOT	*Journal for the Study of the Old Testament*
JSOTSup	Journal for the Study of the Old Testament Supplement Series
JSPL	*Journal for the Study of Paul and His Letters*
JTI	*Journal of Theological Interpretation*
JTS	*Journal of Theological Studies*
LNTS	The Library of New Testament Studies
NICNT	New International Commentary on the New Testament
NovT	*Novum Testamentum*
NovTSup	Novum Testamentum Supplement Series
NTM	New Testament Message
NTMon	New Testament Monographs
NTS	*New Testament Studies*
OBT	Overtures to Biblical Theology

PCNT	Paideia Commentaries on the New Testament
SBLAB	Society of Biblical Literature Academia Biblica
SBLDS	Society of Biblical Literature Dissertation Series
SNTSMS	Society for New Testament Studies Monograph Series
StPatr	Studia Patristica
THC	The Two Horizons Commentary Series
WTJ	*Westminster Theological Journal*
WUNT	Wissenschaftliche Untersuchungen zum Neuen Testament

머리말

이 책의 제목은 초기 기독교 서적 「클레멘스1서」에 나오는 구약성서 독법으로부터 영감을 받았다. 「클레멘스1서」 저자는 아브라함·롯·라합이 그들의 믿음과 환대에 의해 구원받았다고 주장한다. **오직 믿음**이라는 개신교 전통을 고수하는 사람은 처음 이 주장을 접하면 발끈하겠지만, 「클레멘스1서」 저자는 외인들에 대한 환대가 기독교 신앙의 핵심이라고 제안하는, 매우 개연성이 높은 구약성서 독법을 제시한다.

외인들에 대한 환대에 관한 내 관심은 에모리 대학교 박사 과정 연구와 특히 박사 논문에서 비롯되었다. 내 박사 논문은 사도행전 28장에서 누가가 기술하고 있는 바울의 멜리데(Malta) 섬 표류와 관련하여 설득력 있는 문학적 설명과 사회·역사적 설명을 제공하고자 했다.[1] 당시에 나는 주로 사도행전에 묘사된 초기 기독교 운동과 그리스-로마 종교 및 철학 사이의 관계에 관심이 있었다. 내 연구의 근본적 통찰 중 하나는 외인들에 대한 환대가 누가-행전 전체에 스며들어 있으며, 실제

---

1 Joshua W. Jipp, *Divine Visitations and Hospitality to Strangers in Luke-Acts: An Interpretation of the Malta Episode in Acts 28:1-10*, NovTSup 153 (Leiden: Brill, 2013).

로 환대가 신약성서의 많은 부분에서 핵심적인 역할을 하고 있다는 것이었다. 나는 운 좋게도 훌륭한 논문 지도자인 루크 티모시 존슨을 만났다. 그는 내가 전형적인 신약성서 역사비평 연구를 하고 **또한** 우리가 처해 있는 특별한 역사적 시점에서 환대의 중요성을 조사하도록 장려했다. 이 연구의 한 가지 요점을 말한다면, 그것은 외인들에 대한 환대—주인으로서 환대를 베푸는 것과 손님으로서 환대를 받는 것 모두를 의미한다고 이해된다—가 참으로 기독교 신앙의 핵심이라는 것이다. 이 책에서 나는 환대에 관한 일관성 있고 설득력 있는 성서 독법을 제시하고 **또한** 이러한 성서 독법과 북미 교회가 직면한 보다 시급한 문제들이 서로 대화하도록 시도한다. 물론 나는 성서 텍스트로부터 교회가 직면하고 있는 현대의 도전들로 이동하는 내 방식에 모든 독자가 완전히 동의하리라고 기대하지 않는다. 그러나 나는 독자들이 성서가 현대 교회에 제시하는 이러한 도전과 부름을 느끼기를 진심으로 바란다.

나는 트리니티 복음주의 신학교에서 외인에 대한 환대와 관련하여 정기적으로 강의해오고 있는 것을 큰 축복이라고 생각한다. 나는 내 열정에 필적하고 내 사고와 행동을 자극하는 학생들과 함께하는 즐거움을 누리고 있다. 나는 환대가 투옥, BLM(흑인의 삶도 소중하다) 운동, 남녀 양성의 상태, 입양, 정신 질환 등 여러 문제들과 맺고 있는 관계를 연구하고 논문을 발표한 학생들과 함께하는 축복을 누리고 있다. 트리니티 복음주의 신학교에서 "신약성서에 묘사된 외인에 대한 환대" 강의를 수강한 모든 학생들에게 감사를 표하고 싶다. 나는 이 학생들로부터 환대에 관한 성서의 가르침에 담긴 실제적·사회적·교회적 함의들을 많이 배웠다.

특히 스테파니 라모어, 스티븐 더진, 매튜 핸더슨, 더스틴 해커, 윌 혼, 매트 시어, 닉 캐고우, 자크 캐디, 타일러 체르네스키, R. A. 아타누스, 스테이시 사이먼, 그레고리 캠포, 애덤 다본, 대니얼 월드쉬미트, 샐리 잭슨, 케빈 홀멘, 반성은, 앤드류 브랜틀리에게 감사드린다. 이 책의 집필에 귀중한 기여를 한 내 훌륭한 대학원생 조교 매튜 로버트슨과 캐티 화이트사이드에게 깊이 감사드린다. 이 책의 여러 부분들을 읽고 유용한 비평과 의견을 제시하고 격려해준 많은 친구들과 동료들에게 특히 감사드린다. 티모시 볼드윈, 크리스토퍼 스키너, 앰버 지프, 에릭 툴리, 드류 스트레이트, 매튜 베이츠, 피터 차, 마이클 버드, 대런 칼슨, 데이비드 루이, 저스틴 제프코트 쉬틀러 그리고 데이비드 파오에게 감사드린다. 코엔 형제의 영화 "시리어스 맨"(*A Serious Man*)에 관하여 조언해준 테일러 윌리에게 감사드린다. 이 책과 관련하여 나와 많은 대화를 나누고 이 책을 집필하도록 격려해준 알렉 루카스에게 특별히 감사드린다. 이 책의 편집자 마이클 톰슨과 함께한 작업은 큰 기쁨이었다. 앞으로 톰슨과 다시 함께 작업할 수 있게 되기를 희망한다. 그의 도움에 감사드린다.

내 아내 앰버는 나의 교수 사역과 저술 활동을 진정으로 지지하고 격려해준다. 그녀의 믿음과 타인에 대한 사랑 그리고 격려 및 권면이 어떻게 이 책에서 발견되는 생각들을 형성해 놓았는지 지적조차 할 수 없을 지경이다.

이 책을 내 두 아들 조시아와 루카스에게 헌정한다. 매일 아침 두 아들을 유아원과 유치원에 데려다 주면서 나는 이렇게 말한다. "기억하렴. 하나님과 사람들을 사랑하거라." 나는 내 두 아들이 그들의 삶 속에서 하나님의 사랑스러운 환대를 경험하고, 그 환대를 다른 사람들에게 베풀며, **또한** 다른 사람들로부터 그 환대를 받기를 기도한다.

서론

믿음과 환대에 의한 구원

서유럽에서 제2차 세계대전이 발발하기 전 상황을 배경으로 하는 코엔 형제의 영화 "시리어스 맨"은 한 유대인 남성이 마을에 갔다가 밤늦게 남루한 자신의 집으로 돌아오는 장면으로 시작한다. 이 남성은 아내에게 자신이 운 좋게도 레브 그로쉬코버를 만났고, 집으로 오는 중에 자신의 수레가 뒤집어지자 그로쉬코버가 도움을 주었다고 말한다. 그런데 추운 겨울 밤이었기 때문에 이 남성은 그로쉬코버에게 수프를 대접하려고 자기 집으로 초대했었다. 아내는 큰 충격을 받고 불쾌해하며 중얼거린다. "하나님이 우리를 저주하신 게야." 그녀는 그로쉬코버가 수년 전에 죽었고 따라서 자기 남편은 자신들을 해코지하기 위해 찾아 오려고 한 유령을 만난 것이 틀림없다고 주장한다. 남편은 이 말이 우스꽝스럽다고 생각하고, 이 외인의 정체를 놓고 둘 사이에 논쟁이 벌어진다. 그러나 문을 두드리는 소리에 논쟁이 중단되고 이 부부는 어떻게 해야 할지 결정해야 한다. "누구세요?" 아내가 묻는다. "내가 몸을 녹이라고 수프를 대접하기 위해 저 남자를 초대했다니까"라고 남편이 말한다. 이 부부가 춥고 허기진 외인을 환대할 의무감과, 이 외인이 선량한 사람이 아니고 어떤 식으로든 자기들을 해치거나 어지럽게 할지도 모른다는 두려움 사이에 사로잡혀 있는 이 갈등은 실제적이다. 이 부부는 문을 열어 그 사람에게 따뜻한 수프와 온기 및 휴식을 제공할 것인가, 아니면 노크 소리를 무시하고 문을 열어주지 않을 것인가?

나는, 우리가 모두 같은 종류의 긴장을 경험해 보았다고 생각한다. 우리는 어쩌면 외인들에게 적어도 가끔은 문을 열어 주어야 한다고 생각한다. 그리고 우리가 안전하며 환영받고 있다고 느끼도록 우리에게 환대를 베푸는 위험을 감수했던 주인(host)들을 기억할지도 모른다. 우리는 성서가 외인들에 대한 환대를 기독교인들의 필수 덕목으로 명하고 있음을 기억할지도 모른다. 그러나 우리는 혹여 외인이 우리를 해치지는 않을까 신경쓴다. 이 외인이 도덕적으로 타락했거나 폭력적이거나 내 환대를 악용한다면 어떻게 될 것인가? 내가 이 사람에게 문을 열어줘서 나와 내 사랑하는 가족을 물리적 위험에 노출시키면 어떻게 될 것인가? 이 손님이 떠나지 않으면 어떻게 될 것인가? 내게는 가족이나 친구가 아닌 사람들과 나눌 수 있는 충분한 자원이 있는가?

이 책에서 나는 기독교 성서의 하나님은 환대의 하나님, 곧 자기 백성에게 환대를 베푸실 뿐만 아니라 자기 백성이 다른 이들에게 환대를 베풀도록 요구하는 하나님이라고 명확히 주장한다. 간단히 말해서, 우리에 대한 하나님의 환대는 우리가 서로를 환대하는 것의 토대다. 자기 백성에 대한 하나님의 관계는 근본적으로 외인들에 대한 환대 행위다. 왜냐하면 하나님은 인류를 자기와의 관계 안으로 초대함으로써 "타자"(the other) 곧 자기 백성을 위한 공간을 마련하기 때문이다. 하나님의 환대 경험은 교회의 정체성의 핵심이다. 우리는 하나님의 손님이자 친구다. 하나님이 우리에게 환대와 우정을 베풀기 때문에 교회는 서로에게 **그리고** 신앙 공동체 밖에 있는 것으로 보이는 이들에게 환대를 제공할 수 있다. 하나님이 자기 백성을 환영하고 환대하듯이 하나님의 백성도 서로에게 환대를 베푼다. 그리고 우리는 하나님을 본받기 때문에 특히 우리와 다르고 우리의 공동체 밖에 속하는 "남"에게 환대를 베푼다. 그렇다고 환대를 베풀 때 어려움과 제한 및 경계가 없다는 뜻은 아니다. 분명히 그런 요소들이 있다. 그러나 이는 외인에 대한 환대가 교회의 정체성과 소명의 불가결한 구성 요소임을 의미한다.[1]

환대는 외인의 정체성이 손님의 정체성으로 변환되는 행위 또는 과정이다. 환대는 종종 안전한 거주지, 음식, 음료, 대화, 의복 같이 삶에 필수적인 자원들을 제공하는 것으로 표현되지만, 환대의 주된 원동력은 외인이 친구로 전환될 수 있는 안전하고 환영 받는 장소를 만드는 것이다. 외인들에 대한 환대 행위는 종종 전에 소외되었거나, 적대 관계에 있었거나, 서로 모르는 이들 사이에 관계와 우정을 만들어내기를 원한다. 따라서 "우정" 또는 "가공의" 친족관계라는 용어는 외인들에 대한 환대와 밀접하게 연결되어 있다. 우리는 우정 또는 생물학적 가족이 아닌 관계를 외인들에 대한 환대의 **결과**로 생각할 수 있다. 따라서 나는

---

1   내게는 최고의 신약 윤리 서적 중 다수가 기독교 윤리에서 외인들에 대한 환대의 중요성을 과소평가하거나 때로는 거의 완전히 무시하는 것으로 보인다. 다음 문헌들은 가장 유용한 신약 윤리 저작으로서, 이 저작들은 외인들에 대한 환대에 주의를 기울이면 잘 보완될 수 있다. Richard B. Hays, *The Moral Vision of the New Testament: A Contemporary Introduction to New Testament Ethics* (San Francisco: HarperCollins, 1997) 그리고 Richard A. Burridge, *Imitating Jesus: An Inclusive Approach to New Testament Ethics* (Grand Rapids: Eerdmans, 2007).

이 책에서 일반적으로 환대라는 용어는 **외인들**을 위한 공간을 만드는 과정을 가리키는 말로 사용하고, 우정 또는 가공의 친족관계라는 용어는 외인들에 대한 환대의 결과를 묘사하는 데 사용할 것이다.

나는 이 책에서 외인들에 대한 환대가 기독교 신앙의 불가결한 요소임을 보여준다. 어떤 면에서는 외인들에 대한 환대가 기독교의 핵심이라는 주장은 정당화할 필요가 거의 없다. 결국 성서의 첫 부분부터 우리는 환대하는 아브라함(창 18:1-8)과, 교회를 향하여 외인들에 대한 환대를 권면하는 사도들(예컨대 다음 구절들을 보라. 롬 12:13; 히 13:2-3; 딤전 3:2; 딛 1:8; 벧전 4:9), 그리고 자주 교회들이 순회 선교사들을 극진하게 맞이하고 환송하는 것으로 묘사되는 장면을 만난다(예컨대 롬 16:23; 골 4:10을 보라). 그러나 외인들에 대한 교회의 환대 관행의 중요성은 초기 교회가 스스로를 **하나님의 환대**를 받은 자이고 따라서 서로에게 환대를 베푸는 주체로 이해했다는 데 의존한다. 구약성서의 이스라엘과 신약성서의 교회는 자신의 정체성을 하나님의 환대, 즉 이스라엘과 교회를 하나님과 연합시키는 신적 환영에 기초를 둔 것으로 이해했다. 그렇다면 환대 행위는 하나님이 외인들에게 환대를 베푸는 존재라는 이해에 근거한다는 점에 비춰볼 때, 우리는 어떤 의미에서는 외인들에 대한 인간의 환대 행위를 통해 하나님이 누구신가에 관해 무언가를 배우게 된다. 그렇다면 우리는 외인들에 대한 환대가 교회의 정체성과 사명의 핵심임을 알게 될 것이다. 환대는 성만찬 시 우리가 기념하는 내용의 중요한 부분이다. 환대는 교회 구성원들의 상호관계의 근본적인 토대다. 그리고 환대는 교회의 세상 안에서의 사명과 세상 속으로의 사명에 방향을 제공한다. 따라서 성경 텍스트들은 놀라운 방식으로 외인들에 대한 환대의 필요성에 대해 말한다. 일부 신약성서와 초기 기독교 문헌 텍스트가 외인들에 대한 환대를 구원과 관련하여 어떻게 말하고 있는지 간략하고 함축적으로 살펴보자.

구원과 환대

"성서의 영웅 아브라함은 어떻게 의롭다고 여겨졌는가?"라고 묻는다면, 많은 사람은 바울처럼 "아브라함은 당연히 믿음으로 의롭다고 여겨졌다"라고 대답할 것이다.[2] 그러나 우리는 적어도 일부 초기 기독교인들은 아브라함이 그의 믿음과 외인들에 대한 환대에 의해 의롭다고 여겨졌다고 생각했음을 알게 되면 더 놀랄지도 모른다. 먼저 어느 초기 기독교인이 아브라함이 어떻게 의롭다고 여겨졌는지에 대해 어떻게 생각했었는지 살펴보고 나서 신약성서를 살펴보기로 하자. 많은 사람이 이 텍스트에 익숙하지 않을 수 있지만, 나는 독자들이 이 초기 기독교인이 하나님의 백성이 외인들에 대한 환대를 보여주는 것을 매우 중요시했다는 점을 주목하기를 바란다. 기원후 1세기 말엽(95-97)에 「클레멘스 1서」로 알려져 있는 편지가 로마 교회에서 고린도 교회로 보내졌다. 이 편지의 목적은 고린도 교회 교인들이 교회에 해를 입히고 있는 파벌주의, 분열 및 질시를 없애도록 지시하기 위함이었다(1.1; 39.1).[3] 이 편지

---

2   창 15:6; 롬 4:1-8; 갈 3:6-9.
3   Clayton N. Jefford, *Reading the Apostolic Fathers: An Introduction* (Peabody, MA: Hendrickson, 1996), 101-6을 보라.

의 저자는 교회가 닮아야 할 일련의 성서적 모델들을 제시하는데, 이 목록은 이러한 성서의 모델들을 따르면 교회가 어떻게 시기와 불화를 근절시키고 평화를 확보할 수 있는가라는 주제에 초점을 맞추고 있다(특히 4.1-6.4를 보라). 이러한 성서 영웅들 중 세 명은 아브라함, 롯 그리고 라합인데 이들은 모두 그들의 환대의 결과로 구원받게 되었다고 소개된다(10.1-12.8).

그리고 그가 다시 말한다. "하나님이 아브라함을 이끌고 나가서 그에게 이렇게 말씀하셨다. '하늘을 올려다보고 별들을 셀 수 있거든 한번 세어 보아라. 네 씨도 그렇게 될 것이다!' 그러자 아브라함이 하나님을 믿었고 이것이 그에게 의로 여겨졌다." **그의 믿음과 환대로 인해**(*dia pistin kai philoxenian*) 그의 노년에 아들이 주어졌고, 순종하기 위해 아브라함은 하나님이 그에게 보여주신 산에서 자신의 아들을 하나님께 제물로 바쳤다(10.6-7).

그의 환대와 경건으로 인해(*dia philoxenian kai eusebian*), 롯은 소돔 전역이 불과 유황으로 심판을 받았을 때 소돔에서 구출되었다. 이런 식으로 주님은 자신에게 소망을 둔 자들은 버리지 않으시고, 자신을 거절하는 자들에게는 벌과 고통을 받게 할 것임을 명확하게 보여주셨다(11.1).

그녀의 믿음과 환대로 인해(*dia pistin kai philoxenian*) **기생 라합은 구원받았다**. 눈의 아들 여호수아가 정탐꾼들을 여리고로 보냈을 때, 그 땅의 왕은 그들이 자기 나라를 정탐하러 들어왔음을 알게 되었다. 그래서 그는 그들을 잡는 즉시 죽이기 위해 이 정탐꾼들을 잡으러 부하들을 보냈다. 그러나 친절한 라합은 그들을 자기 집 안으로 들여서 위층에 놓인 삼대 밑에 숨겼다(12.1-3).

우리는 이 편지의 저자가 구원과 관련하여 환대에 다소 중요하고 주목할 만한 역할을 부여하고 있는 것으로 보여서 놀랄 수도 있지만, 그가 단순히 고린도 교회 교인들이 평화, 질서 및 환대를 추구하도록 수사적으로 조종하기 위해 부주의하게 주장하고 있는 것은 분명히 아니다 (물론 그들이 이러한 덕목들을 추구하기를 원하기는 하지만 말이다). 오히려 「클레멘스1서」 저자는 성서 텍스트에 대한 진지한 독법을 제공하고 있는데, 이는 (아브라함의 믿음, 롯의 경건, 그리고 라합을 위한 주님의 잔혹한 죽음을 상징하는 진홍색 의복과 함께) 외인들에 대한 환대를 아브라함, 롯 그리고 라합이 얻은 구원의 인과적 토대로 보는 해석이다.[4]

이 편지의 저자에게는 성서 텍스트에서 이 세 인물들의 환대와 그들의 구원 사이의 연결 관계를 알아차릴 좋은 이유가 있다. 아브라함이 여러 민족의 아비가 될 것이라는 하나님의 약속(창 15:1-6; 17:1-14)은 창세기 18장에서 **아브라함이 세 남자에게 환대를 제공함으로써 자신의 믿음과 경건을 보여준 뒤에** 확인된다(18:1-15). 달리 말하자면 세 남자를 자신의 장막 안으로 맞아들임으로써 예시된 아브라함의 믿음은 하나님이 노년의 아브라함과 사라에게 아들을 주겠다는 확인으로 귀결

---

4 내게는 H. Chadwick, "Justification by Faith and Hospitality," StPatr 4 (1961): 281-85에서 「클레멘스1서」 저자가 성서 텍스트 독법에 관여하고 있다는 점이 마땅히 강조되어야 할 만큼 명확하게 강조되지 않는 것으로 보인다.

된다. 롯이 경건과 환대로 인해 구원 받았다는 「클레멘스1서」의 주장과 관련하여, 우리는 소돔과 고모라는 극악한 냉대와 외인들에 대한 학대로 인해 멸망한 반면, 신적 방문객들에 대한 롯의 환대(창 19:1-3)가 하나님이 롯과 그의 가족을 구원한 토대라는 것을 알 수 있다. 롯의 환대는 아마도 베드로후서가 롯을 "의로운 롯"이라고 언급하는(벧후 2:7) 유일한 이유일 것이다.[5] 그리고 정탐꾼들에 대한 라합의 환대는 이스라엘의 하나님에 대한 그녀의 믿음을 나타내는 표지로 간주되고(수 2:8-13), 그녀는 이스라엘이 그 땅으로 들어올 때 "친절과 자비"를 받게 된다(수 2:14). 그래서 히브리서 저자는 라합이 "정탐꾼을 평안히 맞이한"데서 라합의 믿음이 입증되었다고 말한다(히 11:31).

그러나 「클레멘스1서」가 환대와 구원을 연결시키는 유일한 초기 기독교 텍스트인 것은 아니다. 야고보는 "자비는 심판을 이기기" 때문에 "자비를 보이지 아니하는" 자들이 받을 심판이 가혹할 것이라고 주장한다(약 2:13b [저자의 번역]). (궁핍한 자에게 음식과 의복을 제공하는 데에서 예시된[2:15]) 자비의 행위가 없는 믿음은 죽었고 구원할 능력이 없다(2:17-19). 그러나 구원하는 믿음은 외인들에 대한 자비로운 환대 행위를 통해 구원하는 믿음을 보여주는 아브라함과 라합에게서 볼 수 있다.[6] 야고보는 아브라함이 **그의 행위들로** 의롭다고 여겨졌다고 선언하는데, 여기서 **행위들**이라는 복수는 아브라함이 자기 아들 이삭을 기꺼이 제

---

5 T. Desmond Alexander, "Lot's Hospitality: A Clue to His Righteousness," *JBL* 104, no. 2 (June 1985): 289-91.

6 달리 말하자면 오직 믿음만이 구원의 구성요소이고 그리스도인으로 하여금 구원하는 은혜를 전유하게 해주는 것이지만, 궁극적으로 구원을 위해서는 **믿음과 자비의 행위 모두가 필요하다.**

물로 바치려 한 행위뿐만 아니라(창 22장), 거의 확실히 그가 외인들에게 베푼 환대도 언급한다(창 18:1-8).[7] 야고보는 또한 환대를 통해 라합의 구원하는 믿음이 입증되었다고 주장한다. "또 이와 같이 기생 라합이 사자들을 접대하여 다른 길로 나가게 할 때에 행함으로 의롭다 하심을 받은 것이 아니냐?"(2:25)

양과 염소의 비유에서(마 25:31-46), 예수는 하나님 나라를 상속받을 사람들은 자비로운 환대 행위를 수행한 사람들일 것이라는 유명한 선언을 한다. "내가 주릴 때에 너희가 먹을 것을 주었고 목마를 때에 마시게 하였고 나그네 되었을 때에 영접하였고 헐벗었을 때에 옷을 입혔고 병들었을 때에 돌보았고 옥에 갇혔을 때에 와서 보았느니라"(25:35-36). 이와 대조적으로, [예수를] 떠나 "마귀와 그 사자들을 위해 예비된 영원한 불에"(25:41b) 들어갈 사람들은 자비로운 환대 행위를 보여주지 않는 사람들이다. 양쪽 모두 "내 형제 중 지극히 작은 자"(25:40, 45)에게 베푼 자비로운 환대 행위를 예수 자신에게 베푼 것으로 볼 정도로 가난한 자, 낯선 자, 병든 자, 헐벗은 자, 감옥에 갇힌 자와 완전히 동일시했음을 알고 깜짝 놀란다(25:37-39, 44-45). "이들 중 지극히 작은 자"가 궁핍한 사람, 기독교 선교사 또는 어느 기독교인 중 누구를 가리키든, 양이 영생을 상속하는 것은 자비로운 환대 행위에 의존한다는 사실

---

7 야고보가 아브라함의 환대를 염두에 두고 있다고 판단하는 근거는 다음과 같다: a) "자비로운 행동들"을 극진하게 음식·따뜻함·의복을 제공하는 것으로 묘사함(약 2:13-16), b) 일반적으로 아브라함을 환대의 전형으로 나타내는 묘사(예컨대 창 18:1-8) 그리고 c) "이와 같이" 환대를 통해 자신의 믿음을 보여준 라합이라는 두 번째 예(2:25-26). 다음 문헌들을 보라. R. B. Ward, "The Works of Abraham: James 2:14-26," *HTR* 6 (1968): 283-90; Luke Timothy Johnson, *Brother of Jesus, Friend of God: Studies in the Letter of James* (Grand Rapids: Eerdmans, 2004), 178-79.

은 변함이 없다.

앞으로 자세히 살펴보겠지만 누가복음과 사도행전도 구원과 환대를 연결시킨다. 누가복음에서 예수는 자주 손님 또는 여행자로 묘사되며, 구원과 하나님 나라의 복을 경험하는 사람들은 예수를 자기 집으로 영접하여 예수와 그의 제자들에게 사랑의 환대를 보여주는 사람들이다(예컨대 다음 구절들을 보라. 5:27-32; 7:36-50; 10:1-16; 19:1-10). 이와 대조적으로 예수와 하나님 나라를 거부하는 사람들은 예수에 대한 냉대를 통해 이러한 거부를 보여준다(7:36-39; 9:51-56; 11:37-41; 14:1-6; 19:41-44). 이들 중 어느 구절도 믿음으로 예수에게 반응하는 것의 중요성을 부정하지 않지만(예컨대 다음 구절을 보라. 5:20; 7:9; 7:50), 이 복음서에서는 예수에 대한 환대가 그 사람이 예수의 메시지와 인격을 받아들였다는 일종의 표지 기능을 하고 있는 것으로 보인다. 바울과 실라의 선교여행을 묘사하는 사도행전에서 루디아(16:11-15), 빌립보 간수(16:25-34), 야손(17:5-8), 디도 유스도(18:7-8)는 모두 바울과 실라를 자기 집으로 영접하여 접대함으로써 복음에 대한 자신의 수용성을 표명한다.

그렇다면 「클레멘스1서」, 야보고서, 마태복음, 누가-행전과 같은 초기 기독교 텍스트들은 외인들에 대한 환대가 교회가 선택할 수 있는 관행이 아니라 구원과 밀접하게 연결된 요소라고 증언한다. 이 텍스트들이 마치 우리가 외인을 사랑함으로써 하나님께 우리의 공로를 쌓을 수 있는 것처럼 모종의 "행위-의로움"을 정당화하지는 않겠지만, 행위와 구원이 밀접하게 연결되어 있다는 사실은 환대야말로 우리가 예수의 인격과 메시지를 전심으로 수용했다는 가시적인 증거임을 시사한다. 성서는 외인들에 대한 환대가 예수의 추종자들이 "네 이웃을 네 몸과 같이 사랑하라"는 명령을 이행하는 주요 방식 중 하나라고 암시한다. 인간의 환대가 필요한 이유는 바로 하나님의 백성은 하나님이 우리에게 베푼 환대에 의해 형성되었기 때문이다. 라인하르트 휘터는 이를 다음과 같이 멋지게 진술한다. "삼위일체 하나님은 진리이자 (손님을 맞는) 주인이다. 그리스도 안에서 자신을 내어줌으로써, 하나님은 죄의 관습과 습관에 얽매인 인류에게 풍성하고 값지고 거룩한 환대를 베푼다. 하나님 자신의 독특하고 극단적인 환대는 이스라엘을 개방하여 이방인을 하나님의 집으로 영접해 들인 데서 절정에 달한다.[8] 성서 텍스트를 살펴보면서 우리는 깨지고 상실된 인류에 대한 그리스도라는 사랑의 선물에 나타난 하나님의 환대가 서로에 대한 환대 및 외인들과 세상에 대한 환대에 의해 구성되는 백성을 만든다는 점을 알게 될 것이다.

교회, 사회, 그리고 외인들에 대한 환대

오늘날 북미 교회는 엄청난 시험에 직면해 있다. 교회는 어떻게 외인에게 교회 문을 개방할 수 있는가? 우리의 문화는 환대에서 흘러나올 수 있는 의미 있는 관계에 대한 깊은 필요를 드러내고 있다. 고독, 문화적/사회적 분열, 대규모 수감, 노숙자, 불법이민 노동자 처리, 특히 흑인을 향한 여러 형태의 인종 차별주의, 종교가 다른 사람에 대한 두려움과 거

---

8 Reinhard Hütter, "Hospitality and Truth: The Disclosure of Practices in Worship and Doctrine,"(214), Miroslav Volf and Dorothy C. Bass 편 (Grand Rapids: Eerdmans, 2002), *Practicing Theology: Beliefs and Practices in Christian Life*, 206-27에 실린 글.

절, 정신 질환자들을 위한 서비스를 제공할 필요와 같은 문제들은 오늘날 우리 사회가 직면하고 있는 주요 도전들 중 몇 가지에 지나지 않는다. 나는 이러한 도전들에 대해 상세하게 분석할 역량이 있거나 훈련을 받은 것은 아니지만, 나는 성서가 교회에 이민·투옥·인종차별주의와 같은 다양한 사회적 도전들에 대한 통찰을 제공한다고 믿는다. 나는 이것을 **주로** 투옥된 자들을 면회하고 타종교인들에 대한 모든 형태의 외국인 혐오적인 표현을 거부한 초기 교회의 유산을 계속하기 위해, 교회가 이민자들 및 난민들을 위해 의도적으로 공간을 만드는 문제로 본다. 헨리 나우웬은 교회의 소명을 이렇게 묘사한다. "우리 사회는 점점 두려워하고, 방어적이고, 공격적인 사람들로 가득 차고 있는 것으로 보인다. 이들은 자신의 재산에 집착하고, 언제나 적이 갑자기 나타나 침입해 들어와서 해를 입히리라고 예상하면서 자기 주위의 세상을 의심의 눈초리로 바라보는 경향이 있다. 그러나 여전히 우리에게는…그 적을 손님으로 바꾸고 형제애와 자매애가 형성되어 온전히 경험될 수 있는 자유롭고 두려움 없는 공간을 만들어 낼 소명이 있다."[9]

교회의 주요 소명 중 하나는 "우리의 적의가 환대로 바뀔 수 있는" "자유롭고 두려움 없는 공간"을 만드는 것이다.[10] 교회는 자신의 동네나 일터에 있는 종교가 다른 사람들과 우정을 쌓음으로써, 그리고 난민들이 정착한 곳에 대해 배우고 그들과의 의도적인 관계를 추구함으로써, 또한 전과자들을 의도적으로 자기 교회와 사회로 복귀시키고 환영함으

---

9   Henri J. M. Nouwen, *Reaching Out: The Three Movements of the Spiritual Life* (New York: Doubleday, 1975), 65-66.

10   Nouwen, *Reaching Out,* 65.

로써 교회의 소명을 이행할 수 있을 것이다. 크리스틴 폴이 1999년에 한 말은 거의 이십년이 지난 지금도 타당하게 들린다. "심지어 기독교인들 사이에서도 가난과 복지, 포함과 다양성, 희소성과 배분에 관한 현재의 많은 논의들이 일관성 있는 신학적 틀이라는 유익이 없이 이루어지고 있다. 그 결과 종종 가장 심오한 기독교적 가치와 헌신들이 복잡한 사회 공공 정책 사안들에 대한 우리의 입장에 거의 영향을 주지 않는다. 일종의 틀로서의 환대는 우리의 신학과 일상의 삶 및 사안들을 연결하는 다리를 제공한다."[11]

나는 공공 정책에 대해 구체적으로 제안하지는 않지만, 교회들이 현대 북미 사회 및 공공 정책이 (세 가지 예만 들어 보자면) 불법 노동자들과 재소자 그리고 타종교인들을 다루는 방식이 외인을 돌보라는 성서의 명령과 얼마나 일치하는지 평가하기 시작한다면, 이를 통해 소외된 집단들과 연대하는 자세가 형성될 것이고 필연적으로 불의한 사회 구조에 반대하는 예언자적 도전으로 귀결될 것이라고 제안한다. 비록 이 책은 주로 성서의 외인 환대에 대한 조사이고 사회학적 분석은 아니지만, 나는 환대가 어떻게 당대의 교회 안팎의 문제들에 대해 우리가 보다 담대하고 창의적으로 생각하도록 우리의 상상력을 고취할 수 있는지에 관해 몇 가지 **제안**을 하려고 노력한다.

성서는 외국인 혐오를 강력히 거부한다. 하나님의 백성은 다르게 행동해야 한다. 그러나 북미의 일부 교회들은 점점 외인을 배척하는 것

11　Christine D. Pohl, *Making Room: Recovering Hospitality as a Christian Tradition* (Grand Rapids: Eerdmans, 1999), 7-8.

을 미덕으로 삼고 있다. 단지 그들이 자신들과는 다른 도덕률을 따르다는 이유로, 혹은 단순히 미국시민이 아니거나 유색인종이라는 이유로 말이다. 복음주의 기독교는 가장 급진적으로 외국인을 혐오하는 비관용적인 공공 정책과 공무원들을 재정적으로 후원하는 잘못을 범하고 있다. 나는 여기서 공공 정책에 관한 구체적인 처방을 제공하지는 않지만, 기독교인들이 어떻게 소외 계층과 취약 계층을 비인간화하고 낙인찍으며 그들에 대한 폭력을 영속화하는 **모든 것**을 거부해야 하는지 보여주고자 한다. 오늘날 기독교인들 중에서 외인들과 소외된 자들에 대한 환대가 자신의 믿음을 구성하는 하나의 요소임을 이해하는 사람은 극소수다. 이 책은 외인들에 대한 환대가 기독교인의 선택사항이 아니라고 강력히 주장한다. 성서 텍스트들은 우리 모두를 가족으로 영접한 하나님의 환대를 경험한 사람들인 기독교인들의 정체성과 소명에 대해 일관성 있게 이야기한다.

이 책의 방법론과 개요

마지막으로 이 책에서 내가 사용하고 있는 방법론 또는 접근법에 관하여 간단히 말하고자 한다.[12] 나는 성서 텍스트를 주로 숙달된 사회학자

---

12 내 방법론을 보다 자세히 알고 싶으면 Joshua W. Jipp, "The Beginnings of a Theology of Luke-Acts: Divine Activity and Human Response," *JTI* 8, no. 1 (Spring 2014): 23-44, 특히 24-28을 보라. Luke Timothy Johnson, "Imagining the World Scripture Imagines," *Modern Theology* 14 (1998): 165-80도 보라.

나 윤리학자 또는 신학자가 아닌 주해가로서 읽는다. 내가 비록 외인들에 대한 환대가 그리스도인과 교회의 실제적 삶에 미치는 중요성에 관하여 명확히 설명해온 사람들로부터 유익을 받아왔고 앞으로도 많은 유익을 받을 테지만 말이다.[13] 그러나 이러한 성서 텍스트들의 주제가 성서와 예수 그리고 성령의 은사를 받은 교회 안에서 인류에게 계시된 하나님임을 감안할 때, 나는 내 작업이 불가피하게 내 자신과 관련되어 있다고 믿는다. 순전히 서술적인 대부분의 "성서-신학" 접근법들과 달리, 나는 성경이 우리에게 자기 백성에게 환대를 베풀고 우리에게 서로 환대를 보여주라고 요구하는 하나님에 비추어 우리 자신의 삶·의지·관행을 이해하라고 압박하는 방식을 전달하고자 노력할 것이다. 달리 말하자면 나는 설교 또는 규범적인 "적용" 요구를 피하지만, 내 성서 주해는 성서 텍스트가 어떻게 우리에게 믿음·순종·고백·회개를 요구하는지 보여주고, 우리의 존재 전체를 하나님의 환대에 비추어 이해하고자 한다. 그러므로 각 장의 중간 부분은 본질상 대체로 주해이지만, 나는 선교학·사회학·교회사·사회심리학·정치/경제이론·조직신학과 같은 다양한 학문을 성서 텍스트들이 실질적인 인간의 삶 및 공동체에 영향을 주게 하는 수단으로 사용한다. 물론 내 전문성은 제한되어 있고 나는 이러한 학문들에 문외한이지만, 학제간 성찰로 내 주해 작업을 보완함으로써 독자들에게 성서 텍스트가 현대의 독자들에게 요구하는 바에

---

13 나는 여기서 Henri Nouwen의 *Reaching Out*과 더불어 특히 다음의 저작들을 염두에 두고 있다. Pohl, *Making Room*; Amy G. Oden, *God's Welcome: Hospitality for a Gospel-Hungry World* (Cleveland: The Pilgrim Press, 2008); Jean Vanier, *Community and Growth*, 2판 (New York: Paulist Press, 1989).

대해 생각해보도록 자극하기를 바란다.

나는 독자들이 나에 대해 이해한다면 내 논거를 더 잘 이해할 것이라고 생각한다. 내가 박사 논문을 쓰고 있을 때 내 아내 앰버는 하나님께 내 연구를 조금이라도 교회를 위해 사용해 달라고 기도했다. 나는 내 학위 논문을 위한 연구로 인해 내가 (성경에서 및 보다 광범위하게는 고대 세계 모두에서의) 외인들에 대한 환대 관행에 대해 이렇게 깊이 착념하게 될 줄은 몰랐다.[14] 나는 외인에 대한 사랑이 여러 성서 텍스트들과 매우 깊이 엮여 있으며 누가복음 이해에 참으로 필수적이라는 데 경악했다. 당시에 나는 애틀랜타 여성 주립 교도소에서 공동으로 "성서 개론" 수업을 가르칠 수 있는 기회를 얻었다.[15] 동시에 우리 부부는 애틀랜타에 위치한 우리 교회에서 젊은 성인 15-20명으로 구성된 소그룹을 인도하고 있었다. 우리는 모여서 성서를 읽고, 기도하고, 식사를 나누고, 지역의 봉사단체들에서 같이 섬겼다. 또한 내 아내와 나는 월드 릴리프(World Relief)라는 단체를 통해 난민들과 의미 있는 그러나 도전적인 우정을 쌓았고, 에머리 대학교 무슬림 학생회 소속 학생들과 진정한 교분을 나눴으며, 애틀랜타주 도시의 노숙자 사역에 참여했다. 또 내가 이 시기에 크리스틴 폴, 헨리 나우웬, 장 바니에 같은 사람들의 글을 읽으면서 배우기 시작했다는 것도 언급해야 할 것이다. 환대 및 "타자"에 대

---

14 내 연구 *Divine Visitations and Hospitality to Strangers in Luke-Acts*를 보라.
15 이에 대해 나는 함께 이 수업을 진행했던 Marian Broida 및 프로그램 책임자 Jennifer M. McBride에게 감사한다. McBride는 메트로 주립 교도소 여성 재소자들과의 관계에서 환대·연대·우정의 미덕을 강력하게 구현했다. 실제로 그녀가 삶으로 구현한 신학을 담은 강력한 책 *Radical Discipleship: A Liturgical Politics of the Gospel* (Minneapolis: Fortress Press, 2017)은 이 책이 완성된 후에 집필되었다.

한 성서의 가르침은 내가 내 정체성과 교회 안팎에서 맺고 있는 관계 및 우정을 어떻게 바라보고, 자선 행위에 초점이 맞추어진 사역에서 내가 **어떻게** 행동할 것인가에 관한 중요한 렌즈와 대화 상대가 되었다.

    나는 독자들이 내가 백인이고, 교육을 받았고, 중서부 출신이며, 이성애자 남성임을 어렵지 않게 인식할 수 있을 것이라고 확신한다. 나는 시카고의 부유한 교외에 자리잡고 있는 복음주의 신학교에서 신약성서를 가르치는 복음주의자다. 나는 시카고 북서쪽에 위치한 비교적 안전한 동네에서 아내와 어린 두 자녀들과 함께 살고 있다. 이 책에 나오는 당대의 몇몇 영웅들과 달리 나는 내가 이 책에서 묘사하는 관행들을 전문적으로 수행하는 사람이 아니다. 그렇다고 내가 변명의 의미로 이 말을 하는 것은 아니다. 다만 나는 교회에게 외인들에 대한 환대의 실천에 참여하라는 내 제안과 요구에 한계와 사회-문화적으로 상황지어진 제약이 있음을 인식하고 있다. 나는 내 제한된 경험과 관찰을 통해 말하고 있다. 나는 내 실제적인 현대적 권면들이 일종의 규범으로 간주되는 것이 아니라, 이 권면들이 독자들의 특별한 지역적·교회적 정황에서 외인들에 대한 환대라는 성서의 비전을 듣고 따르는 것이 어떤 모습일지 생각하고 숙고하도록 자극하기를 바란다. 교회로 하여금 보다 관대한 삶의 태도를 구현하라는 내 권면이 여러 지역 모임들 가운데서 이미 강력하게 실천되고 있음에는 의심의 여지가 없다. 그런데 이 지역 모임들의 상당수는 종종 보다 광범위한 북미 기독교 세력권에서 동일한 정도의 관심을 받지 못하고 있는 소수민족 회중과 지도자들이다.[16] "교회"에 대

---

16 이와 관련해서 나는 다음 문헌들을 추천한다. Soong-Chan Rah, *The Next Evangelicalism:*

한 내 지식은 주로 북미 개신교 교회에 대한 지식이다. 독자들이 원한다면 독자들이 이러한 이야기들을 나를 포함한 다른 이들과 공유해주도록 요청한다.[17] 내가 교회에 관해 관찰하거나 교회에게 제안할 때, 아마도 내 한계들이 분명하게 드러날 것이다. 그러나 나는 우리의 기독교 성서에서 발견되는 외인에 대한 환대의 비전을 따르게 될 모든 교회에 충실한 제안을 제공한다. 다시 말하지만 나는 이 책을 읽고 환대에 대한 성경의 가르침을 접하게 됨으로써 독자들이 외인에 대한 사랑이 어떻게 전 세계의 교회들에서 형성되고 있는지, 그리고 성령에 의해 어떻게 지역 교회라는 정황 가운데서 새롭게 형성될 수 있는지에 대해 신선하고 창의적으로 그리고 대담하게 생각할 수 있게 되기를 바란다.

이 책의 1부에서 나는 누가-행전, 바울 서신, 요한복음이 죄인, 소외된 자, 외국인을 포함한 모든 사람에게 하나님의 환영을 제공하는 하나님의 주인으로서의 예수를 어떻게 묘사하고 있는지 보여준다. 각각의 신약성서 저자는 하나님의 환대를 매개하는 예수를 보여주는데, 예수는 문자적으로 여러 외인들과 한 식탁에서 식사를 나눈다. 예수의 구원·치유·용서 그리고 평화는 이처럼 단순하고 예언적인 만남을 통해 이스라엘과 교회 그리고 세상에 계시된다. 이 신약성서 저자들은 예수를 따르는 자들에게 다른 이들을 포함시키고, 계층을 거부하며, 기쁨이 있고, 물건과 돈을 공유한다는 특징이 있는 새로운 종류의 상호 우정 공동체

Freeing the Church from Western Cultural Captivity (Downers Grove, IL: InterVarsity Press, 2009); Sandra Van Opstal, *The Next Worship: Glorifying God in a Diverse World* (Downers Grove, IL: InterVarsity Press, 2015).

17 jjipp@tiu.edu를 통해 저자에게 연락할 수 있다.

를 보여준다. 하나님의 환대를 경험하면 환대와 우정의 인간 공동체가 형성된다. 신약성서의 교회는 이러한 포괄적 우정으로 특징지워진다. 그리스도는 식사자리에 손님을 청하는 하나님이시다. 그는 식탁교제를 통해 외인들에게 환대를 베풀고, 교회가 성찬을 통해 자신의 신적 환대를 기념하게 한다. 누가복음에서 외인들은 내부자와 친구가 된다. 바울은 그리스도를 믿음이 강한 자와 약한 자, 부자와 가난한 자, 유대인과 이방인을 환영하는 분으로 묘사한다. 요한은 그리스도가 포도주·물·빵 그리고 발 씻음을 통해 어떻게 일상에서 환대를 베푸는지 보여준다. 요한은 제자들의 공동체를 하나님의 친구들로 이루어진 무리로 묘사한다. 서로에 대한 실제적 사랑을 통해 하나님의 임재를 구현하는 자들은 하나님의 친구들이다.

    2부에서 나는 하나님의 환대가 어떻게 인간의 환대를 이끌어 내고 교회가 다른 이들에 대한 환대를 베푸는 데 대한 세 가지 도전들이나 장애들을 극복할 수 있는지 살펴본다. 4장에서 나는 선하고 이상적인 손님으로서의 역할을 수용하는 바울의 선교 전략 중 하나를 살펴보고, 우리도 기독교인이 아닌 사람들에 대한 손님 역할을 해야 한다고 제안한다. 우리는 이를 통해 타종교인들과의 의미 있는 우정과 외인을 존중하는 유익한 관계 자체에 관여하는 기회로 삼을 뿐 아니라, 그들이 생명을 주는 예수의 임재를 만나기를 희망하기도 한다. 5장에서 나는 구약성서의 이스라엘 이야기가 어떻게 오늘날 하나님의 백성에게 이민자의 정체성을 부여해서 하나님의 백성에게 외국인 혐오 또는 이민자에 대한 두려움을 극복할 수 있게 해주는지 보여준다. 이스라엘이 경험한 신적 환대로 인해 그들은 자기들 중에 거하는 외인들과 이민자들에게 자비를 베풀도록 요구된다. 마지막으로 6장에서 나는 경제 구조가 탐욕과 소비주의를 촉진시킬 수 있는 방식들을 살펴보고, 자선 또는 간단히 말해 "자비로운 행위"라는 교회의 소명을 회복함으로써 환대를 저지하는 탐욕과 싸울 수 있는 길이 열린다고 제안한다.

토론 문제

1. 외인에게 "문을 열어주는 것"과 "문을 열어주지 않는 것" 사이에서 갈등했던 경험에 대해 설명하라. 왜 이러한 긴장을 경험했는가? 당신은 어떻게 했는가? 왜 그렇게 했는가?

2. 오늘날 대화에서 사용되는 "환대"라는 말을 들을 때 무슨 생각이 떠오르는가? 당신의 생각은 어떤 면에서 환대에 대한 저자의 정의와 일치하는가? 또는 일치하지 않는가?

3. 「클레멘스1서」 저자는 아브라함·롯·라합에 관해 환대와 구원 사이에 인과관계가 있다고 생각한다. 이들 구약성서 구절을 이런 식으로 해석하거나 읽는 것은 설득력이 있는가? 그렇다면 그 이유는 무엇이고, 아니라면 그 이유는 무엇인가?

1부

신적 환대

1장

누가-행전에 묘사된 음식, 낙인 그리고 교회의 정체성

당신이 누구와 함께 먹는가는 당신이 어떤 사람인지 아니면 적어도 당신이 스스로 어떤 사람이라 생각하는지에 대하여 많은 것을 말해줄 수 있다. 과거 몇 주 가량 함께 식사했던 사람이나 무리들을 생각해보라. 누가 떠오르는가? 우리들 대부분은 친구, 가족, 직장 동료―일반적으로 **이미** 우리의 평범한 사회적 환경에 속해 있는 사람들―와 함께 식사한다. 우리와 함께 식사하는 사람 중에 우리와 사회경제적 계층 또는 종교가 다르거나, 심각한 중독에 시달리고 있거나, 상습적인 노숙자이거나, 장애인이거나 심각한 정신 질환자가 있을 것 같지는 않다. 내가 당신에게 죄책감을 주려고 이런 말을 하는 것은 아니다. 내 식사 상대도 일반적으로 가족, 친구, 동료, 신학교학생들이다. 노숙자에게 음식 값으로 약간의 돈을 건네는 것은 훨씬 쉽고, 당연히 함께 식사하는 것보다 훨씬 덜 친밀하다. 함께 식사를 나누고, 같은 식탁에서 누군가와 함께 먹고, 손님을 집으로 초대하기(그리고 손님으로 다른 사람의 집을 방문하기)는 다른 사람들과의 우정과 친밀감을 향상시킬 수 있는 기회가 된다.

누가복음과 그 속편인 사도행전은 풍성한 환대의 언어와 요소들—음식·식사·집·여행—을 통해 예수의 정체성에 관한 중요한 요소, 즉 하나님의 환대가 잃어버린 바 되고, 깨지고, 궁핍하고, 종종 죄인으로 낙인찍힌 하나님의 백성에게 어떻게 제공되는가를 표현한다. 이 신적 환대는 죄인들, 소외된 자들, 외인들에게 하나님의 환대를 베풀고 이들을 (그리고 우리를) 하나님과의 교제로 이끄는 신적 주인인 예수라는 인물 안에서 우리에게 다가온다. 하나님이 인간을 자신과의 교제 안으로 받아들인 것은 외인을 영접하는 궁극적 형태다. 그러나 신적 환대는 우리가 하나님의 환영을 경험하는 것으로 끝나지 않고 인간의 환대도 이끌어낸다. 달리 말하자면 우리와 하나님 간의 교제는 우리들 서로의 교제의 토대이자 원인이다. 예수는 아무런 구별 없이 "타자"에게 신적 환대를 베푸는데, 이는 예수가 죄인과 종교인, 남자와 여자, 부한 자와 가난한 자, 그리고 유대인과 이방인을 환영한 데서 예시된다. 예수는 어떠한 우려나 두려움도 보이지 않고서 사회에서 낙인찍힌 자들과 어울렸다. 더욱이 예수는 사회적 가치나 하나님 앞에서의 가치로서 민족, 지위, 공식적인 종교의식 준수, 성별에 호소하는 데 전혀 동조하지 않는다. 따라서 신의 환영은 어떤 형태의 공적 가치나 기존의 사회적 가치에 상응하는 것이 아닌데, 왜냐하면 예수는 차별이 없이 신적 환대를 베푸는 것으로 보이기 때문이다. 그리고 예수의 사역의 이러한 특징이 당시 수많은 종교 지도자들을 불쾌하게 했다.

우리를 향한 하나님의 환대와 하나님과 우리의 교제는 교회 안에서의 교제를 위한 토대를 형성한다. 달리 말하자면 신적 환대는 하나님의 가족으로 받아들여진 다른 사람들과의 교제 및 그들을 향한 환대 가운데서 실행된다. 인간은 하나님과의 교제와 서로 간의 교제를 위해 창조되었다. 그러나 이 두 종류의 관계는 부, 사회적 지위, 권력에 대한 무질서한 욕망으로 인해, 그리고 평화롭고 참된 소통을 가로막고 훼방하여 상호 정죄로 귀결되는 경계와 분열에 의해, 그리고 궁극적으로는 하나님과 우리의 관계를 손상시키는 죄와 오만에 의해 금이 가고 있다. 누가복음은 우리에게 하나님과 우리 사이의 깨어진 교제를 회복하고 **또한** 이를 통해 우리끼리의 깨어진 관계를 치유하는 구세주를 소개한다.

이 신적 환대는 종종 예수가 함께 식사를 나누는 것을 통해 수행되는데, 예수의 이러한 식사는 메시아와 함께 나누는 최후의 향연에 대한 기대를 상징한다. 이러한 식사의 특징은 기쁨, 관대함, 포용, 지위와 계급에 대한 거부 및 (이것이 가장 중요한 특징인데) 하나님의 백성들에게 임하는 체험적이고 구원을 가져오는 메시아의 임재다. 예수가 그의 제자들과 나눈 마지막 식사는 예수의 환대 행위를 의례화하고, 부활한 메시아의 임재가 교회의 식사를 나누는 자들을 지속적으로 만나고, 치유하고, 변화시킬 것임을 보증한다. 교회가 행하는 환대의 식사는 교회의 정체성의 주된 표지가 하나님의 환대를 입은 자라는 사실에 있음을 나타낸다. 만일 예수의 환대 시행이 우리가 하나님과 누리는 교제의 기초라면, 죄인들 및 사회적으로 낙인찍힌 자들과 함께 식사를 나누는 이런 친밀한 행위를 통해 예수가 성결 또는 부정에 전혀 개의치 않음을 보여준다는 사실에 비추어 우리도 교회의 소명에 관하여 재고해야 한다. 달리 말하자면 교회는 **하나님의 모든 백성**과 삶을 공유하여 낙인찍힌 자들을 포용함으로써 죄인들과 소외된 자들에 대한 예수의 환대에 참여하도록 요구된다. 교회는 재소자 면회 및 돌봄과 같은 행위를 통해 낙인찍힌 사람들을 포용하면 어떨지 고려해 봄으로써 하나님의 환대를 구현하는 정황으로서의 역할을 회복해야 한다.[1]

주의 환영의 해

확실히 예수의 정체성과 가르침은 교회의 자기 정체성과 소명 이해를 위한 토대다. 예수가 자신의 사명에 관해 뭐라고 말하는지 살펴보기 전에 우리는 신적 환대의 중요한 한 측면, 즉 **하나님을 자기 백성을 양육하는 신적 주인으로 묘사**하는 것에 주목할 필요가 있다.[2] 이스라엘의 성서에서 하나님은 종종 광야에서 만나와 메추라기를 제공하고(출 16:4, 15; 민 11:1-9; 신 8:3, 16; 시 78:24-38과 105:40; 느 9:15), 시편 저자에게 평안과 신령한 음식물이 차려져 있는 상을 베풀며(시 23편), 땅의 주인으로서 자신의 손님 이스라엘이 그 땅에서 얻는 소산을 선물로 수여하는(레 25:23) 이스라엘의 주인으로 묘사된다. 그러나 하나님은 또한 자기 백성에게 언젠가 자신의 왕국을 출범시키고, 자기 백성을 구원하고, **자신과 자기 백성 사이에 잔치를 베풀어** 자신의 임재를 온전히 알릴 것이라고 약속한다. 그렇다면 자기 백성을 위한 하나님의 절정의 구원 행위는 하나님이 환대를 나눔으로써 자신의 임재를 자기 백성과 공유하

---

1   소외되고 낙인찍힌 공동체는 많이 있지만, 내 특별한 경험과 교도소가 북미에서 보다 취약하고 억압받는 공동체 중 하나라는 개인적 신념에 따라 여기서 북미의 교도소를 선택했다.

2   여기서는 특히 Geoffrey Wainwright, *Eucharist and Eschatology* (Oxford: Oxford University Press, 1981), 2장을 보라.

는 형태를 띨 것이다.

구약성서의 다양한 텍스트가 이 날을 고대한다. 예컨대 이사야 25:6-9은 이렇게 말한다.

> 만군의 여호와께서 이 산에서 만민을 위하여 기름진 것과 오래 저장하였던 포도주로 연회를 베푸시리니 곧 골수가 가득한 기름진 것과 오래 저장하였던 맑은 포도주로 하실 것이며 또 이 산에서 모든 민족의 얼굴을 가린 가리개와 열방 위에 덮인 덮개를 제하시며 사망을 영원히 멸하실 것이라. 주 여호와께서 모든 얼굴에서 눈물을 씻기시며 자기 백성의 수치를 온 천하에서 제하시리라. 여호와께서 이같이 말씀하셨느니라. 그날에 말하기를 "이는 우리의 하나님이시라, 우리가 그를 기다렸으니 그가 우리를 구원하시리로다. 이는 여호와시라, 우리가 그를 기다렸으니 우리는 그의 구원을 기뻐하며 즐거워하리라" 할 것이며

이사야는 분명히 맛있는 식사 그 이상의 것을 고대하고 있다. 하나님과 그분의 백성 사이에 공유된 충만하고 완전한 임재, 곧 우리가 "이는 우리의 하나님이시라! 우리가 그를 기다렸도다"라고 외치는 신의 임재에 대한 경험은 우리에게 이 잔치를 제공하시고 함께 나누시는 하나님을 통해 상징화된다.[3] 예언자 이사야는 하나님이 다윗에게 한 약속이 성취될 것을 고대하며 주리고 목마른 자들을 초청한다.

---

3   추가로 다음 구절들을 보라. 사 49:9-10; 62:8-9; 65:13-18; 암 9:13-15.

오호라! 너희 모든 목마른 자들아 물로 나아오라. 돈 없는 자도 오라. 너희는 와서 사 먹되 돈없이, 값없이 와서 포도주와 젖을 사라. 너희가 어찌하여 양식이 아닌 것을 위하여 은을 달아 주며 배부르게 하지 못할 것을 위하여 수고하느냐. 내게 듣고 들을지어다. 그리하면 너희가 좋은 것을 먹을 것이며 너희 자신들이 기름진 것으로 즐거움을 얻으리라(사 55:1-2).

예언자 에스겔은 하나님이 자기 백성을 목양하기 위해 다윗 계열의 메시아를 보내실 때, 메시아의 임무 중 하나는 하나님의 백성들에게 먹을 것과 영양분을 제공하는 것이라고 말한다(겔 34:23-24). 달리 말하자면 이스라엘은 **하나님과 하나님의 백성들 사이에서 행해지는 환대와 식탁 교제를 통해** 하나님과 하나님의 메시아가 이스라엘과 신적 환영, 구원 그리고 평화로운 관계를 공유하게 되는 때를 고대하고 있다.[4]

이것이 바로 예수의 식사와 식탁교제를 이해하는 맥락이다. 왜냐하면 누가복음에서 예수의 식사는 하나님의 환대를 실행하며 이 식사를 통해 온갖 종류의 사람들에게 종말론적 잔치를 미리 맛보여주기 때문이다. 먼저 누가복음 4:16-30에 묘사된 예수의 유명한 나사렛 설교를 살펴보자.[5] 예수는 자기 고향 나사렛의 회당에 들어가 이사야서를

---

4   메시아와 그의 백성 사이에 장차 있을 잔치에 대한 이 소망은 제2성전기의 유대 문헌에서도 지속된다. 예컨대 다음 문헌들을 보라. 1 En. 25:4-6; 62:13-16; 2 Bar. 29:1-30:4. Brant Pitre, *Jesus and the Last Supper* (Grand Rapids: Eerdmans, 2015), 452-58도 보라. Craig L. Blomberg, *Contagious Holiness: Jesus' Meal with Sinners*, vol. 19, *New Studies in Biblical Theology* (Downers Grove, IL: InterVarsity Press, 2005), 32-96도 유용하다.

5   눅 4:16-30이 프로그램에 입각했음에 대해 많은 연구가 수행되었다. 예컨대

펴서 읽는다.

주의 성령이 내게 임하셨으니 이는 가난한 자에게 복음을 전하게 하시려고 내게 기름을 부으시고 나를 보내사 포로된 자에게 자유를, 눈 먼 자에게 다시 보게 함을 전파하며, 눌린 자를 자유롭게 하고 주의 은혜의 해[원서에는 '주의 환영의 해'로 되어 있음-편집자 주]를 전파하게 하려 하심이라 (4:18-19).

첫째, 예수의 사역은 **주 하나님**의 환대를 수행한다. 예수는 "**주의 성령이 내게 임했다**"(4:18a)고 선포하며 자신의 사역이 "**주의 환영의 해를 선포하는 것**"이라고 선언한다(4:19). "**주의 성령**"은 **하나님의** 성령을 가리키고, 4:19의 두 번째 어구는 이사야 61:2a에서 인용한 것이기 때문에 "**주**"는 여기서 분명히 이스라엘의 하나님을 의미한다. 그러므로 예수의 사역은 하나님의 성령에 의해 권능을 받으며 또한 하나님의 환영의 표명이다.[6] 달리 말하자면 "주의 환영의 해"가 누가복음 전반에 걸쳐 주 예수의 사역 안에서 확립되고 수행된다.[7] 다음과 같은 요점은 간단하지만 중요하다. 즉 예수는 예언자 또는 중요한 종교 지도자 이상의 존재다. 그의 사역은 외인들과 억눌린 자들을 향한 하나님의 환대의 구

Christopher J. Schreck, "The Nazareth Pericope: Luke 4:16-30 in Recent Study," *L'évangile de Luc—The Gospel of Luke*, Frans Neirynck 편, 2판 (Leuven: Leuven University Press, 1989), 399-471에 실린 글을 보라.

6 이 구절에 관해서는 C. Kavin Rowe, *Early Narrative Christology: The Lord in the Gospel of Luke* (Berlin: Walter de Gruyter GmbH & Co. KG, 2006), 78-8 2를 보라.

7 Rowe, *Early Narrative Christology*, 81.

현이다.

둘째, 대부분의 영어 번역 성경들은 "환영" 대신 "주의 은혜의 해를 선포하게 하셨다"라는 부분을 강조하고 있다. 이는 그리스어 단어 **데크토스**(dektos)에 대해 완전히 수용할 수 있는 번역이지만, 누가가 누가복음 4:24에서 자기 고향에서 **환영받지 못하는** 선지자를 언급할 때 같은 단어를 사용하고 있고, 환대에 대해 **데크**(dech)라는 어근의 단어를 빈번하게 사용하고 있으며(예컨대 9:5, 48, 53; 10:8-10. 행 10:35도 보라), 주의 환영을 받는 이들이 환영을 필요로 하는 전형적인 외인들이라는 점을 고려하면 4:19을 예수가 자신이 외인들과 소외된 자들에게 신의 환영과 환대를 베풀기 위해 이 땅에 왔음을 선포한 것으로 이해해도 무방하다. 예수의 나사렛 설교의 기능은 독자로 하여금 예수의 모든 사역**과 특히 외인들과의 식사**가 어떤 방식으로 가난한 자들, 갇힌 자들, 눈먼 자들, 억눌린 자들에게 신적 환대를 시행하는지에 주의를 기울이도록 초대한다.

셋째, 누가복음 4:18b에서 예수가 인용하고 있는 "눌린 자를 자유롭게 하고"라는 표현은 이사야 58:6에서 유래하는데, 이사야가 예언한 신탁의 내용을 보다 자세히 인용할 가치가 있다: "내가 기뻐하는 금식은 흉악의 결박을 풀어 주며 멍에의 줄을 끌러 주며 압제 당하는 자를 자유하게 하며 모든 멍에를 꺾는 것이 아니겠느냐? 또 주린 자에게 네 양식을 나누어 주며 유리하는 빈민을 집에 들이며 헐벗은 자를 보면 입히며 또 네 골육을 피하여 스스로 숨지 아니하는 것이 아니겠느냐?"(사 58:6-7) 예수가 누가복음 4:18-19에서 인용한 이사야 61:1-2과 58:6-7은 모두 "풀어주다"와 "환영하다"라는 단어들을 공유하고 있으며 예수의 사역을 통해 이스라엘의 예언자들이 이스라엘에게 요구했던 사회 정의, 해방, 채무 면제 그리고 환대가 제공될 것을 가리킨다.[8] 예수의 모든 사역은 "외인과 죄인에 대한 신적 환대"라는 표현에 적절하게 담겨져 있다.[9]

예수: 외인들과 죄인들의 신적 호스트

만일 예수의 사명이 이사야서에 묘사된 하나님의 환대를 수행하는 것이라면 누가가 예수를 외인들, 죄인들 그리고 소외된 자들과 함께 식사를 나누면서 주의 환영을 베푸는 실제 주인으로 묘사하는 것은 놀랄 일이 아니다. 사실, 예수가 신의 환영의 해를 시행하는 주된 방법 중 하나는 식사에서 자신의 구원하는 임재를 **모든 부류의 사람들과** 나누는 것이다. 예수는 외인들과 함께 식사함으로써 그들이 하나님의 구원하는 임재를 경험하고 이를 통해 외인에서 하나님의 친구로 변화되는 환대 공간을 만든다. 예컨대 예수는 세리 레위가 주최한 "큰 잔치"(5:29)를 자신이 레위의 파열된 관계를 치유한 것(5:31-32)을 나타낸다고 해석한다. 역설적이게도 예수가 바리새인 시몬과 함께 한 식사는 소위 "죄 많은 여인"이 예수의 구원하는 임재, 즉 그녀가 신의 용서, 평안 그리고 하

---

8   보다 자세한 내용은 Richard B. Hays, *Echoes of Scripture in the Gospels* (Waco, TX: Baylor University Press, 2016), 225-29를 보라.

9   유사한 주장으로는 Brendan Byrne, *The Hospitality of God: A Reading of Luke's Gospel* (Collegeville, MN: The Liturgical Press, 2000), 48-50을 보라.

나님의 백성과 나라로 편입되는 것을 체험하는 임재와 만나게 되는 환
대 공간을 제공한다(7:36-50).[10] 예수가 세리 삭개오에게 환대를 요구할
때 예수를 보고자 한 삭개오의 노력은 그 이상의 결실을 보게 된다. "내
가 오늘 네 집에서 환대를 받아야 하겠다"(19:5, 저자의 번역). 그들이 환
대를 나눈 뒤에 예수는 유사한 선언을 한다. "오늘 구원이 이 집에 이르
렀다"(19:9). 예수와 삭개오 사이에서 나눠진 환대는 예수가 소외된 자
와 자신의 임재를 나누고 그를 "아브라함의 자손"으로 하나님의 가족에
편입시키는 맥락을 제공했다(19:9).

고대 세계에서는 가족·친구·피후견인과 식사를 나누는 것이 흔한
관행이었다. 그래서 같이 식사해야 할 사람과 **해서는 안 될** 사람을 구
별해주는 현명한 조언 또는 도덕철학적 지침을 제공하는 많은 진술들
이 있다. 유대인 현자 벤 시라는 매우 현명해 보이는 조언을 한다. "네
집에 **아무나** 초대하지 말라. 왜냐하면 교활한 속임수가 많기 때문이
다.… 외인들을 네 집으로 영접하면 그들이 네게 문제를 일으킬 것이고
너는 네 가족에게 외인이 될 것이다"(집회서 11:29, 34).[11] 외인들을 비롯
한 모든 사람과의 차별 없는 식탁교제를 나누는 대신, "의로운 자들과
함께 식사하는 것"이 낫다(집회서 9:16). 예수의 식사 관행의 주요 특징
하나는 예수가 모든 사람에게 차별 없고 비 계산적인 환대를 베푸는 것
인데, 이 점은 부정한 사람들 및 그들의 음식으로부터 거리를 두었던 유

---

10 보다 상세한 내용은 내 논문 *Divine Visitations and Hospitality to Strangers in Luke-Acts: An Interpretation of the Malta Episode in Acts 28:1-10*, NovTSup 153 (Leiden: Brill, 2013), 171-82를 보라.

11 다음을 보라. Robert J. Karris, *Eating Your Way through Luke's Gospel* (Collegeville, MN: Liturgical Press, 2006), 26-30을 보라.

대 영웅들의 모습과 충돌하는 것으로 보이기 십상이다.¹² 대신에 예수는 세리들(눅 5:27-32; 19:1-10. 다음 구절들도 보라. 3:10-14; 7:29, 34; 18:9-14), 죄 많은 여인(7:36-50), 두 여인(10:38-42), 가난한 자들과 의식상으로 부정한 자들(9:11-17), 그의 제자들(22:15-20), 그리고 심지어 바리새인들(7:39; 11:37-54; 14:1-6)과 식사한다. 그렇다면 이스라엘 종교 지도자들이 예수가 환대를 베푸는 손님들에 대하여 불쾌해하고 불평하는 것은 놀라운 일이 아니다(5:30-32; 15:1-2; 19:6-7). 예수는 다른 사람들이 보기에 의롭지 않고, 지위가 낮고, 하나님과 교제하기에 합당하지 않다고 여겨지는 사람들에게 명백하게 환대를 베풀고 있다.¹³

많은 사람들이 예수의 잃어버린 아들 비유(15:11-32)와 잃어버린 양과 잃어버린 동전 이야기(15:3-10)를 기억할 것이다. 그러나 예수가 **왜** 이 이야기들을 말했는지 기억하는 사람은 많지 않을 것이다. 예수는 잘못된 대상에게 환대를 베푸는 자신에게 분노하며 불평하는 바리새인들과 서기관들에게 이 이야기들을 들려주고 있다. "모든 세리들과 죄인들이 그의 말씀을 듣기 위해 가까이 다가오고 있었다. 그러자 바리새인들과 서기관들이 불평하며 다음과 같이 말했다. '이 사람은 죄인들을 환대하고[*prosdechetai*] 그들과 함께 먹고 있다!'(15:1-2, 저자의 번역). (죄인들과 세리들에게 환대를 베푸는) 예수에 대한 비난은 예수가 직접 말했던 자신의 사명의 목적("주의 환영의 해를 선포하는 것", 4:19)과 정확히 일치한

---

12   예컨대 다음 구절들을 보라. 단 1:10-12; 마카베오1서 1:43, 62-63; 마카베오2서 6:4-7; 유딧 12:1-2, 19; 토빗 1:5, 10-12; 요셉과 아스낫 7:1.
13   누가복음에 등장하는 이러한 인물들을 식별하기 위한 명칭 사용에 대해서는 Joel B. Green, *Conversion in Luke-Acts: Divine Action, Human Cognition, and the People of God* (Grand Rapids: Baker, 2015), 106-13을 보라.

다. 그렇다면 예수의 이 세 비유들은 죄인들 및 세리들과의 식사를 통해 예수의 환영을 시행하는 것의 의미를 해설해준다.

예수가 죄인들과 식탁 교제를 나눌 때, 이는 신적 목자가 이스라엘의 잃어버린 양을 되찾는 것을 의미한다(15:3-7. 겔 34:11-12도 보라). 예수가 소외된 자들과 나눈 식탁교제는 잃어버린 동전처럼 "잃었다가" 이제 다시 "찾은"(15:8-9) 죄인들에 대한 신적 축하의 구현이다(15:10). 죄인들에 대한 예수의 환대 시행은 "죽었다가 다시 살아났으며 잃었다가 다시 얻은 아들"을 환영하는 아버지의 모습을 표현한다(15:24. 15:32도 보라). 잃어버린 아들을 되찾은 데 대한 아버지의 반응은 중요한데, 그 이유는 예수가 죄인들 및 소외된 자들과 함께하는 식사와 마찬가지로 이 아버지의 반응이 기쁨과 축하의 잔치 중 하나이기 때문이다(15:27. 30도 보라). 맏아들은 죄인들을 환영하는 신적 환대를 거절하는 바리새인들의 입장을 요약한다. 맏아들과 바리새인들은 "들어가고자 하지 아니하며"(15:28) 잔치에 참여하지 않으려 한다. 아버지가 맏아들에게 하는 말은 중요하다. 왜냐하면 그 말은 맏아들이 잃어버린 자를 되찾은 데 대해 기뻐해야 할 필요를 인정해야 한다고 선언하기 때문이다. "우리가 즐거워하고 기뻐하는 것이 마땅하다"(15:32a). 그리고 맏아들에 대한 아버지의 말은 경고를 발하지만, 예수의 가르침은 그 가족 안에서 맏아들이 차지하고 있는 자리도 확인해준다. "얘, 너는 항상 나와 함께 있으니 내 것이 다 네 것이다"(15:31). 달리 말하자면 예수는 맏아들과 관련이 있을 수도 있고, 그들의 자비로운 하나님 아버지와의 관계와 하나님의 가족으로 환영받는 이웃들(15:1-2을 보라)과의 관계에 대한 이해에 있어서 방향전환이 필요할 수도 있는 모든 종교 지도자들에게 동정적으로 하나님의 환대를 베푼다. 그러므로 예수는 이 세 비유들에서 죄인에 대한 자신의 환대를 신적 기쁨과 연결시킨다("하늘", 15:7; "하나님의 사자들 앞에서", 15:10; 아버지의 기쁨, 15:24-32).[14] 예수의 환대 시행을 통해 죄인들이 하나님과의 교제로 회복될 때 발생하는 기쁨은 이 식사를 나눌 때 예수와 죄인들 사이에 공유되는 기쁨과 일치한다(19:6을 보라).

메시아와 함께 즐기는 잔치

예수가 외인들과 함께한 식사를 완전히 이해하기 위해서는 누가복음에서 가장 중요한 세 가지 식사를 살펴보아야 하는데, 이 식사들은 각각 예수의 사역의 주요 부분들을 마무리하는 기능을 한다.[15] 갈릴리 사역을 마무리할 때 예수는 벳새다 근처에서 오천 명을 먹이는데 이때 그는 신적 주인으로 묘사된다(9:10-17). 로버트 캐리스는 예수가 주린 자들의 신적 주인으로 묘사되고 있음을 올바로 인식한다. "이 기적은 예수의 포괄적 식탁에 관한 분명한 예로서, 예수는 죄인들과 부정한 자들을 이 식탁으로 초대한다."[16] 예수는 무리를 "환영하고"(9:11), 그들 모두를

---

14   John Koenig, *New Testament Hospitality: Partnership with Strangers as Promise and Mission* (Eugene, OR: Wipf and Stock, 2001), 115; David P. Moessner, *Lord of the Banquet: The Literary and Theological Significance of the Lukan Travel Narrative* (Minneapolis: Fortress Press, 1989), 159.

15   Arthur A. Just, *The Ongoing Feast: Table Fellowship and Eschatology at Emmaus* (Collegeville, MN: The Liturgical Press, 1993), 156-57.

16   Karris, *Eating Your Way Through Luke's Gospel*, 52.

"비스듬히 기대게 한" 후에(9:14-15), 제자들에게 먹을 것을 "나눠주게 한다"(9:16). 그러자 "그들이 먹고 다 배가 불렀다"(9:17). 이 사건이 예수가 하나님 나라를 선포하고(9:11), 환자들을 치유하고(9:11), 고난 받고 십자가에 못 박히는 메시아로서의 예수의 정체성이 드러나는(9:18-22) 맥락에서 발생하고 있다는 점은 자신의 백성을 위한 하나님의 자비로운 구원이 메시아와 함께하는 이러한 식사들을 통해 알려짐을 암시한다.[17] 베드로가 예수를 메시아로 고백하는 장면(9:18-20)과 예수가 자신의 임박한 죽음을 가르치는 장면(9:21-27)의 문학적 위치는 이러한 식사들이 하나님 나라에서 예수를 마음껏 즐기고 예수와 함께 즐기는 잔치를 예견하고 있음을 암시한다. 예수가 오천 명을 먹인 사건을 묘사하는 누가의 표현이 중요하다. "예수께서 떡 다섯 개와 물고기 두 마리를 가지사 하늘을 우러러 축사하시고 떼어 제자들에게 주어 무리에게 나누어주게 하셨다"(9:16).

예수의 하나님 나라 선포, 하늘을 우러러보는 행위, 그리고 축복 기도는 이 기적이 하나님의 임재 및 무리를 향한 예수의 환대의 자비를 표명하고 있음을 암시한다. 그러나 여기서 사용되는 언어는 예수가 제자들과 나눈 절정의 최후 식사도 가리키는데, 이 최후 식사에서 예수는 명확하게 빵과 찢긴 자신의 몸을 동일시하고 포도주와 자신이 흘린 피

---

17   오천 명을 먹인 기적(9:12-17)을 앞뒤로 감싸고 있는 문학적 틀(9:7-9와 9:18-36)은 예수의 메시아직의 본질을 설명하는 것과 관련이 있다. Frederick W. Danker, *Jesus and the New Age according to St. Luke: A Commentary on the Third Gospel* (St. Louis: Clayton Publishing House, 1972), 111-19와 250을 보라. Eugene LaVerdiere, *Dining the Kingdom of God: The Origins of the Eucharist according to Luke* (Chicago: Liturgy Training Publications, 1994), 69-70도 보라.

를 동일시한다(22:15-20). 유월절을 기념할 때 예수는 다시 한번 자신의 음식과 자신의 음료를 통해 제자들에게 희생제사의 임재를 제공하는 주인 역할을 한다.[18] 예수는 "사도들과 함께 앉는다"(22:14b). 종이자 주인으로서, 예수는 자신의 몸을 그들의 음식으로 "내어준다." "이것[빵]은 너희를 위하여 주는 내 몸이다"(22:19). "그가 빵을 가져 감사기도하고 떼어 그들에게 주었다"라는 구절(22:19a)은 예수가 군중을 먹인 사건을 떠오르게 하고(9:16) 예수의 엠마오 식사를 예견한다(24:30). 이러한 식사들에서 예수의 주인 역할과 "빵을 주는" 행위는 계시적 임재를 초래한다. 주인인 예수는 "너희를 위하여 붓는 내 피로 세우는 새 언약"을 그들에게 음료로 제공한다(22:20b). 언약의 목적은 환대 시행과 마찬가지로 가족 및 교제 관계를 형성하는 것이다. 따라서 이러한 식사에 참여하는 것은 그 사람이 주님의 가족에 속한다는 것을 표시한다.[19] 자신의 "몸"과 "피"를 음식과 음료로 내어줌으로써, 그리고 그들에게 "이를 행하여 나를 기념하라"고 명령함으로써(22:19b) 예수는 사도들의 미래의 식사들이 자신이 영원히 임재하는 자리가 될 것이라고 확신시킨다.[20]

예수의 죽음이 임박하고 언약의 성만찬이 제정되자, 누가는 예수의

---

18 종이자 주인인 예수에 관해서는 Dennis E. Smith, *From Symposium to Eucharist: The Banquet in the Early Christian World* (Minneapolis: Fortress Press, 2003), 265-67을 보라.

19 Scott W. Hahn, *Kinship by Covenant: A Canonical Approach to the Fulfillment of God's Saving Promises*, ABRL (New Haven: Yale University Press, 2009)을 보라.

20 유월절 음식을 먹으면서 "기억했던" 이스라엘 백성처럼(출 12:14 70인역), 교회의 식사들도 주의 임재를 경험하는 장소가 될 것이다. 다음 문헌들도 같은 같은 취지로 주장한다. J. P. Heil, *The Meal Scenes in Luke Acts: An Audience-Oriented Approach* (Atlanta: SBL Publications, 1999), 175-76; Smith, *From Symposium to Eucharist*, 263.

임재가 사도들을 통해 계속되는 방식을 보여준다. 예수는 자신의 환대 행위를 통해 구현해온 하나님 나라를 그들에게 맡긴다. "내 아버지께서 나라를 내게 맡기신 것과 같이 나도 너희에게 맡긴다"(22:29). 70인역에서 "맡김"이라는 특수한 용어는 거의 언제나 언약 제정 또는 승인을 가리키는 데 사용되는데,[21] 예수가 방금 새 언약을 제정한 데 비춰볼 때, 우리는 예수가 자신의 제자들에게 하나님 나라를 "언약하고 있는" 모습을 보도록 초대받는다.[22] 예수가 죄인들과 소외된 자들에게 베푸는 신적 환영에서 하나님 나라가 임재해오고 있는데, 예수는 하나님 나라가 식탁 교제를 통한 제자들의 사역 가운데 지속적으로 임재할 것이라고 선언한다.[23] 따라서 예수가 자신의 나라를 열두 사도에게 맡기는 목적은 "너희로 내 나라에 있어 내 상에서 먹고 마시며 또는 보좌에 앉아 이스라엘 열 두 지파를 다스리게 하려 함이다"(22:30). 달리 말하자면 사도들은 "주의 식탁"(22:14-27)을 섬기는 것을 통해 자기들이 하나님의 백성을 다스린다는 사실이 알려지게 한다. 예수의 나라는 함께 나누는 환대를 통해 나타났으며, 이제 사도들은 음식의 청지기직을 통해 예수의 사역을 이어가도록 위임받는다.

이것이 누가가 보고하는 최후의 만찬에서 발생하는 일인데, 이 최

---

21 예컨대, 창 9:17; 15:18; 21:27, 32; 26:28; 출 24:8을 보라.
22 Hahn, *Kinship by Covenant*, 227-28을 보라.
23 Hahn, *Kinship by Covenant*, 230-4. Peter K. Nelson은 "Luke 22:29-30 and the Time Frame for Ruling and Dining," *Tyndale Bulletin* 44, no. 2 (November 1993): 355-57에서 만일 누가가 22:28-30을 의도적으로 사도행전과 관련시키고 있다면, 우리는 보다 구체적인 상응들을 기대할 수 있을 것이라고 주장한다. 그러나 그가 조사한 상응 내용들은 피상적이다. 가장 주목할 만한 점은, Nelson이 사도들이 "열 두 보좌"에 앉는 것(22:30)과 열 두 제자의 재구성(행 1:15-26)을 연결하지 못한다는 것이다.

후의 만찬에서 환대와 빵을 떼는 행위(24:29-35)는 제자들이 예수를 알아보게 되는 계시적 맥락 기능을 수행한다. 누가복음 24:13-15에서, 두 제자가 엠마오로 가다가 예수와 마주치는데, 부활한 예수는 정체를 감추고 있었다. 예수가 이 두 제자를 떠나 길을 더 가려는 것처럼 보이는 부분을 살펴보자(24:28b). 이 제자들은 예루살렘에서 최근에 일어난 일들로 인해 슬픔에 빠져 있음에도 길손에게 환대를 제공하는 칭찬할 만한 반응을 보여준다. "그들이 강권하여 이르되 '우리와 함께 유하사이다. 때가 저물어가고 날이 이미 기울었나이다'"(24:29a). 예수는 "그들과 함께 유하러 들어감으로써"(24:29b) 그들의 환대 제공에 응하여 손님 역할을 수용한다. 여기서 우리의 기대감이 고조되는데, 그것은 우리가 이미 누가복음에서 식사가 종종 예수의 정체성을 보다 깊이 드러내는 기회로 작용하는 것을 보았기 때문이다(예컨대 7:36-50; 9:11-17; 14:1-24; 22:14-38).[24] 따라서 예수가 식사하기 위해 "그들과 함께 식탁에 기대어 누웠을 때"(24:30a), 손님인 예수가 주인(host) 역할을 하는 것이 놀랄 일은 아니다. "예수는 빵을 들어 축복했다. 그리고 빵을 떼어 그들에게 주었다"(24:30b, 저자의 번역).[25] 구체적인 용어들은 사람들에게 **자신을 드러냄으로써** 자기 백성을 먹이고 그들에게 영양을 제공하는 예수에 관한 누가의 이야기들을 연상시킨다(특히 9:10-17과 22:15-20). 예컨대, 누가복음 9:16에서 예수는 빵을 "들어" "축복하고" "떼어서" 그 빵을 제자들에게 "주어" 무리를 먹이게 한다. 마찬가지로, 마지막 만찬

---

24 예컨대 Just, *The Ongoing Feast*, 128-95를 보라.
25 누가는 종종 "손님인 예수"가 식사 중에 주인 역할을 하는 것을 묘사한다(예컨대 5:27-32; 10:38-42; 14:1-24).

에서 예수는 주인이 되어 "빵을 들어 축복하고, 그 빵을 떼어 그들에게 준다"(22:19a). 누가복음 9:16, 22:19-20과 24:30은 엠마오에서의 식사가 자기 백성에게 하나님의 환대와 환영을 시행하는 부활한 예수의 적극적·경험적·지속적 임재를 상징함을 암시한다.[26] 따라서 신적 주인인 예수의 임재는 결국 제자들을 눈 먼 상태(24:16을 보라)에서 통찰과 인식의 상태로 이동시켜 그들이 외인의 정체를 인식하기 시작하게 한다. "그들의 눈이 밝아져 그인줄 알아보았다"(24:31a). 예수와 두 제자 사이에 나눠진 환대는 그 제자들을 보이지 않는 상태에서 보이는 상태로, 또는 무지의 상태에서 깨달음의 상태로 옮기는 촉매로 작용한다. 이 두 제자가 다른 제자들에게 돌아갔을 때, 누가는 이 두 제자가 다른 제자들에게 "길에서 된 일과 예수께서 떡을 떼심으로 자기들에게 알려지신 것"에 대해 이야기 하는 장면을 강조한다(24:35).[27]

사도행전의 교제, 음식 그리고 부활한 메시아

누가복음의 속편인 사도행전은 빵을 떼고 음식을 나누고 예수의 환대를 본받음으로써 부활한 주님의 체험적 임재가 어떻게 계속 발견될 수 있는지 보여준다. 공동체는 다양한 사회 계층(부자, 가난한 자, 과부)과 민

---

26 Robert C. Tannehill, *The Narrative Unity of Luke-Acts*, 1권 (Minneapolis: Fortress Press, 1986), 290; Karris, *Eating Your Way through Luke's Gospel*, 48-50.
27 "빵을 떼다"라는 어구는 전체 식사에 대한 환유다(행 2:46과 비교하라). B. P. Robinson, "The Place of the Emmaus Story in Luke-Acts," *NTS* 30, no. 4 (October 1984): 484를 보라.

족(헬라인과 히브리인) 그리고 남녀로 구성된 다양한 친족 무리 내에서 환대와 음식의 비호혜적인 나눔을 통해 예수의 윤리를 시행한다.

사도행전 2:42-47과 4:32-35의 "요약 진술"은 공동체를 음식과 환대를 통해 주님이 임재하고 "기억되는"(눅 22:19) 장소로 묘사함으로써 이러한 기대를 성취한다. 첫째, 빵을 떼고(2:42, 46) 소유를 나누는 (2:44-45; 4:32-35) 공동체에 대한 이 진술의 묘사는 열두 사도가 예수의 음식과 음료 그리고 소유의 분배를 통해 자신의 다스림을 공유할 것이라는 약속들을 성취한다(눅 22:30, 12:42-46도 보라). 둘째, 반복된 표현인 "집에서 떡을 떼며 기쁨과 순전한 마음으로 음식을 먹고"(2:46)로 확장되는 "빵을 떼기"(2:42b)라는 반복적인 어구는 예수가 빵을 떼는 행위들을 상기시킨다(눅 9:16; 22:19; 24:30, 35).[28] 예수의 "빵을 떼는" 행위는 자기 백성을 향한 그의 환대를 표현하고(눅 9:12-17), 그들과 함께하는 예수의 희생적이며 계시적인 임재를 의미한다(눅 22:19-20; 24:29-35). 이제 "빵을 떼는" 행위는 자기 백성과 함께하는 주의 임재를 표명하는 수단으로 제정된다.[29] 부활한 주님이 자기 백성과 함께한다는 사실은 그들이 식사할 때 "기뻐하고"(행 2:46) "하나님을 찬미"하는(행 2:47) 모습에 나타나 있다("기쁨"과 "찬미"라는 단어는 신적 방문에 대한 반응을 가리키는 데도 사용된다).

셋째, 이 진술들은 누가복음에 나오는 환대에 관한 예수의 가르침

---

28 Hahn, *Kinship by Covenant*, 233-34; Douglas A. Hume, *The Early Christian Community: A Narrative Analysis of Acts 2:41-47 and 4:32-35*, WUNT 2.298 (Tübingen: Mohr-Siebeck, 2011), 106-8.

29 Alan J. Thompson, *One Lord, One People: The Unity of the Church in Acts in Its Literary Setting*, LNTS 359 (London: T&T Clark, 2008), 63-70.

이 실행되고 있음을 의미한다. 삼천 명이 회심했다는 언급(행 2:41)과 부유한 자들이 가난한 자들을 위해 재산을 팔았다는 사실(2:44-45; 4:34-35; 4:36-5:11)에 비춰볼 때, 이 공동체에는 부자들과 가난한 자들이 포함되어 있다. 따라서 "날마다" 함께 먹는 관행(2:46a)은 부자들이 그들의 소유를 "각 사람의 필요를 따라" 나누는 데 의존한다(2:45). 이처럼 가난한 사람들을 위해 날마다 음식을 제공하면 "공동체에서 궁핍한 사람들의 재정 부담이 상당히 경감될 것이다. 왜냐하면 식비가 가난한 사람의 주된 비용이기 때문이다."[30] 가난한 사람에게 음식을 제공하는 것은 굶주린 자들의 주인이자(눅 9:12-17) **모든 사람**에 대한 환대 제공자(15:1-2)인 예수의 행위를 반영한다. 비호혜적인 음식 나눔은 소유를 나누고 가난한 사람들에게 환대를 보이기를 거절하는 사람들(눅 16:19-31; 18:18-30) 및 심지어 최후의 만찬을 지위를 추구할 기회로 사용했던 제자들(눅 22:25-26)의 성향과도 대조를 이룬다.[31] 궁핍한 사람들에게 음식을 줌으로써, 부자들은 부와 환대를 차별 없이 나누라는 예수의 명령(예컨대 눅 6:27-38; 14:12-24; 22:24-27)을 따르게 된다.[32] 부유한 바나바가 가난한 사람들을 위해 자기 밭을 판 것은 당시 자선 체계에 대한 명백한 거부인데, 예수도 이를 거부했다(눅 22:24-27).[33] 따라서 이 공동체

---

30 Christopher M. Hays, *Luke's Wealth Ethics: A Study in Their Coherence and Character*, WUNT 2.275 (Tübingen: Mohr-Siebeck, 2010), 193. Reta Halteman Finger, *Of Widows and Meals: Communal Meals in the Book of Acts* (Grand Rapids: Eerdmans, 2007), 230도 보라.

31 Hume, *The Early Christian Community*, 108-9.

32 Alan C. Mitchell, "The Social Function of Friendship in Acts 2:44-47 and 4:32-37," *JBL* 111, no. 2 (Summer 1992): 255-72 중 266-67.

33 Luke Timothy Johnson, *The Literary Function of Possessions in Luke-Acts*, SBLDS 39

는 예수의 포괄적인 환대 윤리(눅 10:25-37; 14:12-24)를 훌륭하게 실행한다. 이와 반대로, 아나니아와 삽비라가 돈을 남겨둔 것은 공동체의 연합을 위협하고, 그들이 소유와 환대에 관한 예수의 가르침을 거부했음을 보여주며, 그들이 참된 친족이 아님을 증명한다.[34]

마지막으로, "교제"(2:42), "모든 물건을 서로 통용"(2:44. 4:32b도 보라), 그리고 "한마음과 한 뜻"(4:32) 같은 표현은 철학에서 말하는 우정의 언어에서 차용한 것이다. 누가가 우정의 언어를 사용해서 공동체를 묘사하는 것은 이 공동체가 예수의 환대 윤리를 실천하고 있는 새로운 가족이라는 개념을 강화한다.[35] 식탁 교제와 환대 관행은 가상의 가족 관계를 형성하며, 철학적인 우정은 사회적 평등을 함축한다.[36] 우정은 지위가 동등한 사람들 사이에 발생하는 그 무엇이다. 그렇지 않다면 그 교제는 후견인-수혜자 관계다. 그러나 누가는 우정의 범위를 확장하여 **모든** 사람, 즉 부자와 가난한 자, 그리스 사람과 히브리 사람, 남자와 여자를 포함시킨다. 공동체가 "한마음과 한 뜻"을 공유하는 토대를 제공하는 것은 부나 지위가 아니라 그 공동체에 임하는 주의 임재에 대한 믿음이다(2:44). 흄은 이 점을 다음과 같이 잘 표현한다. "함께 식사함으로써 신자들은 교제 행위를 실천하게 되는데, 이 교제는 영양 공급, 사

(Missoula, MT: Scholars Press, 1977), 201-4; Mitchell, "The Social Function of Friendship in Acts 2:44-47 and 4:32-37," 269.

34 Finger, *Of Widows and Meals*, 133-34를 보라.
35 Finger, *Of Widows and Meals*, 128-36을 보라.
36 플루타르코스는 종종 "식탁 친구를 사귀는 특성"에 대해 언급한다(*Table Talk* 612 D-E). 우정과 평등에 관해서는 다음 문헌들을 보라. Aristotle, *NE* 8.5.5; 8.6.7-8.8.7; 8.11.5; 8.13.1; Plutarch, *Table Talk* 708; Plato, *Laws* 6.757A.

회적 상호 작용, 기쁨에 대한 필요를 충족시켜주는 가상의 친족 집단인 일종의 가족을 형성하는 우정의 행위를 실행한다."[37]

불행하게도 "헬라파 유대인들이 자기의 과부들이 매일의 구제에 빠지므로 히브리파 사람을 원망"해서 공동체의 기쁨과 교제가 위협받는다(6:1b). 헬라파 유대인 과부들이 그 공동체의 "매일" 나누는(2:46, 47) 식사에서 제외된 것 같다(행 2:42-47을 보라).[38] 헬라파들의 불평은 예수가 죄인들 및 사회로부터 소외된 자들과 교제하는 것에 대해 불평하던 예수의 적대자들을 상기시킨다(눅 5:29-30; 15:1-2; 19:7).[39] 그러므로 여기서 등한시되고 있는 사람들이 헬라파 유대인 과부들이라는 점이 중요하다.[40] 누가-행전에서 과부들은 정의를 필요로 하는 취약하고 (눅 7:11-17) 가난한(눅 18:1-8; 20:46-47) 자들을 대표하며, 이로 인해 예수는 과부들을 불쌍히 여기고 그들의 경건을 칭찬한다(눅 7:11-17; 21:1-4). 율법에 따르면 과부들은 하나님이 보호하기로 약속하신 "외인"으로 분류된다(신 10:17-18). 따라서 이 공동체가 가난한 과부들을 배제시킴으로써 예수의 환대 관행을 실행하지 못하고 있기 때문에 헬라파의 불평은 정당화된다. 이 공동체의 연합에 대한 도전의 핵심이 음식, 다시

37　Hume, *The Early Christian Community*, 110.

38　추가로 다음 문헌들을 보라. David W. Pao, "Waiters or Preachers: Acts 6:1-7 and the Lukan Table Fellowship Motif," *JBL* 130, no. 1 (Spring 2011): 127-44 중 135-37. Finger는 *Of Widows and Meals*, 251-64에서 헬라파 유대인 과부들이 매일 식사를 준비하고 조직화하고 봉사하는 고상한 일로부터 배제되고 있다고 제안한다.

39　Pao, "Waiters or Preachers," 137-38.

40　과부들에 관해서는 다음 문헌들을 보라. F. Scott Spencer, "Neglected Widows in Acts 6:1-7," *CBQ* 56 (1994): 715-33; Todd Penner, *In Praise of Christian Origins: Stephen and the Hellenists in Lukan Apologetic Historiography*, ESEC (New York: T&T Clark, 2004), 265-66; Finger, *Of Widows and Meals*.

말해 "매일의 식사 접대"—주님이 자기 백성과 함께 하는 장소(행 2:42-47을 보라)—라는 사실은 예수의 환대 윤리 실천을 위협하는 중대한 도전이 무엇인지를 상징적으로 보여준다(행 6:1).

누가는 일곱 명의 헬라파 유대인들을 "식탁에서 봉사하도록"(6:2b) 위임함으로써 이 위협이 성공적으로 해결되었다고 이야기한다. "식탁에서 섬길" 그들의 임무는 열두 제자에게 부여되었던 예수의 사역이 확장된 것이다(눅 22:24-30).[41] 마찬가지로, 제자들이 "성령과 지혜가 충만하여…우리가 이 일을 맡길"(행 6:3b) 사람 일곱 명을 찾는 일은 예수가 자신의 음식과 소유를 "맡김으로써" 충성된 사람들을 보상할 것이라고 약속하는 비유들을 암시한다(눅 12:44).[42] 예수가 자신의 사역을 "[식탁에서] 섬기는 자"로 요약하고(22:27), 자신의 열두 제자가 "내 상"에서 먹고 마심을 통해 다스리도록 위임한 점(22:30a)에 비춰볼 때, 누가는 이 일곱 명을 예수의 신실한 후계자들로 묘사한 것이다. 이 일곱 명이 식탁에서 발휘하는 지도력의 결과는 성공적이다. 즉 "하나님의 말씀이 점점 왕성하매 예루살렘에 있는 제자의 수가 더 심히 많아졌다"(행 6:7).

누가복음 전체에서 누가가 궁핍한 자, 잃어버린 자, 깨어진 죄인들에 대한 하나님의 구원을 표현하는 주된 방식 중 하나는 예수를 하나님의 환대를 베풀고 그들을 하나님과의 교제로 영접하는 주인으로 묘사

---

41 Pao, "Waiters or Preachers," 141-42.
42 스데반을 포함한 일곱 명의 헬라파 유대인들과 예수의 추가적인 유사점에 관해서는 Johnson, *The Literary Function of Possessions*, 50-52과 212-13을 보라. Smith (*From Symposium to Eucharist*, 264)는 눅 12:35-48과 행 6:1-6 사이의 상호연관성을 바르게 지적한다.

하는 것임을 기억하라. 이러한 식사들은 물질적으로 및 영적으로 굶주린 자들에게 영양을 공급하고 그들을 만족시킨다. 또 누가는 죄인들과 함께한 예수의 식사는 그의 제자들로부터 예수를 본받아 타인에 대한 하나님의 환영을 나누어주는 반응을 요구할 것이라고 기대한다. 달리 말하자면 신적 환영을 경험한 사람들은 하나님의 환대를 다른 사람들과 나누고자 할 것이다. 마지막으로, 최후의 만찬 때(22:15-20)와 엠마오에서의(24:13-35) 예수의 마지막 두 식사는 예수의 환대 행위를 의례화하고, 교회가 예수가 자신의 환대 윤리로 그들을 가르치고 그들 가운데서 구현한 것을 본받을 것임을 암시한다. 이러한 식사들은 교회가 하나님 나라에서의 메시아의 연회를 고대하면서 이런 식사를 하는 동안 계속하여 예수의 임재를 경험할 것임을 암시한다.

낙인의 포용과 고정관념 전복

하나님의 환대 시행은 개인이나 집단의 사회적 가치에 반응할 모종의 기준과 일치하지 않는다. 누가-행전의 주요 의제 중 하나는 "모든 육체가 하나님의 구원을 보리라"는 이사야의 예언적 환상이 성취되었음을 입증하는 것이다(눅 3:6. 다음 구절들도 보라. 눅 2:10-11; 2:30-32; 행 28:28).[43] 누가가 이 의제를 성취하는 방법 중 하나는, 누가가 빈번히 사

---

43 아무도 이 주제를 David W. Pao, *Acts and the Isaianic New Exodus* (Grand Rapids: Baker Academic Press, 2000)처럼 명쾌하고 설득력 있게 설명하지 못했다.

회적 또는 문화적 고정관념을 제기하는 것은 오로지 이를 전복하기 위함이라는 데서 볼 수 있다. 달리 말하자면 누가는 하나님의 구원하는 포용이 어떻게 **모든 사람**에게 찾아오는지 보여주기 위해 낙인과 고정관념에 대한 일반적인 개념을 거부하는데, 이는 **누가** 신적 환대를 경험할 수 있는가에 대해 제한을 가하려는 자들에게 심각한 비난이나 경고로 작용한다.

예컨대 사도행전 28:1-10에서 누가는 바울과 파선된 죄수들이 멜리데 섬에 상륙할 때 "야만인"(*barbaros*, 개역개정은 "원주민"으로 옮겼음)과 "인도적 친절"(*philanthrōpia*)을 짝지어 의도적으로 불협화음을 만들고 있다. 우리의 편견에 의하면 야만인들은 파선당한 외인들에게 극진한 친절을 베풀지 않는다. 그러나 누가는 "야만인"과 "인류애"를 나란히 놓음으로써 의도적으로 이 고정관념을 거부한다. 예컨대 사도행전 28:1-10의 친절하고 인정 많은 야만인들에 대한 누가의 묘사는 같은 사람에 대해 불가능한(또는 최소한 문화적 관습에 기초할 때 도무지 있을 것 같지 않은) 묘사―"야만인"과 "이례적으로 친절한"―를 동시에 적용하도록 우리에게 도전하며, 그렇게 하는 과정에서 누가는 민족에 대한 고정관념을 **다른** 민족의 문화적 가치와 중요성을 이해하는 타당한 도구로 사용하는 것의 유효성을 전복하고 해체한다.[44] 이는 누가가 다른 민족적·문화적 고정 관념들을 사용하는 방식, 즉 고정 관념을 해체하기 위해 고정 관념을 사용하는 것과 유사하다. 예컨대 존 도미니크 크로산이 소위 선한

---

[44] 나는 Joshua W. Jipp, "Hospitable Barbarians: Luke's Ethnic Reasoning in Acts 28:1-10," *JTS* (2017)에서 이 주제에 대해 훨씬 자세하게 서술했다.

사마리아인 비유에서 다음과 같이 지적하듯이 말이다. "이 이야기의 문자적 요점은 청자로 하여금 동일 인물에게 불가능하고 모순적인 두 단어—'사마리아인'(10:33)과 '이웃'(10:36)—를 동시에 적용하도록 도전한다.…이 이야기는 청자가 모순적이고, 불가능하고, 말할 수 없는 것을 이야기함으로써 반응하라고 요구한다."[45] 청자가 **언뜻 보기에는** 모순으로 보이는 용어들을 이해하려 할 때, 누가는 고정 관념이 인간의 특징을 이해하기에는 매우 부족함을 효과적으로 피력한다. 누가는 로마 백부장들을 묘사할 때 이와 비슷한 시도를 하고 있는지도 모른다. 누가-행전에서 백부장들은 예수의 권위를 인식하고 이에 굴복하며(눅 7:2-10), 예수의 무죄를 고백하고(눅 23:46-47), 경건하여 자선을 베풀고(행 10:1-6), 바울에게 큰 친절을 베푼다(*philanthrōpōs*, 행 27:3. 21:37-40도 보라). 이 로마의 군사 지도자들이 잔인하거나 폭력적이지 않고, 지역 사람들을 강제로 징집하지도 않는다는 점에서 누가가 제시하는 백부장들은 대다수 독자들의 사회문화적 기대와 반대로 행동한다. 오히려 누가가 로마 백부장들을 긍정적으로 묘사함으로써 독자는 그들에게 예수 운동으로 개종할 미덕과 잠재력이 있음을 보도록 초대된다.[46]

해석자들은 종종 최초의 이방인 개종자에 대한 누가의 묘사에서 에티오피아 내시는 흑인이면서 동시에 (여러 문화의 내시에 대한 견해에 의하면) 성적으로 소외된 자라는 사실의 중요성을 과소평가한다.[47] 거세된

---

45 John Dominic Crossan, *In Parables: The Challenge of the Historical Jesus* (New York: Harper and Row, 1975), 64.

46 Laurie Brink, *Soldiers in Luke-Acts: Engaging, Contradicting, and Transcending the Stereotypes*, WUNT 2.362 (Tübingen: Mohr-Siebeck, 2014), 166.

47 아마도 해석자들에게는 검은 피부의, 성적으로 소외된 사람보다 남자다움과 지력을 겸

남성이나 "고환이 으깨진" 사람들은 율법에 의해 예루살렘 성전에 온전히 참여할 수 없었다(예컨대 다음 구절들을 보라. 레 21:16-23; 신 23:1). 실제로 예언자 이사야는 내시들을 하나님이 돌아올 때 하나님의 백성 안에 완전히 포함될 소외된 자들에 대한 비유로 사용한다.[48] 내시들에게는 남자다움이 없었고 그들은 종종 연약하고, 여성적이며, 성적으로 비정상이라고 간주되었기 때문에 그들은 그리스-로마 문화에서 칭송받는 이상적인 존재가 아니었다.[49] 그러므로 내시는 강함과 힘 그리고 남성성에 관한 성적 고정관념에 부합하는 남자다운 남자가 아니다.[50] 그러나 우리는 누가가 그리는 "에티오피아"(행 8:27) "내시"(8:27, 34, 38, 39)에 대한 묘사는 에티오피아 사람을 악 또는 정욕의 상징이라는 고정관념을 촉진하지 않고, 내시가 음란하고 남녀 구별이 모호한 괴물 같은 존재라는 비유도 촉진하지 않는다는 점을 주목해야 한다.[51] 오히려 이 내시는 "덕

비한 로마 군인이 보다 편안할 것이다. 이 구절에 관한 인종주의적 해석과 대부분의 백인 해석자들에게 그 사람의 민족성이 중요하지 않다는 상투적인 말에 관해서는 Clarice J. Martin, "A Chamberlain's Journey and the Challenge of Interpretation for Liberation," Semeia 47 (1989): 105-35를 보라.

48 성 및 성별에 대한 신학적 설명에서 이 진술을 진지하게 다루고 있는 중요한 연구로는 Megan K. DeFranza, *Sex Difference in Christian Theology: Male, Female, and Intersex in the Image of God* (Grand Rapids: Eerdmans, 2015), 특히 3장과 6장을 보라.

49 Peter Brown, *The Body and Society: Men, Women, and Sexual Renunciation in Early Christianity* (New York: Columbia University Press, 1988), 10-11.

50 Brittany E. Wilson, *Unmanly Men: Refigurations of Masculinity in Luke-Acts* (Oxford: Oxford University Press, 2015), 113-49도 보라.

51 물론 고대 에티오피아 사람들에 대해 기술한 사람들이 많이 있다. *Race and Ethnicity in the Classical World: An Anthology of Primary Sources in Translation*, Rebecca F. Kennedy, C. Sydnor Roy, and Max L. Goldman 편역 (Indianapolis: Hackett Publishing, 2013), 179-201을 보라. 내시를 소외 받은 자들의 대표적 예로 보는 견해에 대해서는 David W. Pao, *Acts and the Isaianic New Exodus*, WUNT 2.130 (Tübingen: Mohr-Siebeck, 2000), 140-42를 보라.

의 표본"이다. 그는 조용하고 겸손하게 이사야서를 읽고 그 말씀에 대한 해석을 경청한다. 그리고 세례를 받고 기뻐한다.[52] 이를 본 빌립은 그 어떤 것도 이 내시가 세례를 받고 하나님의 백성으로 완전히 편입되는 것을 "막지" 못한다고 올바르게 인식한다.[53]

사도행전 10장에서 베드로가 고넬료를 만나는 장면에서 경계를 허물고, 낙인과 고정 관념을 전복하며, "타자들"로 인해 오염되거나 전염된다는 신념을 무시하는 것이 교회의 정체성의 일부로 제도화된다.[54] 사도행전을 읽는 사람은 누구나 하나님이 이방인들이 하나님의 구원을 경험하고 하나님의 백성에 포함되도록 작정했음을 알게 된다. 그러나 유대인들과 이방인들이 함께 먹고 서로의 집을 방문하는 것에 관한 사회적 제약에 비춰볼 때, **어떻게** 한 교회가 이교도와 유대인으로 구성될 수 있는지 의아해 할 수도 있다. 이 구절 전체는 유대인 신자와 이방인 신자 사이의 친교를 가로막는 경계들에 대한 위반 또는 타파의 내용으로 구성되어 있다. 첫 번째 일화에서, 유대인이 아닌 고넬료의 처소에 "하나님의 사자가 들어온다"(10:3). 베드로가 본 하늘의 환상은 베드

---

52 이에 관해서는 Gay L. Bryon, *Symbolic Blackness and Ethnic Difference in Early Christian Literature* (London: Routledge, 2002), 108-15를 보라.

53 이 점에 대해서는 Matthew L. Skinner, *Intrusive God, Disruptive Gospel: Encountering the Divine in the Book of Acts* (Grand Rapids: Brazos Press, 2015), 63-64에 멋지게 진술되었다.

54 나는 Jipp, *Divine Visitations and Hospitality to Strangers in Luke-Acts*, 204-17에서 이 주제를 다음의 연구에서 훨씬 더 상세하게 다뤘다. 나는 또한 다음의 문헌들에서도 유익을 얻었다. Beverly Roberts Gaventa, *From Darkness to Light: Aspects of Conversion in the New Testament*, OBT (Philadelphia: Fortress, 1986), 107-25; Walter T. Wilson, "Urban Legends: Acts 10:1-11:18 and the Strategies of Greco-Roman Foundation Narratives," *JBL* 120, no. 1 (Spring 2001): 77-99.

로에게 식사 관행에서 구별하지 말라고, 보다 구체적으로는 깨끗한 동물들이 깨끗하지 않은 동물들과 접촉했다는 이유로 오염된 것으로 보지 말라고 명령한다(10:9-16). 이처럼 놀라운 신적 개입으로 인해 베드로는 고넬료가 보낸 사람들을 자신(엄밀히 말하자면 시몬)의 처소로 불러들이고(10:1-8, 17-23)—이 점이 더 놀라운데—고넬료의 집에서 환대를 받아들이게 된다(10:23b-33). 하나님의 여러 번의 개입 행위로 어리둥절해진 베드로가 결국 다음과 같이 선언하는 장면은 코미디에 가깝다. "내가 참으로 하나님은 사람의 외모를 보지 아니하시고 각 나라 중 하나님을 경외하며 의를 행하는 사람은 다 **환영하는**(개역개정은 '받으시는'으로 번역되어 있음) 줄 깨달았도다"(10:34-35). 여기서 "환영하는"이라는 표현은 예수가 자신의 사명을 "주의 환영의 해를 선포"하는 것이라고 묘사한 말(눅 4:19)을 상기시킨다. 베드로가 말하고 있을 때 성령이 할례 받지 않은 신자들 위에 내려와 그들로 하여금 방언으로 하나님의 위대한 행위들을 말할 수 있게 해주기 때문에(10:44-46) 베드로는 이방인에 대한 하나님의 환영에 대해 자신이 알고 있는 것 보다 더 잘 이야기한다. 고넬료의 집에 며칠 더 있어 달라는 초청에 베드로가 응하면서 베드로와 고넬료 이야기는 또 다른 환대 장면으로 막을 내린다(10:48b). 다시금 신적 환대는 인간의 환대를 이끌어낸다. 왜냐하면 고넬료와 이방인들에 대한 하나님의 환영이 유대인들과 비유대인들로 구성된 하나의 가족—교제 집단을 낳기 때문이다.

하나님의 환대를 위한 배경으로서의 교회

우리가 누가-행전의 환대의 비전을 심각하게 받아들이고 이 환대의 비전을 교회의 정체성과 소명을 정하는 교회의 헌장으로 간주한다면, 나는 다음과 같은 특성들이 우리의 사고와 행위를 특징지어야 한다고 제안한다.

1. 하나님에게 환대받는 교회

누가-행전의 근본적인 문제는 하나님으로부터의 소외와 타자로부터의 소외다. 인간은 하나님과 친구가 되도록, 그리고 서로 친구가 되도록 창조되었다. 따라서 하나님으로부터의 소외라는 우리의 문제를 설명하는 또 다른 방식은 죄라는 용어를 사용하는 것이다. 죄는 하나님으로부터의 소외와 서로 간의 소외를 야기하기 때문이다. 우리는—우리 모두는—예수가 가난한 자, 사로잡힌 자, 눈먼 자, 억눌린 자로 묘사한 사람들로서 "주의 환영의 해"가 주는 구원의 유익과 만날 필요가 절실한 존재들이다(눅 4:18-19). 신적 환영을 받은 사람들로서, 우리는 모두 주 앞에 손님이자 외인의 위치에 있다. 그러나 누가-행전이 전하는 복된 소식은 하나님의 환대가 우리를 하나님의 친구요 가족으로 변화시켰다는 것이다.

이에 대해 새뮤얼 웰스는 이렇게 말한다. "예수에게 우리 인간의 진정한 문제는 하나님으로부터의 소외와 서로 간의 소외다. 예수 안에서는 사정이 변한다. 예수는 우리와 하나님 사이를 결속시키는데, 이로써 인간과 하나님 사이의 연결 고리들은 실재적이고, 가시적이고, 영속적이며 끊어질 수 없게 된다."⁵⁵ 예수가 베푸는 신적 환대는 평안(눅 7:48-50), 하나님과 타인들로부터의 소외의 치유(눅 5:27-32), 큰 기쁨(눅 19:7-9), 그리고 용서(눅 7:36-50; 22:15-20)가 특징이다. 예수는 하나님의 환대를 생명, 곧 죽음에서 생명으로의 부활로 설명한다(눅 15:24, 32). 하나님의 가족 안으로 영접된 사람들은 그들이 속한 공동체와 식사의 주인 역할을 하는 부활한 예수와의 교제를 계속 경험한다(눅 24:28-35; 행 2:41-47).

누가-행전은 우리의 정체성을 구성하는 여러 중요한 요소들(예컨대 성·민족·나이·직업·지위)에도 불구하고, 인간에게는 자신의 근본적인 정체성으로 이해하는 것에 대해 두 개의 경쟁적인 대안이 있다는 사실을 증언한다. 하나의 대안은 우리의 정체성이 우리 자신, 즉 자신의 종교·교육·민족·직업에 의해 결정된다고 본다. 우리는 우리의 삶이 주로 하나님에 대한 고결한 순종의 역사와 신실함, 하나님을 섬긴 분량, 남들을 위한 많은 선행, 종교적 열정, 우리의 사역을 통해 변화된 모든 사람들, 또는 이러한 요소들의 **결여**에 의해 식별된다고 생각한다. 아니면 자신의 삶의 모든 측면에서 자신의 정체성, 곧 자신이 누구인지에 대한 핵심이 우리 모두를 하나님의 가족으로 받아준 은혜롭고 과분한 구원과 화해의 환영에 의해 결정되었다고 생각한다. 라르쉬 공동체를 창설한 장 바니에는 하나님의 모든 자녀들이 가난하고, 약하고, 장애가 있고, 궁핍하며, 서로를 필요로 한다고 거듭 강조한다. 그러나 그는 "자신의 가난

---

55 Samuel Wells, *A Nazareth Manifesto: Being With God* (Malden, MA: Wiley Blackwell, 2015), 78-79.

을 아는 사람도 있지만 그렇지 않은 사람도 있다"고 말한다.[56] 하나님의 환대, 곧 우리를 하나님과 화해시키고 우리를 치유하는 구원의 환영이 우리와 하나님 및 타인들과의 깨진 관계에 **유일한 해답**이다.[57] 그리고 이 선물은 이전의 어떤 사회적 가치와도 일치하지 않는다.

예수를 만나서 예수가 어떤 사람인지 알아 볼 필요가 있었던 삭개오나 예수에게 지나친 사랑의 헌신을 보였던 "죄 많은 여인"처럼 우리도 모두 절박하고 가난하며 우리의 가장 깊은 갈망에 응답하여 이를 만족시켜줄 예수의 환영에 의존한다. 도랑에 빠져 반쯤 죽어 있는 사람처럼, "우리는 빈궁한 자들이다. 우리는 관계를 갈망하고, 용서를 갈망하고, 화해를 갈망하고, 영생을 갈망한다."[58] 다음과 같이 생각하는 것이 당연하다고 여기는 사람이 있을 수도 있다. "나도 한때는 삭개오와 조금은 비슷했다. 나도 예전에는 예수의 화해시키는 환영에 전적으로 의존했었다. 그러나 **지금** 나는 여러 해 동안 거룩함과 선한 것을 추구하며 살아왔다. 나는 많은 설교를 해왔고, 여러 곳에서 섬겼으며, 복음에 관한 여러 유용한 내용들을 저술했다." 자신에 대해서 정직하다면, 아마도 우리는 누가-행전 곳곳을 장식하는 사회적으로 낙인찍힌 소외자들과 그다지 유사하지 않다고 생각하는 사람이 있을 것이다. 또는 우리 자신이 중독, 결혼 실패, 경제 상황, 과거의 죄와 무분별 그리고 정신 질환

---

56 Jean Vanier, *An Ark for the Poor: The Story of L'Arche* (Toronto: Novalis, 1995), 14.
57 그렇다고 누가(그리고 기타 신약 저자들)가 다른 은유를 사용해서 그리스도를 통한 하나님의 인간 구원을 설명하고 있음을 부정하는 것은 아니다. 내 주장은 누가복음에서 누가가 여행 은유를 사용하여 구원을 설명한다는 Joel B. Green의 주장과 잘 들어맞는다. Green, *Conversion in Luke-Acts*를 보라.
58 Wells, *A Nazareth Manifesto*, 93.

에 의해 규정된다고 생각한다. 그러나 누가-행전의 증언은 우리의 생각의 변화, 즉 우리 자신과 다른 이들을 생각하는 방식을 완전히 바꾸고 이 변화를 일관성 있게 적용하도록 요구한다. 우리 **모두**는 매우 궁핍하고 모든 면에서 환영하고 화해시키는 그리스도의 임재에 의존한다.

2. 예수의 식사처럼 하나님과 인간의 환대를 기념하는 식사

누가-행전의 증언은 자기에게 나아오는 자들에게 계속 차별 없이 신적 환영을 베푸는 부활한 주 예수의 임재를 "기억하고" 기념하는 기회로서의 함께 식사하기 관행을 회복하도록 요구한다. 예수의 식사와 초기 교회의 식사는 이를 통해 죄인, 소외된 자, 심지어 원수도 하나님의 환대를 만나고 하나님의 백성으로 완전히 포함되는 친구로 변화되는 수단이었다. 이처럼 우리는 이러한 식사에 기쁨, 포용, 배부름, 그리고 부활한 예수의 임재라는 특징이 있음을 살펴보았다. 이는 교회로 하여금 예수의 예와 명령에 순종할 때 부활한 예수가 우리 공동체에 강력하게 임재하고, 이러한 식사가 **모든 사람**이 하나님의 환대를 만날 수 있는 우호적인 배경이 계속 제공될 것이라고 기대하면서 의도적인 공동 식사 시간을 갖도록 요구한다. 교회가 제공하는 환대의 식사는 **교회를 정의해주는 표지는 교회가 하나님의 환대를 받은 존재**라는 사실이며 그 외의 다른 아무것도 아니라고 증언한다. 만일 성만찬의 성례가 예수가 죄인들 및 소외된 자들과 함께 먹고 마셨던 것을 의례화하고 상기시킨다면, 교회는 예수를 기념하는 교제의 식사가 더 큰 역할을 하도록 회복해야 한다. 크레이그 블룸버그는 이를 다음과 같이 잘 설명한다. 예수가 죄인들과 함께한 환대의 식사는 "**기독교인들이 동료 인간을 서로 및**

하나님에게 화해시키기 전에 의도적으로 그들과 더 친밀해지기 위해 다른 교제의 식사를 기념할 때, 다른 식탁 교제의 의미를 고양하고 그 기능을 '성례화한다'"(강조는 원저자의 것임).[59]

우리가 예수의 식사와 같은 식사를 통해 부활한 예수의 구원하는 임재가 계속 나누어진다고 믿는다면, 나는 교회인 우리가 예수의 식탁 교제를 계속 증언하기 위해 다소 의도적인 성찰을 하고 창조적인 위험을 감수해야 한다고 제안한다. 이는 공동 식사 시간이나 자기가 먹을 것을 가져와서 함께 나누는 식사를 그곳에서 예수의 식사 행위가 기억되고 구현되는 교회 공동체 생활의 한 부분으로 만드는 기회를 모색하는 형태로 나타날 수도 있다. 함께하는 식사에 담긴 공동체적 힘에 대한 라승찬의 설명은 자세히 인용할 가치가 있다.

> 함께하는 식탁 교제가 없다면 교회 공동체, 특히 다문화 공동체에 큰 틈이 생긴다. 식탁 교제의 힘은 환대의 힘이다. 식탁으로의 초대는 교제로의 초대다. 환대와 공동체는 우리가 그곳으로 초대되는 성만찬 식탁에 대한 우리의 이해에 매우 중요하다. 나는 다른 사람들과 함께 예수의 환대에 참여하도록 부름받는다. 성만찬 식사에서 나는 보다 큰 공동체—한 몸, 한 떡, 한 잔—의 일부다.…그리스도가 성만찬 식탁이 상징하는 메시아적 잔칫상에 참여하도록 우리를 초대할 때, 우리는 그의 환대에 감사하며 이를 기뻐한다.[60]

---

59 Craig L. Blomberg, *Contagious Holiness: Jesus' Meal with Sinners*, vol. 19, *New Studies in Biblical Theology* (Downers Grove, IL: InterVarsity Press, 2005), 179.

60 Soong-Chan Rah, *Many Colors: Cultural Intelligence for a Changing Church* (Chicago:

이어지는 장들에서 우리는 식사와 음식이 교회의 사명에서 수행하는 몇 가지 가능성들을 계속 탐구할 것이다. 그러나 나는 여기서 다음과 같은 몇 가지 중요한 질문들을 묻기 시작해야 한다고 제안한다. 우리의 교회 모임, 소그룹 교제, 또는 특정 틈새 사역 중 어느 곳에서 예수의 식사와 같은 환대의 식사가 기념되는 것을 보았는가? 때로는 이를 렌즈 삼아 우리가 이미 해오고 있을 수도 있는 것을 바라보고 활성화시키면 유용할 수 있다. 우리의 교회 또는 공동체가 이러한 식사를 함께 나눌 때, 우리는 어떻게 이러한 식사가 부활한 예수가 임재하는 자리가 되도록 기대할 수 있는가? 우리는 이런 식사들을 다른 사람들, 특히 우리 사회가 소홀히 하거나 거부하는 사람들이 하나님의 환대를 경험하도록 초대하는 기회로 사용하고 있는가? 우리는 누구를 초대할 수 있는가? 이 식사는 어떻게 **모든** 사람을 포용하고 기쁨으로 기념하며 지위의 차이를 거부하는 특징을 띠게 할 수 있는가?

3. 교회의 사회적 낙인 포용

하나님과 친구가 되게 하는 구원 경험을 통해 우리는 다른 사람들에게 환대와 우정을 베푸는 환대 행위자로 변한다. 앞에서 보았듯이 이 신적 환영은 개인 편에서의 **어떠한** 사회적 가치에도 일치하지 않기 때문에 정결과 오염에 대한 관심은 최소화된다. 왜냐하면 교회는 사회적 인습이라는 경계를 허물고 사회적으로 가장 낙인찍힌 자들을 포용하도록 요구되기 때문이다. 그리고 이는 명백히 예수의 포용적이고 차별없

Moody Publishers, 2010), 168-69.

는 환대 시행에 기초하고 있는데, 예수는 바로 이로 인해 "세리와 죄인의 친구"로 기억되고 비난받았다(눅 7:34b).[61] 누가-행전에서 신적 환대를 받는 사람들은 사회에서 가장 낙인찍히고 소외된 사람들인 죄인, 세리, 가난하고 굶주린 자, 죄 많은 여인, 사마리아인, 신체 장애인, 비유대인, 내시, 야만인들이다. 누가복음의 예수와 사도행전의 사도들은 지속적으로 종교적·문화적 경계를 넘어 사회에서 낙인찍힌 자들과 거절된 자들을 환영하고 축복한다. 달리 말하자면 하나님의 환대는 민족, 문화, 종교, 사회경제적 지위, 성별/성 정체성에 좌우되지 않는다. 그렉 캐리는 이를 다음과 같이 잘 진술했다. "예수를 따르는 자들은 예수가 자신을 죄인들과 동일시했고, 그들과 함께 식사했으며, 몇 가지 가르침에서 그들을 영웅으로 묘사했던 것을 기억했다. 제자들은 어떻게 사회적으로 불결한 사람들이 예수를 만났는지, 그리고 어떻게 예수가…정결한 것과 불결한 것의 경계를 넘었는지 기억했다."[62] 하나님의 환대를 다른 사람들에게 베푸는 사명을 수행하면서 예수는 외인에 대한 두려움, 오염시키는 죄인이 동석한다는 염려, 또는 사회 규범을 따르고자 하는 욕구를 전혀 보여주지 않았다. 그리고 교회가 위험하거나, 가치가 없거나, 오염원이라는 딱지가 붙은 사람들에 대한 특정 사회적 고정관념들을 너무도 빈번하게 무비판적으로 받아들임으로써 예수의 사역에서 볼 수 있는 유형을 따르려는 교회의 (종종 은연중의) 시도들이 방해받거나 압도된

---

61 Greg Carey, *Sinners: Jesus and His Earliest Followers* (Waco, TX: Baylor University Press, 2009), 17-36.
62 Carey, *Sinners*, 169.

다.⁶³ 우리가 사회적 고정관념에 정면으로 노출된 사람들과 동맹이 되기를 거부하고, 무관심에서든 다른 사람들의 경험에 귀 기울이지 못해서든 구조적인 인종차별주의, 성별 또는 성에 대한 비인간적인 고정 관념의 영속화, 그리고 유색 인종에 대한 폭력에 대해 아무것도 하지 않을 때 교회의 사명도 이와 유사하게 저해될 수 있다. 우리가 **함께** 세리와 죄인, 정신 질환자, 성전환자, 전과자, 고통 받는 모든 사람의 친구이자 동맹으로 알려질 때 비로소 교회는 죄인들 가운데서의 예수의 식탁 교제를 공유한다.⁶⁴ 교회가 전체적으로 신적 환영을 받은 자들임을 인식할 때에만 이 일이 일어날 수 있다. 웰스가 지적하는 바와 같이, 인간의 환영과 우정은 "[오직] 자신이 처한 절박한 곤경에 대한 인지로부터, 그리고 그리스도가 우리를 만나주셨다는 감사, 기쁨, 흘러넘치는 즐거움으로부터 오게 될 것이다."⁶⁵

초기 교회가 환대와 관련하여 특정 한계와 경계를 인지하고 옹호했음에 주목하라. 예컨대 순회 선교사는 환영받아야 하지만 이 선교사가 너무 오래 머물 경우 이는 그(녀)가 거짓 예언자임을 보여주며, 교회를 악용하지 못하도록 그리고 "그리스도를 팔아먹지" 못하도록 이 거

---

63 나는 낙인 이론에 관한 다음의 연구들로부터 큰 도움을 받았다. Erving Goffman, *Stigma: Note on the Management of Spoiled Identity* (London: Simon and Schuster, 1963); Richard Beck, *Unclean: Meditations on Purity, Hospitality, and Mortality* (Eugene, OR: Cascade, 2011); 그리고 Louise J. Lawrence, *Sense and Stigma in the Gospels: Depictions of Sensory-Disabled Characters* (Oxford: Oxford University Press, 2013).

64 이에 대해서는 특히 Jürgen Moltmann, "Open Friendship: Aristotelian and Christian Concepts of Friendship," *The Changing Face of Friendship*, Leroy S. Rouner 편 (Notre Dame, IN: University of Notre Dame Press, 1994), 29-42에 실린 글을 보라.

65 Wells, *A Nazareth Manifesto*, 96.

짓 예언자가 축출되어야 한다(디다케 12:1-5). 공동체가 교회의 정체성과 의미를 정의하고 물리적·심리적 안전을 제공해주는 명백한 경계 없이 운용된다면 이 공동체는 생존할 수 없고 안정적인 정체성을 지닐 수 없다.⁶⁶ 그러나 가장 중요한 것은 배제나 거절 전에 환대와 포용이 제공되는 공동체여야 한다는 점이다.⁶⁷ 장 바니에는 이 점에 대해서도 잘 말하고 있다. "예수의 과업은 사람들을 '정상적인' 사람들과 분리시키는 경계와 편견 그리고 공포를 무너뜨려 그들을 한 몸으로 연합시키는 것이다. 이는 힘 있고 영향력 있고 특권을 지닌 자들이 격상되고, 약하고 가난한 자들이 격하되는 계층적 사회의 완전한 전복이다."⁶⁸

오늘날 교회가 누가-행전에서 발견되는 것과 동일한 이야기와 사명을 계속해나가겠다고 생각한다면(실제로 교회는 그래야 한다), 우리의 많은 교회들은 소위 정상인 것에 대한 집착 즉 교회가 **낙인찍힌 공동체**라는 일관된 증언을 뛰어넘어 자신에게 특권을 부여하는 안전 및 배타적 경계에 대한 집착을 거부할 필요가 있다.⁶⁹ 나는 우리의 환대에 어떤 경계나 제한도 없어야 한다고 주장하는 것이 아니다(예컨대 고전 5:1-8;

---

66 이와 관련해서 나는 D. Pohl, *Making Room: Recovering Hospitality as a Christian Tradition* (Grand Rapids: Eerdmans, 1999), 135-49를 강력히 추천한다. Steven Bouma-Prediger and Brian J. Walsh, *Beyond Homelessness: Christian Faith in a Culture of Displacement* (Grand Rapids: Eerdmans, 2008), 52도 유용하다. "경계가 없다면 가정, 환대 장소, 안전, 지역에 대해 잘 알고 있는 친밀감을 갖춘 '공간' 개념이 존재할 수 없다. 경계가 없다면 공간성이 없고 따라서 다른 공동체, 가족, 이웃과 구별되는 특정 공동체, 가족, 이웃에서의 소속감도 있을 수 없다. 요컨대 경계가 없다면 정체성 자체가 불가능하다."
67 Pohl, *Making Room*, 149.
68 Vanier, *The Story of L'Arche*, 52.
69 낙인은 주류 문화가 사회적 일탈자—일반적으로 신체적 기형, 도덕상 또는 행동상의 차이, 민족·문화·종교적 차이와 동일시된다—로 간주되는 누군가를 배제하거나 불신하는 수단이다. Goffman, *Stigma*, 4를 보라.

6:12-20; 요2 7-11을 보라). 외인들을 환대하는 일은 분명히 상당한 지혜와 분별을 요구한다. 그러나 의도적으로 우리의 환대에 한계를 두는 것은 예수의 요구를 적절하게 듣고 죄인과 소외된 자들의 친구로서의 예수의 예를 따르고 난 뒤에 수반되는 부차적인 문제다. 크리스틴 폴은 이 점에 대해서도 잘 설명한다. "우리는 구별할 필요가 있고 때로는 배제할 필요도 있지만, 우리의 첫 번째 우선순위는 언제나 환영·포용·환대여야 한다. 외인을 환영한다는 강력한 확신으로 시작할 때 우리는 보다 애매한 상황을 보다 잘 다룰 수 있도록 준비될 것이다."[70] 나를 포함한 우리는 타인에 대해 문화적으로 형성된 범주들을 너무도 빨리 받아들이고 이를 토대로 우리가 안전하지 않고, 불편하고, 전염성이 있고 극악무도한 죄가 있다고 생각하는 사람들과 교류하지 않는다. 그러나 사회에 의해 낙인찍히고 부정적인 고정 관념의 대상이 된 사람들이 바로 신적 환대를 받은 사람들이라는 것이 누가-행전의 일관된 증언이다. 헤더 바첵은 교회에 대해 다음과 같이 웅변적으로 주장했다.

> [교회는] 낙인찍힌 사람들이 되라고—즉 기독교 신앙과 관행에 반하는 사회 규범에 저항하고, 소외된 자들과 세리들, 죄인들, 실패한 자들과 함께 먹고, 기독교인의 정체성이 사회 규범 준수(또는 비준수)에 의해서가 아니라 그리스도의 몸 안으로의 세례에 의해 규정됨을 기억하도록—부름 받는다.…그들과 어울린다고 비난받는 것이 기독교인의 증거의 일부로 기대되어야 하지만, 이는 보다 안전하고, 보다 순화된 기독교 신앙과 관행이 규범

---

70   Pohl, *Making Room*, 149.

적인 것으로 간주되는 현대 미국과 같은 사회에서는 포용하기 어려운 현실이다.[71]

바첵의 주장은 확실히 옳다. 교회가 단지 일반 사회가 "정상적이다" 또는 "안전하다"고 간주하는 것들로 구성된다면, 어떻게 우리가 누가-행전에 나오는 유산을 지속하고 있다고 생각할 수 있겠는가? 또는 하나님의 환대가 사회적으로 받아들여질 만한 사람들에게만 수여되는가? 물론 사회 일반의 기준과 사회가 가치 있게 여기는 것들이 하나님의 가족 구성원 자격을 결정하지 않는다. 그러므로 누가-행전의 증언과 하나님의 환대에 대한 증거는 우리로 하여금 우리가 속한 공동체에서 누가 취약하고, 소외되고, 낙인찍힌 자인지 숙고하고 **또한** 어떻게 의도적으로 그리고 **완전하게** 모든 사람을 우리의 교회 안으로 포함시킬 수 있을지 숙고하도록 요구한다. 하나님의 백성으로 완전히 통합되려면 일반 사회가 종종 일부 사람들에 대해 위험하고, 가치가 적고, 오염원이라고 딱지를 붙이는 편견을 해체해야 할 것이다. 물론 그렇다고 해서 정신질환, 신체장애, 투옥 또는 약물중독 경력이 있는 사람들의 경험을 경시하는 것을 의미하지는 않을 것이다. 이는 또한 잘못에 대한 회개가 무시되는 것을 의미하지도 않는다. 그러나 예수는 환대가 죄인들과 소외된 자들에게 생명을 주고, 치유하고, 구원하는 자신의 임재를 접할 수 있는 공간을 만들 것이라고 믿었고 그러면 회개가 뒤따를 것이라고 기대했

---

71 Heather H. Vacek, *Madness: American Protestant Responses to Mental Illness* (Waco, TX: Baylor University Press, 2015), 168-69.

기 때문에 죄인들에게 환대를 베푸는 데 상당히 만족했던 것으로 보인다(예컨대 눅 19:5-9을 보라). 달리 말하자면 사람이 신적 환대를 경험하고 난 뒤에 회개, 잘못에 대한 배상, 도덕적 변화가 따라온다.

그러나 인간 사이의 환대를 위해서는 무조건적 환영, 상호 결속이 필요하며, 관계 형성 수단으로서의 사회의 가치 기준을 거부할 필요가 있다. 오늘날 누가-행전에 나오는 예수의 사역에서 볼 수 있는 하나님의 환대라는 비전을 진지하게 받아들이려면 많은 교회들이 일반 사회 전반에서의 지위 및 관습에 대한 관심을 (전면적으로 거부하지는 않는다 해도) 줄여야 함을 의미한다. 만일 우리가 사회적으로 결함이 있고 쓸모없는 자로 분류된 자들을 포용하고 환영한다면, 이는 거의 확실히 교회가 하나님의 가족으로 영입된 소외된 이들의 공동체라는 교회의 정체성에 **내재된** 사회적 낙인을 포용함으로써만 실현될 것이다. 그렇다면 문화 규범은 거부해야 할 대상이 되고 "종교적 낙인은 신실한 관행의 증거가 된다."[72] 크리스틴 폴은 이렇게 말한다. "공동체에서 이미 잘 자리 잡고 있는 사람들을 환영하는 유순한 환대와 대조적으로, '가장 작은 자들'을 환영하고 그들의 동등한 가치를 인정하는 환대는 저항과 반항의 행위, 일반 공동체의 가치 및 기대에 대한 도전이 될 수 있다."[73]

누가 일탈적이고, 위험하고, 충분한 가치가 없는지 명시해주는 일종의 도구로서의 사회적 낙인은 믿을 수 없을 정도로 강력하며 이를 극복하기 어렵기 때문에, 내가 요구하고 있는 것은 말하기는 쉬워도 행하

---

72 Vacek, *Madness*, 167.
73 Pohl, *Making Room*, 62.

기는 어렵다. 교회가 누가-행전에 나오는 신적 환대의 비전을 실천하는 방향으로 나아가는 한 가지 방법은 의도적으로 후원 단체들을 지원하고, 소외되고 취약한 공동체—예컨대 (Alcoholics Anonymous, Women for Sobriety, Celebrate Recovery와 같은 후원 단체를 통해) 알콜중독자들의 공동체나 (National Alliance on Mental Illness에 가입함으로써) 정신 질환자들의 공동체—와 상호 결속을 바탕으로 연대하는 것이다. 낙인과 거절을 경험한 사람들의 이야기를 경청하면 "사회적 일탈자들"에 대한 우리의 고정 관념과 두려움을 강렬하게 흔들어놓을 수 있다.[74] 취약 계층에 대한 우리의 사역 또는 교류가 그들은 탈선했고, 무기력하고, 영원히 객(客)과 같은 지위에 있다는 인식을 강화시키는지 여부에 대해서도 숙고해볼 수 있을 것이다. 우리가 노숙자들에게 제공하는 음식이나 섬김이 노숙자들로 하여금 그들의 일반적인 사회관계망 밖에 있는 사람들을 섬기거나 그런 사람들과 교제하도록 해주는 의미 있는 기회를 제공하는가? 아니면 우리의 사역이 노숙자들에게 굴욕감을 주고, 그들이 받는 종속되었다는 느낌과 취약하다는 느낌을 강화하는가?[75]

오늘날 북미의 많은 공동체들이 소외되고 낙인찍혀 있지만, 나는 이 중에서도 보다 취약계층인 230만 명의 재소자들을 강조하고 싶다. 나는 조지아주 애틀랜타 소재 메트로 주립 교도소에서 재소자들을 가르치면서 미국의 대규모 수감 현실과 상습 범행이 우리의 도시 공동체

---

74 예컨대 정신 질환에 대해 신학적으로 및 **개인적으로** 주요한 성찰을 하고 있는 Kathryn Greene-McCreight, *Darkness Is My Only Companion: A Christian Response to Mental Illness*, 개정판 (Grand Rapids: Brazos Press, 2015)을 보라.
75 Pohl은 *Making Room*, 61-84에서 환대 받는 사람의 명예와 위엄을 지켜주지 못하는 것의 위험에 관해 지혜로운 경고와 조언을 제공한다.

들에 미치는 영향에 눈뜨기까지는 이 재소자 집단과 이들에게 자행된 부당한 처사를 거의 완전히 잊고 살았음을 고백한다. 나는 동료 교사와 함께 에모리 대학교에서 제공한 프로그램—이 프로그램은 주립 여성 교도소에서 필수 과정을 이수한 사람들에게 신학 인증서를 수여했다—에 참여할 수 있었다. 여기서 나는 일반 사회로부터 폭력적이고, 가난하며, 사회적 일탈자로 낙인찍힌 사람들과 단순히 우정을 쌓고 관계를 맺는 일이 얼마나 큰 힘과 위엄을 발휘하는지를 목격했다. 그러나 나는 또한—부주의한 판사들과 주에서 선임한 무능력하거나 냉담한 변호사들, 그리고 (아버지·남편·남자친구·포주와 같은) 남성들로부터 이용당하고 학대받는 관계의 결과로서—여성들이 겪은 고통과 고난, 착취와 불의도 보았다. 나는 내 경험을 이분법적으로 재소자들이 무죄이거나 범죄행위를 저지르지 않은 것으로 보인다는 말로 채색하거나, 형사사법제도에 관계된 사람들의 동기가 모두 불순하고 부당하다고 암시하는 것이 아니다. 나는 구조적 시스템이 **우리 사회 안에서 이미 가장 취약한 사람들의 인간성을 말살하고 그들이 결코 벗어날 수 없는 딱지와 편견을 부과하고 있다고** 제안한다. 나는 내 매우 제한된 분석과 제안이 우리의 상상을 자극하여 우리의 교회들이 우리 주변에서 가장 심하게 낙인찍히고 취약한 공동체들에게 신적 환대를 베풀기 위한 동기와 가능성에 대해 (구조적 차원과 개인적 차원 모두에서) 생각하도록 이끌기를 바란다.

    초기 교회는 종종 재소자들에게 환대를 베풀기 위해 애를 많이 썼다.⁷⁶ 초기 기독교 변증가 아리스티데스는 이 초기 기독교인의 환대에 대해 다음과 같이 말했다. "그리고 그들이 누가 그들의 주님의 이름 때문에 유죄 판결을 받거나 투옥되었다는 소식을 들으면 그들은 이 유죄 판결받은 자들을 위해 기부하고, 투옥된 이들이 필요로 하는 것을 보내고, 가능하다면 보석금을 내고 그들을 석방시킨다"(*Apology* 15.7). 재소자들에 대한 환대는 종종 물질적 지원, 음식과 의복, 의료 제공의 형태를 띠었다.⁷⁷ 예컨대 순교의 현장으로 끌려가던 안디옥의 이그나티오스는 그 여정에서 투옥된 자로서 소아시아의 교회들로부터 방문을 받고, 음식을 제공 받았으며, 그로 인해 기운을 차렸다고 말했다(*Eph.* 1:2-3; 2:1; *Magn.* 1:2; 15:1; *Trall.* 1:1-2; 12:1; 13:1). 초기 기독교인들에게 우호적이지도 않고 그들을 칭송하지도 않았던 사모사타의 루키아노스는 (당시 기독교 교사 중 한명이었던) 페레그리누스의 투옥에 대한 기독교인들의 반응을 증언한다. 페레그리누스가 투옥되었을 때, 루키아노스는 (분명히 비꼬는 투로) 다음과 같이 말한다.

이 사건을 재앙으로 간주한 기독교인들은 그를 구하기 위해 모든 노력을 기울였다. 그러나 그를 구하지 못하게 되자, 그에게 다른 모든 형태의 관심이 기울여졌다.…그리고 날이 밝자마자 나이든 과부들과 고아들이 감옥

---

76   이에 대해서는 특히 다음 문헌들을 보라. Helen Rhee, *Loving the Poor, Saving the Rich: Wealth, Poverty, and Early Christian Formation* (Grand Rapids: Baker Academic Press, 2012), 125-27; Rowan A. Greer, *Broken Lights and Mended Lives: Theology and Common Life in the Early Church* (University Park: The Pennsylvania State University Press, 1986), 119-28.

77   1 Clem. 59:4; Cyprian, *Epistles* 4.1; 76.1-6; Tertullian, *Mart.* 1도 보라.

근처에서 기다리고 있는 모습을 볼 수 있었는데, 심지어 그들의 몇몇 책임자들은 간수에게 뇌물을 주고 감옥에서 그와 함께 잠을 잤다. 그리고 정성들인 식사가 감옥 안으로 전달되었고, 그에게 기독교인들이 보는 신성한 책들을 읽어주었다. 실제로 그들의 영웅을 돕고 변호하기 위해 소아시아의 도시들에서 비용을 부담해서 보낸 사람들이 찾아왔다. 그들은 그런 공개적인 조치가 취해질 때마다 믿을 수 없을 정도로 신속하게 도움을 주고, 뜸들이지 않고 자기들의 자원을 아낌없이 내준다.[78]

위에서 본 바와 같이 투옥된 동료 기독교인에 대한 환대는 종종 그 동료를 보석금을 지불하고 석방시키려는 형태를 띠었다. 이 몸값은 돈이나 심지어 자신을 노예로 팖으로써 자기 생명으로 지불되었다(「클레멘스1서」 55:2도 보라).

왜 초기 기독교인들은 죄수들을 방문하고 그들의 필요를 돌보며 그들을 석방시키려 애썼는가? 그들은 외인들에게 환대를 베풀라는 성서의 가르침 때문에 그렇게 했다. 예컨대 히브리서 저자는 편지 수신자들에게 "손님 대접하기를 잊지 말라. 이로써 부지중에 천사들을 대접한 이들이 있었느니라"고 상기시킨 뒤에 그들이 기억해야 할 사람들의 예로 투옥된 자들을 제시한다(히 13:2-3).[79] 누가복음 4:18에서 우리는 예수가 자신의 사명의 핵심이 "갇힌 자의 석방"과 "눌린 자의 해방" 선포라고 묘사하는 것을 보았다. 그렇다면 갇힌 자들의 석방은 예수가 선포

78　Lucian, *The Passing of Peregrinus* 12-13.
79　William L. Lane, "Unexpected Light on Hebrews 13:1-6 from a Second Century Source," *Perspectives in Religious Studies* 9, no. 3 (Fall 1982): 267-74.

한 "주의 환영의 해"의 본질적인 부분이다(눅 4:19). 양과 염소 비유에서, 영광스러운 인자는 양들의 환대 행위들 및 그들이 부지중에 "내가 감옥에 갇혔을 때에 와서 보았기"(마 25:36) 때문에 양들을 그 나라로 영접한다. 예수가 하나님 나라를 상속받고 생명으로 들어갈 사람들은 죄수들을 돌보고 면회하는 사람들이라고 한 말의 힘을 과소평가하지 않아야 한다. 더욱이 다양한 이유로, 특히 그리스도가 죄를 짊어짐으로써 죄를 해결했다는 사실이 보여주듯이(예컨대 롬 8:3-4; 고후 5:21을 보라), 성서 텍스트들은 응보적 정의와 복수, 즉 범법자에게 형벌을 위한 형벌을 부과하는 것에 비판적이다.[80] 오히려 성서는 회복적 정의, 곧 어떤 종류의 해를 가한 사람들에 대한 용서, 보상/배상, 그리고 치유 과정을 지향한다.[81]

오늘날 교회들이 투옥된 자들과 교제를 나누고 그들에게 환대를 베푸는 초기 기독교의 유산을 지속하길 원한다면, 교회들은 투옥이 개인과 가족, 그리고 사회에 미치는 파괴적이고 끔찍한 영향들에 대해 배워야 한다.[82] 중요한 여러 연구들이 이미 현재의 감옥-산업 복합체와 이것이 사회에 미치는 사회적 영향을 비판적으로 살펴보았으므로, 나는

---

80 응보적 정의와 이 정의가 현대의 형벌 형태와 어떤 관계에 있는지에 관하여서는 William Placher, "Visiting Prisoners," *The Blackwell Companion to Postmodern Theology*, Graham Ward 편 (Oxford: Blackwell Publishing, 2007), 181-85를 보라.
81 이에 대해서는 Christopher D. Marshall의 중요한 연구 *Beyond Retribution: A New Testament Vision for Justice, Crime, and Punishment* (Grand Rapids: Eerdmans, 2001)를 보라.
82 이에 대해 나는 Trinity Evangelical Divinity School에서 공부 중인 Matthew Henderson과 그의 명료한 연구에서 큰 유익을 얻었다.

여기서 함축적이고 일화적인 개요만을 제시한다.[83] 우선 미국의 재소자 비율이 유례없이 높고 그 비율이 꾸준히 증가하고 있음을 인식할 필요가 있다.[84] 예컨대 1998년에 캘리포니아주의 재소자 수는 "프랑스·영국·독일·일본·싱가포르·네덜란드의 재소자 수 합계"보다 많았다. 1975년과 2005년 사이에, 미국내 재소자 비율은 4배가 넘게 증가했다.[85] 그리고 구치소에 수감된 사람들도 포함한다면, 그 비율은 10만 명당 6백 명으로 상승한다.[86] 미국의 재소자 수의 놀라운 증가는 치안 정책 개선의 결과가 **아니며** 재소자 비율 상승이 폭력 범죄의 감소를 가져오지도 **않았다**.[87]

미셸 알렉산더, 엘리자베스 힌튼 등이 이미 보여주었듯이 현재의 대규모 수감은 린든 존슨 대통령 재임시절에 시작되었고, 1970년대 초 넬슨 록펠러 주지사 재임 시절에 뉴욕에서 목격된 응보적인 "강력한

---

83 이에 대해서는 특히 다음 문헌들을 보라. Michelle Alexander, *The New Jim Crow: Mass Incarceration in the Age of Colorblindness* (New York: The New Press, 2012); Elizabeth Hinton, *From the War on Poverty to the War on Crime: The Making of Mass Incarceration in America* (Cambridge, MA: Harvard University Press, 2016); Löic Wacquant, *Prisons of Poverty* (Minneapolis: University of Minnesota Press, 2009).

84 Eric Schlosser, "The Prison Industrial Complex," Atlantic Monthly, December 1998, 52.

85 Steven Raphael and Michael Stoll, "Introduction," *Do Prisons Make Us Safer? The Benefits and Cost of the Prison Boom,* Steven Raphael and Michael Stoll 편 (New York: Russell Sage Foundation, 2009), 3.

86 Placher, "Visiting Prisoners," 178-79.

87 이 점은 HBO의 텔레비전 프로 *The Wire*에서 볼티모어라는 도시를 묘사하는 것을 본 시청자라면 누구나 쉽게 파악할 것이다. Jonathan Tran and Myles Werntz 편 *Corners in the City of God: Theology, Philosophy, and the Wire* (Eugene, OR: Cascade, 2013)를 보라. Shawn Bushway and Raymond Paternoster, "The Impact of Prison on Crime," Raphael and Stoll, *Do Prisons Make Us Safer?*, 143-45에 실린 글도 보라.

범죄 대응" 및 "마약과의 전쟁" 정책과 밀접한 관련이 있다.[88] 정치인들은 "강력한 범죄 대응" 기조를 채택했는데, 이로 인해 미국 전역에서 비폭력적이고 도심에 거주하는 소수 인종 마약 범죄자들에게 보다 길고, 보다 가혹하고, 보다 징벌적인 투옥 기간이 적용되었다.[89] 마약 혐의에 대해 보다 가혹한 형량을 적용함에 따라 재범은 불가피하게 점점 더 가혹한 형량을 받게 되었다.[90] 더욱이 범죄와의 전쟁의 주된 표적은 도시 지역의 흑인과 라틴아메리카계 소수 인종이라는 사실이 잘 알려져 있다.[91] 백인들이 마약 관련 범죄에 흑인들보다 더 높은 비율로 가담하고 있는 것으로 추정되고 있지만, 흑인들이 마약 혐의로 훨씬 더 빈번히 기소되는데 이는 종종 차별적인 치안 정책에 기인한다.[92] 미국에서 흑인들과 라틴아메리카계 시민들은 전체 인구의 30퍼센트도 안되지만 수감자의 3분의 2를 차지하고 있다.[93]

재소자가 증가해서 금전적으로 이익을 보는 사람이 많지만, 우리

---

88 Schlosser, "The Prison Industrial Complex," 56. Elizabeth Hinton, *From the War on Poverty to the War on Crime*도 보라. Hinton은 대규모 수감의 뿌리가 "법집행기관, 형사사법기관, 그리고 감옥을 미국 전역의 저소득 지역의 주요 공공 프로그램"으로 삼은 린든 존슨의 "범죄와의 전쟁"에서 시작되었다고 주장한다(4).

89 이에 대해서는 David Weiman and Christopher Weiss, "The Origins of Mass Incarceration in New York State: The Rockefeller Drug Laws and the Local War on Drugs," Raphael and Stoll, *Do Prisons Make Us Safer?*, 86에 수록된 글을 보라.

90 Weiman and Weiss, "The Origins of Mass Incarceration in New York State," 86.

91 다음 문헌들을 보라. Hinton, *From the War on Poverty to the War on Crime*; Nicole Gonzalez Van Cleve, *Crook County: Racism and Injustice in America's Largest Criminal Court* (Stanford, CA: Stanford University Press, 2016).

92 Mark Lewis Taylor, *The Executed God: The Way of the Cross in Lockdown America*, 2판. (Minneapolis: Fortress Press, 2015), 177; Alexander, *The New Jim Crow*, 189.

93 Hinton, *From the War on Poverty to the War on Crime*, 310.

대부분은 현재의 수감 제도는 좀처럼 재소자의 재활과 사회 복귀를 돕지 못하고 있으며, 교도소의 비인간적인 행태로 인해 비폭력적 범죄자들이 보다 폭력적으로 변하고 있음을 인식하고 있다. 많은 교도소들이 과밀상태이고 수용 능력의 한계를 넘고 있다. 재소자들은 종종 온갖 종류의 권력 행사에 노출되어 있고 폭력과 성적 학대를 당한다. 대부분의 교도소에서 성폭력과 성적 착취를 비롯한 폭력이 기정사실화 되어 있다.[94] 성폭력으로부터 자신을 방어할 수 없는 남성 재소자들은 보호에 대한 대가로 성적으로 수동적인 파트너가 됨으로써 눈에 띄게 여성화될 수도 있다.

현재의 형사 제도의 잔인한 불의와 계속적인 인종차별주의에 대해 교회의 의식이 깨어나면, 교회들은 분연히 일어나 우리 사회내의 범죄 및 처벌에 대한 보다 정의로운 대안들을 추구해야 하고, 인종차별주의 및 착취적인 법률에 반대하는 목소리를 높여야 하며, 재소자들을 사회로 재통합시키는 방법들을 적극적으로 모색해야 한다.[95] 교회들은 프리즌 펠로우십(Prison Fellowship)과 같은 기관들과 연대할 수 있는데, 이러한 기관들은 성경 공부를 주관하고, 교육 세미나를 인도하며, 정기 면회와 편지 쓰기를 통해 우정을 쌓는다. 우리는 기독교인의 환대의 한 형태로서 단순하지만 일관성이 있는 재소자 대면 면회(또는 전화 통화나 편

---

94 특히 비참하고 고통스러운 묘사에 대해서는 James Samuel Logan, *Good Punishment? Christian Moral Practice and US Imprisonment* (Grand Rapids: Eerdmans, 2008); Placher, "Visiting Prisoners," 179-80을 보라.

95 특별히 교회를 향하고 있지는 않지만, Gonzalez van Cleve, *Crook County*, 189-90도 이렇게 촉구한다.

지를 통한 교류)의 중요성을 과소평가하지 말아야 한다.[96] 우리의 교도소 체계는 재소자들을 낙인찍히고 소외된 외인들로 만들고 있다. 교회들은 재소자들의 형기 **동안** 및 출소 **이후**에도 이어질 장기간의 헌신된 관계를 발전시킬 방법과 우리의 치안 정책 및 형사 법원의 구조적 불의에 맞서 싸우는 사람들과 연대할 수 있는 기회를 적극적이고 창조적으로 모색해야 한다. 그러면 교회들은 이런 식으로 전과자들을 교회 가족의 삶 안으로 통합시킴으로써 그들을 친구로 변화시킬 수 있을 것이다. 그들을 교회 공동체 안으로 통합하고, 의도적으로 그들에게 환대를 베푸는 역할을 부여하고 교회에서 자신의 재능을 발휘할 수 있는 기회를 제공한다면 높은 재범률이 저지될 수 있다.

마찬가지로, 교회들은 호스피탤리티 하우스 같은 기관들과 연대할 수 있다. 이 기관은 텍사스주에 있는 기관인데 가족과 친구들이 그들의 재소자 가족 및 친구들을 면회할 때 그들을 돕는 일에 초점을 맞추고 있다. 호스피탤리티 하우스는 면회자들에게 교도소 면회 복장 규정에 맞는 옷을 제공해서 가족이나 친구의 면회가 거절되는 슬픈 경험을 예방한다.[97] 이 기관은 멀리서 온 사람들에게 음식과 숙소도 제공하고, 교회 구성원들이 대화와 식사, 접대를 통해 이들을 환영할 수 있도록 넓은 공동구역도 제공한다.[98] 이런 사역의 중요성에 대해 어느 재소자는 다음

---

96 Dick Allison, "Spiritual Friendship: Portrait of a Prison Ministry," *Prison: Christian Reflection*, Robert B. Kruschwitz 편 (Waco, TX: Baylor University Press, 2012), 62-66에 실린 글을 보라.

97 Mary Alice Wise, "The Hospitality House: Portrait of a Prison Ministry," *Prison*, Robert B. Kruschwitz 편, 80에 실린 글.

98 Wise, "The Hospitality House," 80.

과 같이 명확하게 설명한다. "[면회들은] 우리가 중요한 존재이고, 혼자가 아니며, 잊히지 않았고, 우리의 생각과 목적에 다시 집중할 수 있는 기회가 아직 남아 있다고 일깨워줍니다. 우리는 극적인 사건들과 압력 그리고 스트레스로 가득 차 있고 프라이버시는 없는 곳에서 삽니다.… 감옥에서는 망각되었고, 혼자이고, 희망이 없다고 생각해서 절망에 빠지기가 너무도 쉽습니다."[99]

---

99 Wise, "The Hospitality House," 81.

토론 문제

1. 왜 다른 이들에게 환대를 베풀고 그들로부터 환대를 받는 것의 토대로서 우리에 대한 하나님의 환대를 경험할 필요가 있는가?

2. 하나님의 환대를 베풀고 사람들을 하나님과의 교제 속으로 영접하는 주인인 예수를 통해 구원이 이루어진다는 묘사가 누가가 하나님의 구원을 설명하는 주요 방식 중 하나라는 것이 사실이라면, 왜 하나님의 구원에 대한 이러한 묘사가 좀처럼 가르쳐지거나 선포되지 않는가? 구원을 설명하기 위해 이러한 비유를 회복할 때 얻게 되는 실제적 유익은 무엇인가?

3. 당신이 속한 공동체에서 낙인과 고정관념의 대상이 되는 사람들은 누구인가? 이러한 짐을 짊어지고 있는 개인 또는 공동체는 어떤 영향을 받고 있는가?

4. 당신은 예수의 모범을 따른 식탁을 예수가 사람들에게 베푼 환대를 기억하는 계기로 경험했거나 기념한 적이 있는가? 그렇지 않다면, 당신과 당신의 공동체는 어떤 방식으로 예수의 이러한 식사 행위를 회복할 수 있겠는가?

5. 교회가 낙인을 **포용하는** 공동체여야 한다는 저자의 주장에 당신은 어느 정도로 동의하는가? 또는 동의하지 않는가? 당신이 처한 상황에서 이 주장은 어떻게 받아들여지겠는가?

2장

바울 서신에 묘사된 차이와 분열 가운데서의 교회의 환대

누가-행전에서 보는 환대의 비전을 구현하고자 한다면, 여기에는 불가피하게 우리와는 매우 다른 사람들과의 교제가 포함될 것이다. 그리고 이는 중요한 질문을 제기한다. 우리의 교회들에서 분열로 이어지지 않으면서 진정한 차이와 다양성이 공존할 수 있는가? 우리 모두는 교회가 온갖 종류의 경쟁과 분파 그리고 분열로 고통받아왔음을 알고 있다. 피터 레이하르트는 이 문제를 다음과 같이 잘 표현한다. "교회들은 의식적으로 다른 교파의 교회들에 대한 반대를 늘어놓는다. 목사들은 성경 텍스트를 근거 삼아 다른 교회에 **반대되는** 내용을 가급적 많이 설교한다. 신학자들은…미세한 표현 차이를 확대하고 **우리는 그들과** 다르다는 사실을 강조하기 위해 전반적인 신학 체계를 형성한다."[1] 보다 넓은 문화적 차원에서는, 로버트 벨라는 "미국인들은 문화적 차이를 존중

---

1 Peter J. Leithart, *Delivered from the Elements of the World: Atonement, Justification, Mission* (Downers Grove, IL: InterVarsity Press, 2016), 274-75.

한다는 입에 발린 말에도 불구하고 문화적·사회적·경제적으로 매우 다른 집단들 사이의 관계에 대해 생각해볼 만한 자원이 부족한 것 같다"고 말한다.[2] 다음과 같은 질문이 제기된다. 불가피한 다양성 가운데서 일치를 이룰 수 있는가? 교회들은 하나님의 백성이 하나님의 환대를 받은 사람으로서 민족적·문화적·종교적 소수파로 하여금 기독교에 대한 다수파의 문화적 정의에 동화되도록 강요하지 않으면서, (획일성이 아닌) 일치라는 특징을 보인다는 성경의 비전을 포용할 수 있는가?[3] 이 책의 뒤에서 외인들이나 종교가 다른 사람들을 환영할 수 있는지 여부에 대해 논의하겠지만, 여기서 나는 우리가 민족적·문화적·사회학적·정치적으로 우리와 다른 **동료 기독교인들**에게 실제로 환대를 보일 수 있는지 여부를 묻고 있다.

우리는 민족·지위·성별이 다양한 가운데서 하나님의 백성의 일치를 증진하는 특정 성경 텍스트들에 호소함으로써 이 질문에 올바로 답변할 수 있을지도 모른다. 창세기 1-2장의 창조 기사는 하나님이 상호성과 상호의존을 위해 남성과 여성을 다르게 창조했음을 보여준다. 이사야는 유대인들과 이교도들이 각각 유대인**으로서 그리고** 유대인이 아닌 사람들로서 함께 이스라엘의 하나님을 예배하게 될 날을 상상한다(사 11:10-16; 66:17-24). 바울은 그리스도 안에서 남자/여자, 노예/자유인, 유대인/헬라인이라는 이전의 구분이 전혀 중요하지 않다고 말한다

---

2 Robert N. Bellah 외, *Habits of the Heart: Individualism and Commitment in American Life*, 개정판 (Berkeley, CA: University of California Press, 2008), 206.

3 Curtiss Paul DeYoung 외, *United by Faith: The Multiracial Congregation as an Answer to the Problem of Race* (New York: Oxford University Press, 2003), 128.

(갈 3:28, 고전 12:13, 골 3:9-11). 사실 바울은 심지어 그리스도 안에 있는 사람들은 자신의 사회적 정체성에 만족하고 이를 바꾸려 하지 말아야 한다고 말한다(고전 7:19-24). 고린도전서 12:1-13에서 바울은 교회의 다양한 은사와 사역이 하나님, 주, 성령이라는 관계적 다양성을 특징으로 하는 한 분 하나님으로부터 나온다고 주장한다. 계시록은 어린 양을 경배하는 사람들이 "모든 나라, 족속, 백성, 방언"에서 나올 것(계 7:9)이라고 말한다. 커티스 폴 드영은 예수의 포용적 식탁 교제 관행과 성전이 만인이 기도하는 집이라는 그의 비전은 문화적으로 다양한 다민족 회중의 전조라고 주장한다.[4] 이 외에도 하나님의 백성이 서로의 차이에도 불구하고 일치를 이룬다는 성경의 비전을 지지하는 많은 성서 텍스트들과 신학적 교리들을 제시할 수 있다. 그러나 요점은 성경이(또는 성경의 상당 부분이) 인간의 정체성에 대해 이질성과 상당한 사회적 차이를 인정하는 비전을 제공한다는 것이다. 이것은 좋은 일이다. 왜냐하면 모든 인간이 확실히 어떤 종류의 공통적인 인간의 실존을 공유함에도 불구하고 우리는 확실히 성별, 인종과 민족, 문화, 정치적 견해, 신학적 견해, 재산, 직업, 사회적 지위 면에서 큰 차이를 보이고 있기 때문이다. 우리가 똑같지 않음을 경험적으로 다양하게 확인할 수 있기 때문에 이 점에 대해 장황하게 설명할 필요는 없다. 다시 말하거니와 차이는 그 자체로 나쁜 것이 아니다.[5] 내 정체성에 대한 내 이해는 계속적으로 나를 다

---

4 DeYoung 외, *United by Faith*, 9-20.
5 그렇다고 내가 성서가 어떤 종류의 이질성을 죄로 선언하고 있음을 부정하는 것은 아니다(예컨대 바울의 악덕 목록, 우상숭배, 우상에 제사 지내기 등을 보라. 예컨대 롬 1:18-32을 보라).

른 사람들과 구분한 과정의 결과다. 달리 말하자면 나는 내가 누가 아니고 어떤 사람이 아닌지 정확히 앎으로써 내가 누구인지 안다.[6] 그러나 차이를 인정하는 데서 다른 사람들이 **반드시** 나보다 못하다는 판단으로 넘어가고, 그래서 남을 배제하거나 냉대할 때 문제가 발생한다.[7]

이제 우리의 질문으로 돌아오자. 교회를 분열과 분리, 그리고 타인에 대한 냉대로 이끌지 않으면서 교회 내의 차이와 다양성을 인정하고 포용할 수 있는가? 미국은 점점 더 다양해져가고 있는 반면 대부분의 지역 교회들은 민족적·사회문화적 동질성이 커져가고 있다.[8] 사회 심리학은 우리 대부분이 이미 알고 있는 사실, 곧 사람들은 일반적으로 자기와 비슷한 사람들과 어울리기를 선호한다는 사실을 보다 정확하게 설명해준다.[9] 크리스티나 클리블랜드는 "확인받을 필요로 인해 우리는 문화적으로 구별된 우리의 삶의 방식에 동의하는 사람들을 주변에 두기를 원하게 되고, 단지 차이가 있다는 사실만으로도 우리의 불안정한 정체성을 위협하는 사람들을 혐오하게 된다"고 주장했다.[10] 그래서 우리의 문화적·민족적 동질성은 종종 우리로 하여금 타인을 단순히 다른 존재가 아닌 열등한 존재로, 심한 경우에는 그들의 존재만으로도 우리 교

---

6 Paul Ricoeur, *Oneself as Another* (Chicago: The University of Chicago Press, 1992).

7 Miroslav Volf, *Exclusion and Embrace: A Theological Exploration of Identity, Otherness, and Reconciliation* (Nashville: Abingdon, 1996), 67-68은 판단을 내린다 해서 반드시 배제로 이어진다고 생각할 필요가 없다고 바르게 지적한다. 사실, 차이를 인식하는 적절한 판단은 "배제적 판단"에 맞서 싸우는 첫 단계다(68).

8 Michael O. Emerson and Christian Smith, *Divided by Faith: Evangelical Religion and the Problem of Race in America* (New York: Oxford University Press, 2000), 135-51.

9 Emerson and Smith, *Divided by Faith*, 145-46.

10 Christina Cleveland, *Disunity in Christ: Uncovering the Hidden Forces That Keep Us Apart* (Downers Grove, IL: InterVarsity Press, 2013), 87-88.

회나 우리를 오염시킬 수 있는 오염원으로 분류하게 한다.[11] 이는 확실히 그리스도의 몸의 일치에 대해 그리고 특히 민족적·문화적·신학적 소수파들에게 재앙적인 영향을 준다. 클래블랜드는 그 이유에 대해 다음과 같이 주장한다.

> 우리의 문화적 집단 정체성을 우상화하고 그것에 우리의 공동의 집단 정체성보다 더 높은 우선순위를 두면, 소수 집단의 구성원들은 모두를 포용하는 **우리**의 귀중한 구성원으로서 해당 조직에 참여하도록 참으로 초대되는 것이 아니다.…우리가 보다 작은 문화적 정체성을 상대화하고 공동의 내집단 정체성을 채택하기 전에는 우리의 다양성 추구는 실패할 수밖에 없다. 왜냐하면 우리는 결코 우리의 다양한 형제자매들을 완전하게 인정하지 못할 것이고 그들도 인정받고 있다고 느끼지 않을 것이기 때문이다.[12]

이러한 개인의 민족 정체성 중시가 아마도 바울이 안디옥에서 베드로와 벌였던 논쟁의 토대였을 것이다(갈 2:11-14). 이방인 기독교인들과 함께 식사를 하다가 물러난 베드로의 결정은 그리스도 안에서의 하나님의 행동보다 민족 정체성이 우선한다고 암시했기 때문에 "복음의 진리에 따라 바르게 행하지" 않은 것이었다(갈 2:14). 바울의 서신들은 바울이 종종 자신의 교회들 안에서 개인들의 보다 작은 문화적 정

---

11 Cleveland, *Disunity in Christ*, 44-65. Richard Beck, *Unclean: Meditations on Purity, Hospitality, and Mortality* (Eugene, OR: Cascade Books, 2011)도 보라.

12 Cleveland, *Disunity in Christ*, 184-85.

체성을 **포용하면서도 이를 뛰어넘을** "공동의 내집단 정체성"을 형성하고 이를 명확하게 설명하는 엄청난 도전에 직면했었다고 증언한다. 바울은 그리스도의 몸을 분열과 분파로 이끌지 않으면서 그 안의 차이를 포용해야 하는 이 어려움과 지속적으로 씨름했다. 그리스도 안에서의 하나님의 행동은 **온갖 종류의 사람들로 이루어진 하나의 새로운 백성**을 탄생시켰다. 음식 정결 규례를 지키는 사람들과 이를 지키지 않는 사람들이 어떻게 한 교회의 구성원으로서 같은 양심을 갖고 함께 식사할 수 있을 것인가? 여성이 예배 모임에 남성과 동일한 방식으로 참석할 수 있을 것인가? 가난한 자가 부끄러워하지 않으면서 부자와 함께 먹고 예배드릴 수 있을 것인가? 노예들이 바울의 선교와 공동 예배에서 섬길 수 있는가? 바울은 그리스도에게 충성하고 그리스도 안으로 세례를 받은 사람들은 하나의 새로운 백성 또는 인류임을 명백히 한다. 그러나 그들의 사회적 정체성(즉 그들의 성별, 민족성, 사회경제적 지위 등)은 상대화되기는 했지만 여전히 사라지지 않았다. 그래서 명백히 사회적 정체성이 다양한 가운데서 일치가 이루어진다.[13] 따라서 바울의 가장 중대한 어려움 중 하나는 그의 교회들이 차이에도 불구하고 서로 간의 일치와 조화를 발견할 수 있게 하는 것이었다. 바울은 이 일을 어떻게 해냈는가?

궁극적으로 그것은 우리에게 환대의 표본을 제공하는 그리스도 안에서의 하나님의 행동이다. 바울은 자기 교회들에게 메시아 안에서 모

---

[13] 이 점에 대해서는 예컨대 J. Brian Tucker, *"Remain in Your Calling": Paul and the Continuation of Social Identities in 1 Corinthians* (Eugene, OR: Pickwick Publications, 2011)를 보라.

든 사람들에게 베풀어지는 하나님의 은혜로운 환대—메시아에 의해 형성된 교제와 타인에 대한 자애로운 배려로 특징지어지는 공동체를 낳은 신적 환대—에 기초한 새로운 정체성을 주입하려 했다. 스티븐 폴은 "하나님과의 교제는 우리의 궁극적 목적이다. 왜냐하면 그런 사랑의 교제는 하나님의 생명 자체를 구성하며 하나님은 우리에게 바로 그것을 줄 것이기 때문이다"라고 주장했다.[14] 달리 말하자면 바울의 교회들에 문화, 민족, 지위, 심지어 **어느 정도**의 신학적 차이까지도 계속되지만, 개인과 교회의 정체성—이 정체성은 교회가 서로를 **가족과 친구**로 볼 수 있게 해준다—의 근본적인 특징은 그들이 신적 환대 곧 하나님의 가족 안으로 받아들여진 은혜로운 환영과 교제의 경험을 공유한다는 것이었다. 폴은 이 점을 다음과 같이 잘 표현한다. "기독교인 친구들은 사실은 서로를 고르지 않는다. 우리는 **그리스도 안에서의 공통의 교제 때문에** 교제 안으로 부름받는다."[15] 그리스도 안에서의 하나님의 행동은 사회적·성적·민족적 차이와 이러한 차이의 중요성을 제거하거나 부정하지 않지만, 차이의 중요성이 하나님의 백성 가운데 다양성 속에서의 교회의 일치를 방해하는 것을 제한한다.[16] 데이비드 호렐은 이를 다음과 같이 잘 말했다. "나는 바울에게는 그리스도 안에서의 공동의 연대가 이전의 구별을 **제거**하거나 단순히 그 구별들을 새로운 소속 영역에 **포함**시킴을 함축하는 것이 아니라, 참된 사회적 함의를 통한 이러한 구별

---

14 Stephen E. Fowl, *Philippians*, THC (Grand Rapids: Eerdmans, 2005), 209.
15 Fowl, *Philippians*, 216.(강조는 덧붙여진 것임)
16 그러나 나는 복음이 예컨대 개인주의, 소비, 내 목적을 달성하기 위한 강제력 사용 경향과 같이 내 사회문화적 위치의 결과로 내게 있을지도 모르는 죄악된 경향이나 성향을 바꾸고 변화시킨다는 것을 긍정하기 원한다.

의 **상대화** 또는 재평가를 함축한다고 제안한다."[17] 그렇다면 신적 환대가 사람들이 이 새로운 가족관계를 공유할 자격을 부여하는 유일한 행동임에 비춰볼 때, 이러한 차이들은 하나님의 백성 안으로의 완전한 포함과 예배 모임의 참여에 대한 장애가 아니다(그렇다고 해서 모종의 유익도 아니다). 더욱이 신적 환대는 예수의 죽음을 통해 자기를 내어주고 타인을 존중하는 사랑의 행위에서 베풀어졌기 때문에, 이러한 특징들은 이제 바울의 교회의 구성원들이 서로를 어떻게 대해야 하는지에 관한 주요 윤리를 형성한다. 다시 말하지만 신적 환대는 인간 상호 간의 환대와 사랑 그리고 교제로 이어진다.

아래에서 우리는 주로 고린도전서, 로마서, 그리고 빌립보서를 통해 바울이 교회의 신적/메시아적 환대 경험을 교회의 주된 정체성-사회적 구별을 초월하여 교회가 차이와 다양성 가운데 일치를 확보할 수 있게 해주는(바울은 그렇게 되기를 희망한다) 정체성-의 토대로 호소하는 방식을 살펴볼 것이다. 바울은 구원을 주는 그리스도의 죽음을 통해 자기에게 베풀어진 하나님의 환대를 경험한 사람들은 그리스도 안의 동료 형제자매들을 사랑하고 환영하기 위한 수단으로서 그들의 권리·특권·선호를 내려놓도록 요구된다고 주장한다.

17　David G. Horrell, *Solidarity and Difference: A Contemporary Reading of Paul's Ethics*, 2판 (London: Bloomsbury T&T Clark, 2015), 138.

고린도 교회에서의 하나님의 환대

바울은 고린도의 모임에 부활한 주님이 강력하게 임재하고 있다는 사실을 고린도 교회에 열심히 납득시킬 필요가 없었다. 첫 번째 편지의 거의 모든 부분에서 바울의 주장의 논리는 고린도 교회 교인들이 부활한 메시아의 영이 그들의 예배, 지식, 영적 은사, 그리고 그들의 몸 자체에 활기를 불어넣는다고 믿는다는 것을 전제한다(예컨대 다음 구절들을 보라. 고전 1:4-6; 2:10-16; 5:3-6; 6:15-19; 12:1-14:40)[18] 실제로, 바울은 하나님이 그들을 "그의 아들 예수 그리스도 우리 주와 더불어 교제(eis koinōnian)하게" 하려고 고린도 공동체를 존재하게 했다고 말한다(고전 1:9b). 교제 또는 동반자 관계(이 말이 더 나은 표현일지도 모른다)라는 표현은 교회와 하나님의 아들 사이의 진정한 참여와 교제를 가리킨다. 바울은 다양한 은유를 사용하여 교회가 경험하는 부활한 주님과의 교제와 연합을 묘사하고 있는데, 바울이 제시하는 강력하고 핵심적인 이미지는 부활의 주가 신적 주인으로서 주인(부활한 주)과 손님(고린도 교회)을 거룩한 가족으로 한데 묶어주는 신성한 기념 식사를 주관하고 있는 이미지다. 신성한 식사는 교회와 신의 관계(교회는 주님의 식사 수혜자다) 및 서로와의 관계(이 식사는 **공동의** 기념식이다)를 조직한다.

유대 공동체를 포함한 고대 지중해 세계에서 숭배자들은 신전에 제물을 바치고 난 뒤 그 신을 기리며 기념하는 공동의 식사를 나눔으로

---

[18] 이에 관해서는 Luke Timothy Johnson, "The Body in Question: The Social Complexities of Resurrection in 1 Corinthians," *Contested Issues in Christian Origins and the New Testament*, NovTSup 146 (Leiden: Brill, 2013), 295-315에 실린 글을 보라.

써 신에게 접근했다. 신이 주인이자 공급자로서 자기를 숭배하는 사람들에게 그 신을 기념하는 축제의 식사를 베풀고, 숭배자들이 서로 간에 **그리고** 그 신과 더불어 친교 또는 교제에 참여하도록 초대한다.[19] 사실 많은 문헌들이 신전에서 식탁, 긴 의자, 그리고 식기들이 사용되었음을 보여주는데, 당시 사람들은 신들과 숭배자들이 제사 음식을 통해 신전에서 서로 교제를 나눈다고 믿었다. 테오크세니아(*theoxenia*, 신에 대한 환대)라는 대중 축제가 열렸는데, 이 축제에서 신들은 음식과 의자가 구비된 식탁으로 초대되었다.[20] 신이 이 식사의 주인이며, 이 신을 기리기 위해 제물을 함께 먹고 마시는 공동의 식사가 신과 그의 숭배자들 사이에 모종의 유대 또는 교제를 형성한다고 여겨졌음을 주목하라. 사실, 공동의 교제(*koinōnia*)는 숭배자들로 이루어진 의도적인 집단과 공동체에 의해 기념되는 모든 식사에 공통적으로 나타나는 특징이다.[21] 따라서 바울의 교회들이 주 예수를 기념하여 식사를 나누기 위해 모일 때, 그들은 고대 숭배자들 사이에서 흔한 종교적 관행이었던 일종의 예배를 드렸던 것이다.[22] 우리에게 특별히 흥미로운 점은 초기 기독교의 식사가 이러한 의례(ritual)를 주인인 예수와 그의 손님인 예배자들 사이의 교제로

---

19   Dennis E. Smith, *From Symposium to Eucharist: The Banquet in the Early Christian World* (Minneapolis: Fortress Press, 2003), 81-85이 제공하는 예들을 보라.

20   David Gill, "Trapezometa: A Neglected Aspect of Greek Sacrifice," *HTR* 67, no. 2 (April 1974): 117-37, 특히 120-23. Jipp, *Divine Visitations and Hospitality to Strangers in Luke-Acts*, 88-90과 비교하라.

21   Luke Timothy Johnson, *Religious Experience in Earliest Christianity* (Minneapolis: Fortress Press, 1998), 163-68.

22   Andrew B. McGowan, *Ancient Christian Worship: Early Church Practices in Social, Historical, and Theological Perspective* (Grand Rapids: Baker, 2014), 31-33.

변화시켰다는 것이다.²³

바울은 고린도전서 10:1-13에서 이스라엘의 역사를 이스라엘이 신적 환대를 경험했던 시기로 묘사한다. 여기서 바울은 이스라엘의 광야 세대와 고린도 교회 사이의 유사점을 이끌어내고 고린도 교회에게 이교의 신들을 섬기는 우상숭배를 피하라고 경고한다. "그런즉 내 사랑하는 자들아, 우상 숭배하는 일을 피하라"(10:14). 이스라엘은 하나님의 은혜와 공급을 놀라운 방식으로 경험했는데, 이는 고린도 교회 교인들의 그리스도 경험과 유사하다.²⁴ 바울은 이스라엘에 대한 하나님의 환대와 공급을 메시아를 통해 그들에게 중재되는 그 무언가로 언급한다. 고린도 교회 교인들에게 주의 만찬 석상에서 섭취하는 영적 음식과 음료가 있듯이 (10:16-21; 11:23-26), 이스라엘 백성들도 "다 같은 신령한 음식을 먹으며 다 같은 신령한 음료를 마셨다"(10:3-4a).²⁵ 바울은 아마도 하나님이 만나와 메추라기, 물을 공급하시는 것을 자기 백성에 대한 신적 주인인 하나님의 성품에서 비롯되는 것으로 언급하는 이스라엘의 전통을 언급하고 있을 수도 있지만(예컨대 다음 구절들을 보라. 시 78:24-28; 105:37-42. 시 23편도 보라), 우리의 목적상 여기서 흥미로운 점은 "그 반

---

23 Johnson, *Religious Experience in Earliest Christianity*, 168.
24 David Horrell, "Theological Principle or Christological Praxis? Pauline Ethics in 1 Corinthians 8.1-11.1," *JSNT* 67 (1997): 83-114 중 96: "모든 고린도 교회 교인들이 예수 그리스도의 이름으로 세례를 받고(고전 1:13-14; 12:13), 모두가 주의 만찬에 참여하고 있듯이(고전 10:16-17; 11:17-34), **모든** 이스라엘 백성들도 구성원과 소속의 제의에 참여했다."
25 고전 10:1-13에 나오는 바울의 이스라엘 역사 해석을 이해하기 쉽고 유익하게 다루고 있는 연구로는 Francis Watson, *Paul and the Hermeneutics of Faith* (London: T&T Clark, 2004), 356-74가 있다.

석은 그리스도였다"는 바울의 주장이다(고전 10:4b). 바울은 **그리스도가 광야에서 이스라엘 백성에게 신성한 음료를 제공한 존재였다는** 놀라운 주장을 한다. 바울은 그리스도가 이스라엘의 영양 및 이스라엘과 하나님 사이의 교제를 위해 이 영적 음료를 제공한 이스라엘의 은혜로운 주인이라고 말함으로써 이스라엘과 고린도 교회 사이에 최대한 가까운 유비를 만들어내고 있다.

하나님의 구원, 세례, 음식과 음료 제공(고전 10:1-4)을 통해 자신들과 하나님 사이에 형성된 신적 환대와 교제의 경험에도 불구하고 이스라엘 백성의 마음은 사악한 갈망들로 가득했다(10:6b). 그들의 우상숭배와 하나님에 대한 배교는 그들이 하나님의 환대를 외면하고 황금 송아지 앞에서 제사드리고 부적절하게 제사 음식을 먹고 마신 데서 예시된다. "백성이 앉아서 먹고 마시며 일어나서 놀았다"(고전 10:7b; 출 32:6). "놀다"의 의미는 정의하기 어렵지만, 이 표현은 아마도 황금 송아지 형상을 기념하는 이스라엘의 제사 연회에 동반된 제의상의 성행위를 언급할 가능성이 있다. 이는 10:8에서 바울이 음행을 금지하는 이유를 설명해줄 것이다(다음 구절들을 보라. 삼상 18:7; 삼하 6:5, 21; 대상 13:8; 15:29).[26] 여기서 바울은 고린도 교회 교인들에게 이스라엘 백성이 모압 여인들과 벌인 음행을 상기시킨다. 그때 "그 여자들이 자기 신들에게 제사할 때에 이스라엘 백성을 청하매 백성이 먹고 그들의 신들에게

---

26 Watson, *Paul and the Hermeneutics of Faith*, 365는 이렇게 말한다. "바울이 출애굽기 32장에서 짧은 인용문을 선택한 것은 자기와 자기의 유대인 동료들이 '우상숭배'라고 부른 것은 단지 특별히 제의적인 행위와만 관련이 있는 것이 아니라, 잔치·노래·춤, 즉 공동의 기념행사와도 관련이 있음을 강조한다. 이것이 바로 우상숭배의 유혹이 그토록 강력한 이유다."

절했다"(민 25:2. 고전 10:8을 보라). 고린도 교회 교인들을 향한 바울의 요지는 그들은 하나님의 은혜로운 영적 음식과 음료를 경험했지만 하나님에게서 떠나 이교의 신들을 숭배하면서 우상에게 바쳐진 제물을 먹고 성적 부도덕을 저지른 이스라엘과 같아서는 안 된다는 것이다. 그러나 바울은 그리스도를 향한 고린도 교회의 충성에 관하여 이야기함으로써 이러한 성서 이야기들을 해석한다.[27] **고린도 교회의 식사의 주인이 그리스도**라는 데 초점을 맞추는 바울은 다시금 그리스도를 이스라엘의 이야기 속으로 삽입한다. "**그들 중 몇 사람이 메시아를 시험하다가** 뱀에게 멸망한 것같이 우리는 메시아를 시험하지 말자(고전 10:9, 저자의 번역). 바울의 권고는 이스라엘이 하나님을 **시험하면서** "하나님이 우리를 위해 광야에서 식탁을 베풀 수 있는지" 물었다고 말하는 민수기 21:5-6과 시편 78:18-19을 언급한다. 구약성서에는 고린도 교회의 상황에 상응하는 이미지들이 담겨 있기 때문에 바울은 이스라엘의 역사가 구약성서에 "모형론적으로"포함되어 있으며(10:6, 11), 고린도 교회에 "지침"을 제공한다고 이해한다.[28] 이스라엘의 우상숭배 역사는 음식과 관련해서, 즉 **이스라엘의 하나님에 의해 제공된 영양과 교제 대신** 이교도 신들을 기리는 제사 연회와 식사를 더 선호하는 것과 함께 발생한다.

이스라엘이 광야에서 신적 환대를 경험하고서 하나님을 떠나 이교

---

27 이 점에 대해서는 특히 Chris Tilling, *Paul's Divine Christology*, WUNT 2.323 (Tübingen: Mohr-Siebeck, 2012), 95-96을 보라.
28 Matthew W. Bates, *The Hermeneutics of the Apostolic Proclamation: The Center of Paul's Method of Scriptural Interpretation* (Waco, TX: Baylor University Press, 2012), 145-47을 보라.

도 신들을 숭배한 사실은 고린도 교회 교인들이 주의 식사를 먹을 때, 이 식사는 참으로 "그리스도의 피 안에서의 **교제**"이며 "그리스도의 몸 안에서의 **교제**"(10:16)라는 바울의 주장의 맥락을 제공한다.[29] 이는 "먹을 때 제단의 제사에 참여자가 되는"(10:18b. 레 7:6; 신 14:22-26을 보라) 이스라엘 백성의 경우와 마찬가지로 고린도 교회 교인들에게도 적용된다.[30] "교제/동반자 관계"(*koinōnia*)라는 말은 바울이 앞에서 하나님이 자신의 아들과 교제하도록 고린도 교회 교인들을 존재하게 했다(1:9)고 상기시킨 것과 궤를 같이한다. 바울은 이 교제라는 말의 의미를 11:20-26에서 분명히 밝히고 있는데, 이 텍스트에서 바울은 보다 앞선 기독교 전승(눅 22:14-20과 유사한 전승)을 사용해서 교회의 상호교제가 십자가의 죽음을 통해 실행된 예수의 환대를 기념하는 데 기초하고 있다고 설명한다. 따라서 "주의 만찬"을 예수가 그의 제자들과 함께 먹은 유월절 식사와 연결함으로써 바울은 부활한 그리스도가 교회 공동체 식사의 주인임을 확고히 한다. 누가복음에서 보았듯이, 예수는 자신의 구원의 죽음을 먹을 것 및 마실 것과 연결시키는데, 왜냐하면 그의 죽음이야말로 그가 부활한 주에게 속하여 그를 경배하는 가족을 만들어내는 신적 환대를 베푸는 수단이기 때문이다. 고린도 교회가 기념하는 이 식사는 강력한 부활의 주님이 주인으로서 주재하는 "**주의 식탁**"(10:21b)이자 "**주의 만찬**"(11:20)이다. 바울이 주님을 이 식사의 주인으로 제시한

---

29 나는 주 안에서의 이러한 **참된 참여와 친교**를 그리스도로부터 나오는 성령의 강력한 임재에 의해 중재되는 실재로 이해한다. 이 점에 관해서는 Grant Macaskill, *Union with Christ in the New Testament* (Oxford: Oxford University Press, 2013), 201-12를 보라.

30 이 점에 대해서는 Richard B. Hays, *1 Corinthians, Interpretation* (Louisville: Westminster John Knox Press, 1997), 167-68을 보라.

다는 사실은 주님이 식사를 위한 먹을 것과 마실 것을 제공한다는 데서, **그리고** 이 식사가 주님이 다시 올 때까지 주의 구원의 죽음을 "기념하고" "선포하는" 기회라는 데서 분명히 드러난다(11:25-26).[31] 바울은 고린도 교회가 예수의 이름으로 이 식사를 먹으러 모일 때(5:4; 11:33), 그들은 십자가에 못박히고 부활한 그들의 주(11:24-25)의 신령한 음식과 음료(10:3-4)로 자양분을 공급받는데 이때 그들의 주님은 기억되고 기념될 뿐만 아니라 그들의 식사에 강력하게 임재하기도 한다(10:16-17)고 믿는다. 바울은 교회가 먹는 이 식사가 그리스도와 그의 백성 사이의 **독점적인 관계**를 확립한다는 점을 분명히 해두기 위해 애쓴다. 이것이 바로 고린도 교회 교인들이 "주의 식탁과 귀신의 식탁에 겸하여 참여하지" 못하는 이유다 (10:21b).[32]

그러나 바울은 또한 교회가 그리스도의 환대를 기념하는 데는 중요한 사회적 함의가 담겨 있다는 점도 분명하게 밝힌다. 주의 만찬을 통해 의례가 된 주님과의 교제는 서로 간의 공동체적 교제의 토대다.[33] 주의 식사 또는 내가 지금까지 그렇게 불러오고 있는 신적 환대는 교회

---

31 다음 문헌들을 보라. James C. Walters, "Paul and the Politics of Meals in Roman Corinth," *Corinth in Context: Comparative Studies on Religion and Society*, Steven J. Friesen, Daniel N. Schowalter, and James C. Walters 편, NovTSup 134 (Leiden: Brill, 2010), 343-64에 실린 글 중 362-63을 보라. "더욱이 '주의 잔을 마신다'와 '주의 식탁에 참여한다'는 어구들은 바울에게는 공동체의 보다 가난한 구성원들에게 어떤 음식과 음료를 제공하든, 이는 부요한 자들의 관대함이 아니라 그리스도의 관대함을 강조해야 한다는 점을 암시한다."

32 이 점은 Larry W. Hurtado, *Lord Jesus Christ: Devotion to Jesus in Earliest Christianity* (Grand Rapids: Eerdmans, 2003, 『주 예수 그리스도』[새물결플러스 역간]), 146에 멋지게 설명되어 있다.

33 Tilling, *Paul's Divine Christology*, 99.

안에서 다른 사람의 유익을 추구하는 일치, 교제, 그리고 자발적 자기 비하의 토대다. 그 식사는 그리스도의 몸과 피에 참여하는 것이기 **때문에**, 그리고 "**빵이 한 덩어리이기 때문에** 우리 모두 한 덩어리의 빵에 참여하기에 많은 수로 이루어진 우리는 하나다"(10:17, 저자의 번역). 바울의 진술은 교회의 일치와 공동의 교제의 토대를 한 분 주님께 두는 유사한 주장들에 상응한다(요 10:16-17; 엡 4:4-6).[34] 식사를 나누는 데서 의례화된 그리스도의 희생당한 **몸**(10:16)은 이제 고린도 교회에서 "한 몸"(10:17)으로 가시적으로 드러난다. 이 빵을 먹는 사람들이 사실은 그리스도의 몸이고, 따라서 부와 지위에 따른 분열이 큰 문제가 되는 것이다.[35] 제롬 머피 오코너는 이를 다음과 같이 진술한다. "모두 그리스도라는 한 음료를 나누고 그리스도라는 한 빵을 나누기 때문에, (조잡하게 말하자면) 그리스도는 모든 사람이 공통으로 지니고, 이를 통해 모든 사람이 하나로 형성되는 열정이 된다."[36] 십자가에 못박힌 예수 그리스도는 선물이자 교회 안의 "많은 사람들"의 일치와 교제를 위한 토대 제공자다. 교회가 희생된 그리스도의 몸의 가시적인 화신이라면 분열, 갈등, 그리고 서로에 대한 냉대로 교회가 쪼개지는 것은 절대로 일어나서는 안 되는 일이다.

우리는 식사가 친구, 가족 그리고 동료들 사이의 사회적 유대를 유

---

[34] Markus Barth, *Rediscovering the Lord's Supper: Communion with Israel, with Christ, and among the Guests* (Atlanta: John Knox Press, 1988), 35.

[35] Ronald P. Byars, *The Sacraments in Biblical Perspective, Interpretation* (Louisville: Westminster John Knox Press, 2011), 216.

[36] Jerome Murphy-O'Connor, *1 Corinthians*, NTM (Wilmington, DE: Michael Glazier, 1979), 97.

발하고 형성하는 기회 역할을 한다는 점을 보았다. 그러나 그렇기 때문에 식사는 또한 사회적 서열과 계층을 선전할 기회도 제공했다. 고린도 교회에서 주의 만찬은 (상대적으로) 부유한 가정에서 그들이 식사의 주인이 되어 거행되었던 것 같다(11:22, 33).[37] 집 주인들은 모임 장소만 제공한 것이 아니라 기념하는 식사를 위해 먹을 것과 마실 것도 제공했다(롬 16:23을 보라). 따라서 고린도 교회가 식사를 기념하기 위해 "모일" 때(11:17, 18, 20, 22, 33, 34), 집 주인들과 그들의 친구들이 가장 좋은 음식을 자기들끼리만 먹거나 가난한 사람들이 먹으러 오기 전에 음식을 먼저 먹어버림으로써(11:21) 가난한 자들("빈궁한 자들", 11:22)을 부끄럽게 해서 고린도 교회는 "분열"과 "분파"로 시달렸다(11:18, 19. 1:10과 비교하라).[38] 바울은 주인들이 "자신의" 식사를 먹음으로써(*to idion deipnon*, 11:21) 주의 만찬을 단순히 사회 계층을 재확인하는 또 다른 기회로 취급해서 "빈궁한 자들"을 업신여기고 부끄럽게 하고 있다고 말한다(11:22). 기본적인 문제는 식사 차원에서 벌어지고 있는 사회적 불평등과 불공정이다. 어떤 식사 참여자는 배가 고픈 반면 다른 식사 참여자는 배불리 먹고 취하기 때문이다(11:22).[39] 바울은 본질적으로 고린도 교회 교인들이 주를 기념하는 이 식사에서 요구되는 사회적 교제와 유

---

37 Gerd Thiessen, *The Social Setting of Pauline Christianity* (Edinburgh: T&T Clark, 1982), 151-53.
38 *prolambanei en tō phagein*이라는 어구는 "미리 먹다"를 의미할 수도 있지만 단지 "식사하다"를 의미할 가능성이 훨씬 높다. Bruce W. Winter, *After Paul Left Corinth: The Influence of Secular Ethics and Social Change* (Grand Rapids: Eerdmans, 2001), 144-48을 보라.
39 Smith, *From Symposium to Eucharist*, 191을 보라.

대라는 특별한 특징을 인식하지 못했다고 선언하고 있다. "각자 **자신의 식사를 게걸스럽게 먹는 것**"(11:21a)과 "**주의 식사**"(11:20b) 사이의 대조는 그들이 먹으러 모일 때 그들이 기념하고 선언하는 존재를 상기시켜주는 중요한 기능을 한다. 그래서 바울의 수사학적 전략은 **고린도 교회의 부유한 후견인이 아니라 주 그리스도**를 만찬의 유일한 주인으로 확립하는 것이다.[40] 교회가 이 식사를 나누러 모일 때, 그들은 **그들을 위해 주어진** 그리스도의 몸과 피를 먹고 마신다(11:24-26). 그들은 하나님의 환대가 구원을 주는 그리스도의 죽음에서 자기들에게 베풀어졌음을 기념하고, 자기들이 주님이 올 때까지 주의 죽음을 선포함으로써 (11:26) 주님을 기억할 때 부활해서 살아 있는 예수가 자기들 가운데 임재함을 고백한다.[41] 이 식사의 참된 특징은 주님이 다른 사람들을 위해 한 일을 기념하는 것이다. 이 식사는 다른 사람들의 유익을 위해 자신의 권리를 포기하라는 바울의 일관된 요구(고전 8:11-13; 9:1-18; 10:24, 33; 11:1)의 가시적인 표현이다.[42] 주의 식사를 사용해서 주의 죽음을 선포한다는 것은 교회가 죄인 및 소외된 자들과 함께했던 주의 식탁 관행(눅 7:34; 15:1-2; 19:1-10을 보라)의 전령 또는 사자임을 의미한다. 달리 말하자면 고린도 교회의 정체성은 **온갖 종류의 사람들에게 베풀어진**(고전 1:26-31을 보라) 구원을 가져다주는 예수의 죽음에 드러난 신적 환대에

---

40   Walters, "Paul and the Politics of Meals in Roman Corinth," 359-63을 보라.
41   Peter Lampe, "The Eucharist: Identifying with Christ on the Cross," *Interpretation* 48 (1994): 36-49를 보라.
42   Beverly Roberts Gaventa, "'You Proclaim the Lord's Death': 1 Corinthians 11:26 and Paul's Understanding of Worship," *Review and Expositor* 80, no. 3 (Summer 1983): 377-87 중 383-84.

의해 확립된다. 그러나 역설적이게도 예수가 대신하여 죽으시고 하나님이 부르신 바로 그 사람들이 부당하게 대우받고 있다.[43] 바울이 이 교회에 주는 주요 권고는 11:33에 나온다. "그러므로 내 형제자매들아, 너희가 먹으러 모일 때에 서로에게 환대를 베풀라(allēlous ekdechesthe, 개역개정은 '서로 기다리라'로 번역함)." 저자가 "서로에게 환대를 베풀라"로 번역한 그리스어 어구는 "환대를 보이라"와 단순히 "서로 기다리라", 즉 너희가 식사하기 전에 모든 사람이 도착할 때까지 기다리라는 이중의 의미가 있을 수 있다.[44] 리처드 헤이스는 이를 멋지게 진술했다.

> 바울은 고린도 교회 교인들에게 그들이 함께 모일 때 단순히 기다리라고만 말하는 것이 아니라 서로를 손님으로 **받으라**고 말하고 있다(롬 15:7과 비교하라). 이렇게 읽으면, 바울은 보다 부유한 고린도 교회 교인들에게 주의 만찬을 기념할 때 단지 공개적인 일치의 외관만 보존할 것이 아니라 실제로 사회적 지위의 장벽을 허물고 보다 가난한 구성원들을 자기 집의 손님으로 받아서 없는 자들과 음식을 나누라고 요구하고 있는 것이다.[45]

바울이 23-26절에서 예수의 마지막 만찬과 예수의 식사 관행 전승에 대해 자세히 설명하는 이유는 고린도 교회로 하여금 예수의 죽음을 통해 그들에게 베풀어진 신적 환대의 윤리적·사회적 함의를 상기시

---

43 Michael J. Gorman, *Becoming the Gospel: Paul, Participation, and Mission* (Grand Rapids: Eerdmans, 2015), 244.

44 John Koenig, *New Testament Hospitality: Partnership with Strangers as Promise and Mission* (Eugene, OR: Wipf and Stock, 2001), 70.

45 Hays, *1 Corinthians*, 202-3.

키기 위함이다. 고린도 교회는 예수의 환대 관행을 기억하고 본받으라고 요구된다. 바울이 "이것을 행하여 나를 기념하라"(11:24b)는 예수의 말을 설명하고 주의 만찬은 "주의 죽으심을 그가 오실 때까지 전하는 것"(11:26b)이라고 선언할 때, 바울은 고린도 교회 교인들이 그리스도가 **자신의 죽음을 통해 그들을 위해 했던 것처럼** 그들도 다른 사람들을 위해 자신과 자신의 소유를 내어주어야 한다고 선언하고 있는 것이다.[46] 최소한 바울은 고린도 교회로 하여금 그 식사가 주의 식사로서 모두 함께 연합하는 시간이 될 수 있도록 우선순위를 정하라고 요구하는데, 이는 식사가 함께 먹는 모든 사람들 사이의 교제와 평등이 실현되는 기회로 기능하는 데 의존한다(11:17, 20, 33, 34).[47] 그러나 부자들이 없는 자들을 부끄럽게 하지 말아야 한다는 바울의 관심사와 "만일 누구든지 시장하거든 집에서 먹으라"(11:34; 11:22a을 보라)는 바울의 진술은 고린도 교회로 하여금 식사를 포용 및 계층의 거부와 배고픈 사람들을 먹여주는 기회로서 예수의 환대를 기억하는 하나의 방법으로 사용함으로써 가난한 사람들을 환영하고 그들과 교제를 나누도록 장려한다.[48] 바울은

---

46 이 점에 대해서는 특히 Suzanne Watts Henderson, "'If Anyone Hungers…': An Integrated Reading of 1 Cor 11.17-34," *NTS* 48, no.2 (April 2002): 195-208 중 203을 보라. "달리 말하자면 바울의 주된 관심사가 이 공동체가 자기를 내어주는 예수의 식탁 관행을 본받는 것이라면, 바울이 의도적으로 실제 삶의 배고픔이라는 '사회적' 이슈를 '주의 죽으심을 선포하는' '성례적' 식사와 분리할 것이라고 제안하는 것은 점점 더 문제가 된다."

47 Smith, *From Symposium to Eucharist*, 196-97.

48 Henderson, "'If Anyone Hungers…,'" 205-7. Winter, *After Paul Left Corinth*, 151: "서로 받아줌으로써 그들은 자신의 자원을 '없는 자들'과 나누고, 주의 만찬에 음식을 가져오지 않은 사람들이 느낄 수 있는 극심한 당혹감을 덜어준다. 그들은 또한 예수가 '너희를 위하여' 주어진 자신의 몸에서(11:24) 모든 이들의 필요에 응답했던 것과 같은 방식으로 서로의 필요에 응답한다."

사실상 하나님이 이스라엘에 대해 자신의 요구를 명확히 하는 이사야 58:6-7, 10을 언급하고 있는지도 모른다.[49]

내가 기뻐하는 금식은…주린 자에게 네 양식을 나누어 주며 유리하는 빈민을 집에 들이며 헐벗은 자를 보면 입히며 또 네 골육을 피하여 스스로 숨지 아니하는 것이 아니겠느냐.…주린 자에게 네 심정이 동하며 괴로워하는 자의 심정을 만족하게 하면 네 빛이 흑암 중에서 떠올라 네 어둠이 낮과 같이 될 것이다.

마르쿠스 바르트는 신적 환대가 인간의 환대를 이끌어 내는 방식에 대해 설명한다.

자연의 소산을 나누고 먹고 마시는 행위가 그리스도의 죽음을 선포하는 것이라면, 주의 만찬을 진정으로 기리는 행위에서 생산에 대한 적절한 보상, 적정한 분배, 공정한 가격 그리고 일용할 양식의 충분한 공급을 위한 노력들이 제외되어서도 안 되고 제외될 수도 없다. 오히려 사회적 책임과 행동은 그리스도가 제정한 만찬의 정수(精髓)다. 배고픈 사람들을 위해 떡을 뗌…이 없으면, 그리스도와의 친교도 없다.…[50]

---

49 Henderson, "'If Anyone Hungers…,'" 207.
50 Barth, *Rediscovering the Lord's Supper*, 56. Luise Schottroff, "Holiness and Justice: Exegetical Comments on 1 Corinthians 11.17-34," *JSNT* 23, no. 79 (January 2001): 51-60도 유용하다.

"[주의] 몸을 분별"하지 않고 먹고 마시는 자는 실제로는 "자기의 심판"(개역개정에서는 죄)을 먹고 마신다(11:29)는 바울의 수수께끼 같은 말은 자신의 죄에 대한 성찰이 없음을 의미하는 것도 아니고 어떤 교리적 오류를 가리키는 것도 아니다. 오히려 몸을 분별치 않는 것은 가난한 사람들에게 사랑·명예·교제를 베풀지 않는 방식으로 주의 식사를 기념하는 사람들에 대한 경고다.[51] 몸을 분별하지 않는 것은 가난한 자들을 부끄럽게 만들고, 교회를 경멸하고, 공동체의 소위 작은 지체들을 차별하는 것이다. 그래서 고린도 교회 교인들 중 일부는 식탁을 오용해서 병에 걸리고 심판을 경험했다. 존 쾨니그는 이를 다음과 같이 잘 진술한다. "그러나 그리스도가 자기 백성들 서로에게서 환영받지 **않는**다면, 즉 이 환대를 모호하게 하거나 가로막는 장벽이 세워진다면, 그리스도는 자신의 음식과 음료가 자신의 손님들을 처벌하는 효과가 있는 심판하는 주인으로 만찬에 임한다."[52] 주의 만찬을 먹고, 그 만찬을 통해 주의 사랑과 구원의 죽음을 통해서 받은 신적 환대를 기억하는 사람들은 그들도 교회 안에서 사랑·평등·일치·교제의 양상을 추구하는 데 헌신한다.

---

51 Francis J. Moloney, *A Body Broken for a Broken People* (San Francisco: HarperCollins, 1997), 165-68.
52 Koenig, *New Testament Hospitality*, 69.

로마 교회에서의 메시아의 환대

바울은 로마서에서도 환대라는 용어를 사용해 로마 교회 안의 분열과 분쟁을 근절하는 수단으로서 그리스도가 전체 교회에 베푼 환영을 부각시킨다. 그리스도는 함께 한 목소리로 하나님을 찬양할 다민족으로 이루어진 전 세계적인 가족을 창조하기 위해 이"할례 받은 자"와 "이방인" 모두의 종이 되었다(롬 15:7-13). 바울의 교회들 안에서 유대인과 이방인 사이를 갈라놓고 분쟁을 야기할 잠재력이 있는 사회적·종교적 특징들이 많지만, 바울은 유대인과 이방인 모두에 대한 사랑의 메시아의 환영이 로마 교회의 일치와 교제를 위한 토대로 작용한다고 단언한다.

분쟁의 정확한 원인(또는 바울의 주장이 예방 차원의 것인지 여부)과 분쟁이 민족 문제를 두고 발생한 것인지 여부를 결정하기는 쉽지 않지만, 어려움의 중심지는 교회의 공동 식사 자리다.[53] 그래서 바울은 환대와 교제라는 용어를 사용해 로마 교회의 식탁교제에서 발생하는 긴장을 해결하려한다. 일부 공동체 구성원들이나 가족들은 모든 음식이 깨끗하고 따라서 유대인의 음식법이 중요하지 않다고 믿었던 것 같다. 예수도 "아무 것도 그 자체로 부정하지 않다"고 선언하지 않았던가(롬 14:14. 막 7:15를 보라)? 그러나 다른 사람들(아마도 음식과 이교도 제사 사이의 관계나 유대인의 음식법을 우려하던 사람들)은 특정 음식을 삼가고 **또한** 종교적 명

---

53 특히 Mark Reasoner, *The Strong and the Weak: Romans 14:1-15:13 in Context*, SNTSMS 103 (Cambridge: Cambridge University Press, 1999), 187-216을 보라. Smith, *From Symposium to Eucharist*, 214-15도 보라. John M. G. Barclay, "Do We Undermine the Law?': A Study of Romans 14:1-15:6," *Paul and the Mosaic Law*, James D. G. Dunn 편 (Tübingen: Mohr-Siebeck, 1996), 287-308에 실린 글도 중요하다.

절을 지키는 것이 중요하다고 믿었다. 바울의 말처럼, "어떤 사람은 모든 것을 먹을 만한 믿음이 있고 믿음이 연약한 자는 채소만 먹고"(14:2) "어떤 사람은 이 날을 저 날보다 낫게 여기고 어떤 사람은 모든 날을 같게 여긴다"(14:5). 스탠리 스토워스는 여기서 근본적인 문제는 "믿음이 약한 자들과 믿음이 강한 자들이 서로를 *proslambanein*(환대/교제)이 나타내는 상호 도움과 교제의 관계 안으로 받아들이지 못할 때 발생한다"고 주장한다.[54] 바울이 "하나님의 나라는 먹는 것과 마시는 것이 아니요 오직 성령 안에 있는 의와 평강과 희락이라"(14:17)고 한 말은 결코 교회의 공동 식사를 폄하하려는 것이 아니다. 오히려 바울은 공동 식사는 무엇을 먹거나 먹지 않는가에 관한 것이 아니라 상호 동반자 관계에 대한 기회를 제공한다고 주장한다.[55]

바울의 근본적인 권고는 소위 "약한" 사람들을 대상으로 하지 않고, 자기가 삼가거나 삼가지 않을 권리와 자유가 있다고 믿고 있는 사람들을 대상으로 한다. 바울은 이 문제를 다루는 단락 앞뒤에 권고를 위치시킨다. "믿음이 연약한 자를 너희가 **받되**(*proslambanesthe*) 그의 의견을 비판하지 말라"(롬 14:1).[56] 그리고 15:7에서 다시 이렇게 말한다. "그러므로 그리스도께서 너희를(개역개정은 "우리를") 받아(*kathōs kai ho Christos proselabeto hymas*) 하나님께 영광을 돌리심과 같이 너희도 서로 받으라 (*prolambanesthe allēlous*)"(15:7). 이는 서로에 대한 비판과 업신여김, 또는 차

---

54   Stanley K. Stowers, *A Rereading of Romans: Justice, Jews, and Gentiles* (New Haven, CT: Yale University Press, 1994), 323.
55   Koenig, *New Testament Hospitality*, 56.
56   나는 이 주제에 대해 Joshua W. Jipp, *Christ Is King: Paul's Royal Ideology* (Minneapolis: Fortress, 2015), 70-75에서 보다 자세하게 논의했다.

별을 거절하는 데서 가시적으로 입증될 것이다(14:3a). 다시금 바울은 로마 교회에 그들의 상호 환영은 "하나님이 [그들을] 환영했다"(*ho Theos gar auton proselabeto*, 14:3b)라는 사실에 근거하고 있음을 상기시킨다.⁵⁷ 따라서 바울이 약한 자들에게 베풀어져야 한다고 요구하는 환대는 기독론적으로 그들이 메시아로부터 받은 환영에 근거를 두고 있다. 메시아의 환대는 인간 상호간의 환대와 환영을 이끌어낸다. 존 바클레이는 이를 다음과 같이 진술했다 "그들은 단지 그리스도가 자신들을 환영했던 것과 **동일한 방식으로** 식사에 환영받아야 할 뿐만 아니라, 그리스도의 환영만을 토대로 하나님 앞에 서기 **때문에** 식사에 환영받아야 한다(15:7)."⁵⁸ 메시아의 환대는 하나의 통일된 백성을 형성하기 위해 기꺼이 "할례받은" 자들과 "이방인들" 모두의 "종"이 된 데서 구체적으로 표현된다(롬 15:8-9).⁵⁹ 이 점은 바울이 이 문제를 다루기에 앞서 그리스도의 미덕과 성품을 취하라고 요구하는 데서 더 드러난다. "오직 주 예수 그리스도로 옷 입으라"(13:14). 그리고 아마도 로마서에서 그리스도의 **바로 그** 근본적인 성품은 다른 사람에 대한 그의 사랑과 관심일 것이다. 따라서 강한 자들은 포용해야 하고 다른 형제에게 해를 가하지 않도록 자신의 권리를 주장하기를 삼가야 한다(14:15; 15:1-3). 그리스도는 약한 자들과 죄

---

57 Koenig, *New Testament Hospitality*, 55에서 아마도 "'그를'은 양쪽 모두에 적용된다. 모든 잠재적 손님들을 고귀하게 하는 것이 바로 하나님이 먼저 보여준 환영이다"라고 한 주장은 옳은 말이다.

58 John M. G. Barclay, *Paul and the Gift* (Grand Rapids: Eerdmans, 2015), 512.

59 이에 관해서는 다음 문헌들을 보라. J. Ross Wagner, "The Christ, Servant of Jew and Gentile: A Fresh Approach to Romans 15:8-9," *JBL* 116 (1997): 473-85; Bates, *The Hermeneutics of the Apostolic Proclamation*, 289-304.

인들을 위해 죽는다(5:6, 8). 그의 죽음은 하나님의 사랑을 계시한다(5:5, 8). 메시아의 죽음은 우리가 "메시아의 사랑"으로부터 떨어져 나갈지도 모른다는 종말론적 염려로부터 우리를 해방시켜준다(8:35). 그리스도는 "우리를 사랑하시는 분"이다(8:37). 사실 로마서 13:8-15:13에서 우리는 예수가 제자들에게 그들의 보다 연약한 형제 앞에 어떤 걸림돌이나 장애물을 놓지 않도록 주의하라고 요구하는 예수 자신의 가르침이 여러번 울려 퍼지고 있음을 발견한다(다음 구절들을 보라. 롬 14:13, 20-21; 막 9:42-50; 마 18:6-9).[60]

바울이 교회 구성원들을 묘사하기 위해 빈번히 사용하고 있는 "형제/자매"라는 용어(14:10, 15)는 그가 교회 구성원들이 서로를 같은 친족 집단에 속한 사람으로 보게 하려고 노력하고 있음을 암시한다.[61] 만일 메시아가 그의 이웃을 극진히 사랑했고, 연약한 자들과 경건하지 않은 자들을 환영했고, 유대인과 이방인에게 똑같이 환대를 베풀었다면, 로마 교회에 있는 사람들이 어떻게 서로를 환대하지 않을 수 있겠는가![62] 강한 자들을 위한 사랑과 십자가의 본보기로 제시되는(15:1) "그리스도께서도 자기를 기쁘게 하지 아니하셨다"(15:3)는 바울의 진술에 그리스도의 환대가 예시되어 있다. 그리스도가 자기를 기쁘게 하지 않

---

60 다음 문헌들을 보라. Michael Thompson, *Clothed with Christ: The Example and Teaching of Jesus in Romans* 12.1-15.13, JSNTSup 59 (Sheffield: JSOT, 1991), 121-40; James W. Thompson, *Moral Formation according to Paul: The Context and Coherence of Pauline Ethics* (Grand Rapids: Baker, 2011), 169-79.

61 Reidar Aasgaard, "My Beloved Brothers and Sisters!": Christian Siblingship in Paul, ECCon 265 (New York: T&T Clark, 2004), 209-11; Horrell, *Solidarity and Difference*, 121-26.

62 마찬가지로 Stowers, *A Rereading of Romans*, 323을 보라.

은 사실―이는 분명히 다른 사람들을 위한 희생적인 고난과 죽음을 가리킨다―은 바울이 강한 자들에게 다음과 같이 호소하는 근거가 된다. "믿음이 강한 우리는 마땅히 믿음이 약한 자의 약점을 담당하고 자기를 기쁘게 하지 아니할 것이라. 우리 각 사람이 이웃을 기쁘게 하되 선을 이루고 덕을 세우도록 할지니라"(15:1-2). 그리스도가 자기를 기쁘게 하지 않고 자기 이웃을 기쁘게 한다는 묘사는 바로 그리스도가 "남을 사랑하는 자는 율법을 다 이루었느니라"(롬 13:8b)라는 바울의 진술을 성취한 첫 번째 사례임을 의미한다. 율법의 성취로서의 "네 이웃을 네 몸과 같이 사랑하라"(롬 13:9b)와 자기 이웃을 기쁘게 했던 그리스도(롬 15:2-3) 사이의 유사점은 메시아가 자기 이웃에게 베푼 사랑의 환대를 통해 율법을 성취함을 암시한다.

그리스도가 자기 이웃을 완벽하게 사랑하고 환영했듯이, 바울도 교회에 이와 동일한 방식을 요구하며, 다른 사람들을 위해 자기를 낮추는 예수의 죽음을 본받아 "사랑으로 행하라"고 요구한다(롬 14:15). "그리스도께서 우리를 받음과 같이 서로 받게"(롬 15:7) 되면, 교회는 평화와 조화 그리고 교화를 이루어내는 것들을 추구할 수 있게 될 것이다(14:19). 교회는 "예수 그리스도를 본받아 서로 뜻이 같게" 될 것이고 이를 통해 **한 마음과 한 입으로** 하나님을 찬양하는 일치의 특징을 보일 것이다(롬 15:5-6)―메시아 자신이 하나님을 찬양하는 합창(롬 15:9b-12)을 이끌 것이다![63] 메시아의 환대와 사랑은 기독교인들이 서로를 향해 어떻게 행동할지를 통제하고, 서로 환대를 베풀고(12:10), 우는 자들

---

63 다시 Bates, *The Hermeneutics of Apostolic Proclamation*, 298-300을 보라.

과 같이 울고 즐거워하는 자들과 같이 즐거워하며(12:15), 서로 마음을 같이하라(12:16)는 앞에서의 교제의 권고를 실천할 수 있게 해주는 사고 유형 또는 방식이다.[64] 우리는 메시아의 환대를 구현하는 이 일치된 교제가 약한 자들과 강한 자들이 서로 용납하고 **한 식탁에서 함께 먹을** 수 있는 방법을 찾을 때 가시적인 효과를 드러낼 것이라고 생각할 수 있을 것이다.[65]

바울의 교회들에서 그리스도 안의 교제

바울은 하나님이 인간에게 신적 환대와 교제를 베푸는 행동을 했다고 믿었기 때문에, 바울의 과제 중 하나는 메시아에 의해 형성된 교제 공동체들을 만드는 것이었다. 하나님은 그리스도의 죽음을 통해 인간을 자신과 화해시키고 이로써 하나님의 적들과 원수들을 하나님의 친구들로 변화시켰다(롬 5:9-10; 골 1:20-22). 바울은 인간의 범법과 적의가 제거되었다는 하나님의 화해의 메시지를 위임받은 메시아의 대사다(고후 5:18-21). 하나님은 먼저 구원을 주는 메시아의 죽음을 통해 인간의 죄와 적의를 제거하기 위한 조치를 취해서 하나님의 의(고후 5:21), 향후의 하

---

64 Douglas A. Campbell, "Participation and Faith in Paul," *"In Christ" in Paul: Explorations in Paul's Theology of Union and Participation*, Michael J. Thate, Kevin J. Vanhoozer, and Constantine R. Campbell 편 WUNT 2.384 (Tübingen: Mohr-Siebeck, 2014), 37-60에 실린 글 중 49에서 롬 15:1-6에 대해 언급하면서 Campbell은 다음과 같이 바르게 진술한다. "그리스도가 교회를 사랑한다는 점에 비춰볼 때, 기독교인들이 그리스도의 사랑의 마음을 가지고 있기 때문에 사랑한다는 것이 한층 더 자명해질 것이다."

65 Smith, *From Symposium to Eucharist*, 216.

나님의 진노로부터의 구원(롬 5:9-11), 성령의 은사(롬 8:7-9)와 화평(엡 2:14-18; 골 1:20)이라는 복을 가능하게 한다. 인간과 하나님 사이의 반목이 제거되었기 때문에, 즉 양자가 화해되었기 때문에 하나님이 그리스도 **안에서** 바울을 **통해** 바울의 교회**에게** 우정을 베풀어준다고 말할 수 있다. 그래서 하나님이 "바울을 자신의 친구로 삼아서 그에게 하나님의 교제의 선물을 다른 사람들에게 전달하는 과제를 맡겼다"는 존 피츠제럴드의 말은 옳다.[66] 웨슬리 힐이 제안한 바와 같이, 신약성서 저자들은 우정의 언어를 영적 친족의 언어로 재구성해서 참된 우정은 "기독교인 형제자매 사이의 유대감에 관하여 말하는 하나의 방식"으로 격상된다.[67] 그래서 나는 바울의 의제 중 하나는 자신의 교회들을 신적 우정의 실재를 구현하는 공동체들로 세우는 것이라고 제안한다.

바울이 그리스도 안에서 하나님의 우정을 구현해내는 교회를 세우는 것은 빌립보서에서 가장 명확하게 볼 수 있다. 많은 학자들은 바울이 우정의 용어를 사용해서 빌립보 공동체를 겸손과 자기비하라는 그리스도의 모범을 따르는 우정 공동체로 빚어가고 있음을 인식해왔다(빌 2:5-

---

66 이 점에 관해서 나는 다음 연구들에 의존한다. L. Michael White, "Morality between Two Worlds: A Paradigm of Friendship in Philippians," *Greeks, Romans, and Christians*, David L. Balch, Everett Fergusson, and Wayne A. Meeks 편 (Minneapolis: Fortress, 1990), 201-15에 실린 글; Wayne Meeks, "The Man from Heaven in Paul's Letter to the Philippians," *The Future of Early Christianity: Essays in Honor of Helmut Koester*, Birger Pearson 편 (Minneapolis: Fortress, 1991), 329-36에 실린 글; 그리고 John T. Fitzgerald, "Paul and Friendship," *Paul in the Greco-Roman World: A Handbook*, J. Paul Sampley 편 (Harrisburg, PA: Trinity Press, International, 2003), 319-43에 실린 글 중 337.

67 Wesley Hill, *Spiritual Friendship: Finding Love in the Church as a Celibate Gay Christian* (Grand Rapids: Brazos Press, 2015), 60.

8). 바울은 자신이 그들이 "**한 마음**으로 서서 **한 뜻**으로 복음의 신앙을 위하여 협력하는" 것을 볼 수 있도록 그들에게 천국 시민권자로서 합당하게 행동하라고 권고한다(1:27). 교회는 그들에게 "마음을 같이하여 같은 사랑을 가지고 뜻을 합하며 한 마음을 품을" 수 있게 해주는(빌 2:2), 그리스도를 중심으로 하는 도덕적이고 실제적인 추론 양상을 실행해야 한다. 그리고 이런 사고의 일치는 그리스도 예수 안에서 구현된, 다른 사람을 존중하는 사랑에 근거한다(빌 2:5). 바울은 자기가 그리스도와 다른 사람을 자신보다 먼저 고려하는 그리스도의 자기를 낮추는 사고 양상을 본받는 것 외에도(3:2-17), 자신의 이익을 만족시키려 하지 않고 그리스도, 바울 그리고 빌립보 교인들을 기쁘게 하는 데 마음을 기울이는 자기 친구 디모데와 에바브로디도를 제시한다(2:19-30). 바울은 그리스도에 의해 형성된 도덕적·실제적 추론에 대한 이런 사람들의 예를 통해 "유오디아와 순두게가 주 안에서 같은 마음을 품기"를 소망한다(4:2).

이와 비슷하게, 고린도전서에서 바울은 교회의 구성원이 동료 형제 또는 자매이기 때문에 자신의 권리보다 그 구성원의 이익을 먼저 고려하는 사고 양상을 심어주려 한다. 바울은 고린도 교회 교인들이 자신들을 그리스도의 십자가를 통해 존재하게 된 하나의 통일된 가족의 구성원들로 보기를 소망하고, 이것이 먼저 자신의 필요보다 서로의 필요를 고려하는 토대가 되기를 희망한다(1:10-12).[68] 이 점은 자기는 지식

---

68 Margaret M. Mitchell, *Paul and the Rhetoric of Reconciliation: An Exegetical Investigation of the Language and Composition of 1 Corinthians* (Louisville, KY: Westminster John Knox Press, 1992)는 바울이 고린도 교회에 일치와 조화를 낳기 위해 고린도전서에서 의도적

이 있어서 우상에게 바쳐진 고기를 먹을 권리가 있다고 생각하는 사람에게 먼저 **그리스도께서 위하여 죽으신 형제**의 이익을 고려하라고 요구하기 위해, 바울이 "형제"라는 단어를 의도적으로 네 번이나 반복하는 고린도전서 8:11-13에서 가장 분명하게 드러난다(롬 14:10-13을 보라).[69] 바울은 형제의 양심에 상처를 주는 것은 그리스도께 죄를 짓는 것이라고 선언한다(고전 8:12). 이와 유사하게, 바울은 고린도 교회 교인들이 서로 동료 형제들을 법정에 제소하고(고전 6:6), 동료 **형제들**에게 불의를 행하고 속인다(고전 6:8)고 꾸짖는다.[70]

바울이 하나님과 그리스도 그리고 교회에 대해 빈번히 가족 비유를 사용하는 것도 교회가 하나님의 가족으로 묘사되는 바울의 보다 넓은 담론으로 여겨져야 한다. 가족 비유는 고대 세계와 바울의 교회들에서 **가공의 친족 집단**을 묘사하는 수단으로 자주 사용되었다.[71] 또한 바울은 일관되게 그의 교회들을 서로 동료 형제자매(고전 1:11, 26; 2:1; 3:1; 고후 2:12-13; 갈 4:12-20; 빌 2:25; 살전 2:17-3:8), 하나님의 아들들 또는 자녀들(롬 8:9-17; 갈 3:26; 4:5-7)로 부른다. 그리고 예수는 "하나님의 아들"(골 1:13) 또는 "맏아들"(롬 8:29; 골 1:15, 18)로 부르고, 하나님은 "아버지"(롬 1:7; 6:4; 8:15; 15:6; 고전 1:3; 8:6; 15:24; 갈 1:1, 3, 4)로 부른다.[72]

인 수사기법을 사용하고 있다고 설득력 있게 주장한다.

69 Horrell, "Theological Principle or Christological Praxis?," 89-90은 이를 "기독론적으로 기반을 둔 관계적 관심"이라고 언급하면서 "여기서 윤리적 행위의 토대는 모든 동료 신자들이 그리스도 안에서 형제나 자매 지위가 있다는 사실이다"고 주장한다.

70 Aasgaard, "My Beloved Brothers and Sisters!," 217-36.

71 이에 대해서는 Wayne A. Meeks, *The First Urban Christians: The Social World of the Apostle Paul* (New Haven, CT: Yale University Press, 1983), 85-94를 보라.

72 이에 대해서는 Joseph H. Hellerman, *When the Church Was a Family: Recapturing Jesus'*

가족 용어는 예수 그리스도의 **아버지**가 자신을 위해 형제자매 공동체를 구원하는 **맏아들**을 보내는 특정 기독교 내러티브를 요약한다. 따라서 바울이 교회를 "믿음의 가정들"로 부르는 것은 일리가 있다(갈 6:10. 디모데전서 전체를 보라).

바울의 교회들에서 환대와 선교

바울은 더 나아가 친구관계 용어를 사용해서 자기의 선교와 궁핍한 교회들을 위해 물질을 제공함으로써 자신의 선교 노력의 진전을 촉진하고 격려한다. 예컨대 그들의 물질을 예루살렘 교회의 가난한 자들과 나누라는 고린도 교회에 대한 바울의 권고에는 가족 용어가 곳곳에 스며있다(고후 8:1, 18, 22, 23; 9:3, 5. 갈 2:1-10을 보라). 바울은 또 빌립보 교회가 자신의 괴로움에 "동료 참여자"(*syncoinōnēsantes*)가 될 정도로(4:14) 바울에 대한 그들의 관심과 우려를 새롭게 한 일에 대해 고마움을 표한다(빌 4:10). 이처럼 그들이 자신의 우정을 새롭게 한 일은 빌립보 교회 교인들의 특징에 부합하는데, 이는 그들이 처음부터 자기와 자기의 물질을 바울과 "나눴기" 때문이다(4:15-16). 그러므로 빌립보 교회 교인들이 일관성을 보이고 바울이 어려울 때 그를 잊지 않은 것은 그들이 바울의 친구이며 바울의 복음 전파에 동참한다는 점을 확인해준다.[73] 사실, 바

Vision for Authentic Christian Community (Nashville, TN: B&H Publishing, 2009), 76-96을 보라.
73 Fitzgerald, "Paul and Friendship," 334.

울은 빌립보 교회가 자신의 필요를 채워준 것이 그들이 복음의 진전에 참여하는 기쁨을 받는 수단이라고 말한다(1:12; 4:16).

바울은 그들이 하나님의 우정 공동체이기 때문에 자기의 교회들이 서로 및 특히 순회 복음전도자들에게 환대를 베풀도록 기대한다.[74] 따라서 바울은 로마의 기독교인들이 자신을 환영하고, 스페인에서 복음을 전파하기 위해 자신이 필요로 하는 지원과 자금을 제공해주기를 희망한다(롬 15:22-25). 이 목적을 위한 예비 단계로, 바울은 로마 교회들이 "[우리 자매 뵈뵈]를 주 안에서 영접"하고 그녀의 모든 필요를 공급해주기를 기대한다(롬 16:1-2). 마찬가지로 고린도 교회는 디모데를 영접하고 그가 "형제들과 함께" 바울에게 올 때 필요한 것들을 극진하게 제공해야 한다(고전 16:10-11). 바울은 또 자기가 곧 고린도에 갈 것이라고 주의를 환기하며—이는 작지 않은 논란거리였다(고후 1:12-23)—자기가 고린도 교회에게서 환대를 기대하고 있다고 알려준다(16:5-9). 구체적인 상황에 관한 정보는 없지만, 바울은 골로새 교회—로마 교회와 마찬가지로 바울이 세운 교회가 아니다—에게 마가 요한이 그들에게 오거든 그를 환영하라고 명령할 수 있다(골 4:10-11). 바울은 또 자기가 빌레몬을 방문할 때 빌레몬이 자기에게 숙소를 제공해주리라고 기대한다(몬 16-18). 바울이 자신과 자신의 동료 순회 전도자들을 위해 환대를 명령한다는 사실은 바울의 교회들이 스스로를 그리스도 안의 가족이자 친구들로 인식했음을 암시한다. 더 많은 예를 제시할 수 있지만, 요점은 바울이 자신의 선교 목적을 진전시키는 가정 네트워크를 촉진하는 수

---

74 Koenig, *New Testament Hospitality*, 64-65를 보라.

단으로서 그의 회중들 내에 세계적인 가족-우정 정체성을 주입하려 했다는 것이다.[75] 순회 선교사들에 대한 환대로 인해 복음이 새로운 지역에 전파될 수 있었고, 친구와 가족 사이의 환대는 바울의 선교가 성공하는 데 매우 중요했다.

오늘날 교회 안의 다양성 가운데서 교회의 환대

바울은 확실히 다양성 가운데서도 교회가 일치될 수 있다고 믿었는데, 바울의 교회들이 직면했던 차이들은 오늘날 우리가 직면하고 있는 차이들만큼이나 도전적이었던 것으로 보인다. 유대인과 이방인, 노예와 자유인, 남성과 여성, 부자와 가난한 자들 사이에 형성된 기독교인들의 우정은 다양성 가운데서 일치와 우정을 만들어내는 하나님의 능력에 대해 명확하게 증언한다. 바울의 전략은 하나님의 환대가 어떻게 그리스도 안에서 모든 교회들을 위한 공통의 정체성, 즉 적들과 외인들을 — 하나님에 대해서 및 서로에 대해서 — 친구와 가족으로 변화시킨 환영을 만들어냈는지 분명히 설명하는 것이었다. 만일 하나님이 우리가 원수들이고 외인들이었을 때 우리를 그리스도 안에서 자신의 친구와 가족으로 맞아들였다면, 우리가 어떻게 우리의 문화적 정체성과 사회적 정체성 차원에서 다를 수도 있는 기독교인 친구들과 가족들에 대해 환대와

---

75 Andrew Arterbury, *Entertaining Angels: Early Christian Hospitality in Its Mediterranean Setting*, NTMon 8 (Sheffield: Sheffield Phoenix Press, 2005), 100-9.

우정으로 대하지 않을 수 있겠는가?

하나님의 이 신적 환대 행위를 통해서도 민족, 성, 사회적 지위, 문화적 차이들이 제거되지 않고 계속 남아 있지만, 교회가 채택한 가족과 친구라는 공통의 정체성은 교회로 하여금 교회 안의 사회적·민족적·성별적 차이들로 인한 분열(차이가 아님!)을 제거할 수 있게 해준다(바울은 그러기를 희망한다). 이와 관련하여 폴은 다음과 같이 진술한다. "…기독교인의 우정은 그리스도와의 공동의 우정으로 묶여 있기 때문에 우리는 교회를 사회 경제적·인종적·민족적 유사성을 중심으로 세우려 하지 않아야 한다."[76] 하나님의 환대로 교회가 존재하게 되었다면, 교회의 핵심 사명 중 하나는 "교회로 나오는 모든 사람들을 환영할 뿐만 아니라 이들이 친밀함과 우정의 기초를 배울 수 있는 장소도 제공하는 친교 공동체가 되는 것이다."[77] 우리는 그리스도 안에서 우리를 향한 하나님의 환대를 의례화하고 우정을 가능하게 하는 핵심적인 관행이 우리 주 예수의 식탁을 나누는 것임을 보았다. 피터 슬레이드는 미션 미시시피라는 운동이 인종과 교파 분리로 얼룩진 주(state)에서 백인교회와 흑인교회 사이의 교제를 일궈내기 위해 어떻게 노력했는지 들려준다.[78] 이 운동의 창설자들은 "그리스도의 화해 사역으로 가능해진 새로운 관계의 힘을 통해" 자신들의 주(state)의 인종 간 분열에 변화가 이루어지기

---

76 Fowl, *Philippians*, 217.

77 Paul J. Wadell, *Becoming Friends: Worship, Justice, and the Practice of Christian Friendship* (Grand Rapids: Brazos Press, 2002), 53.

78 Peter Slade, *Open Friendship in a Closed Society: Mission Mississippi and a Theology of Friendship* (New York: Oxford University Press, 2009).

를 소망했다.⁷⁹ 심각한 어려움이 없었던 것은 아니지만, 주례 조찬기도회가 흑인들과 백인들이 서로 우정을 쌓고 그 가운데서 성장할 수 있게 해 주었다. 이 기도모임은 그들이 서로에게 장애물이 되어왔던 그들의 문화적 정체성보다 하나님의 친구이자 가족이라는 그들의 공통의 정체성을 우위에 둘 수 있는 상황을 제공했다. 슬레이드는 노년의 어느 백인 참가자가 인종을 초월하여 함께 식사하고 기도했던 자신의 경험을 어떻게 설명했는지 말해준다. "누군가 당신을 위해 주께 기도하고 당신이 그 사람을 위해 주께 기도할 때, 그곳에 만남이 있다—바로 그곳에 공통점이 있고 우리는 그리스도 안에서 결합된다. 그것을 어떻게 설명해야 할지 모르겠지만 그곳에 화해가 있다. 그 순간 우리는 그리스도 안에서 하나다. 우리는 한 마음, 한 뜻, 한 영혼이다."⁸⁰ 이 증언은 그리스도 안에 있는 공통의 우정을 앞세울 때 어떻게 인종 차이를 제거하지는 않지만 이를 초월하는 일치를 가능하게 하는지 완벽하게 요약한다.

이런 우정은, 우리의 정체성의 주된 특징은 하나님이 그리스도 안에서 우리를 환영했으며, 이 신적인 포용과 우정의 선물은 우리의 문화적 또는 사회적 정체성에 근거한 기존의 사회적 가치 개념과 별개로 주어졌음을 인식할 때에만 가능하다.⁸¹ 한스 레인더스는 특별히 신체장애자들에 관해 유사한 주장을 펼치는데, 그의 논평은 보다 광범위하게 적용될 여지가 있다. "차이를 긍정적으로 받아들일 수 있는 이유는 오직

79　Slade, *Open Friendship in a Closed Society*, 39.
80　Slade, *Open Friendship in a Closed Society*, 170.
81　Barclay는 환대가 아니라 은혜와 선물이라는 용어에 초점을 맞추고 있기는 하지만, 어떤 의미에서 내 주장은 John Barclay의 *Paul and the Gift* (Grand Rapids: Eerdmans, 2015,『바울과 선물』[새물결플러스 역간])와 유사하다.

차이가 신학적으로 중요하지 않기 때문이다. 하나님이 보기에는 인간의 몸이 어떤 차이를 보일지라도 인간은 동등하게 하나님의 애정어린 친절을 받을 가치가 있다. 이것이 바로 우리 모두에게 적용되는 동일성이며, 이 동일성 때문에 어떤 차이라도 수용할 수 있다."[82]

다시 말하지만, 그렇다고 우리의 사회적·문화적 차이들이 중요하지 않다는 말은 아니다! 그러나 바울에게 이러한 차이들은 결코 우리의 개인 또는 공동체의 정체성, 도덕적 추론과 행동, 또는 교회 집단 구성의 토대가 아니다. 그러므로 교회 내에서 여성보다 남성을, 미혼자보다 기혼자를, 또는 어느 민족보다 다른 민족을 앞세우는 것은 교회의 정체성의 토대인 그리스도의 환영과 교제의 사회적 함의에 주의하지 않는 처사다. 실제로, 바울은 일관되게 특권 계층의 사람들에게 "당연한 것으로 여겨지는" 그들의 권리를 희생하고 포기함으로써 그들의 이웃에 대한 사랑을 입증하라고 요구한다! 우리의 독특한 차이점들과 상관없이, 어떤 차이가 있더라도 하나님의 환대를 받았고 이 환대를 경험했으며 하나님의 우정을 받은 사람들로서 우리의 주된 공동체적 정체성은 **친구와 가족**이다.[83] 웨슬리 힐은 생물학적 관계와 사회적·문화적 선호를 초월하는 기독교인의 우정을 회복하라고 강력히 호소한다. "죄인들을

---

82   Hans S. Reinders, *Receiving the Gift of Friendship: Profound Disability, Theological Anthropology, and Ethics* (Grand Rapids: Eerdmans, 2008), 284. Brian Bantum은 인종 및 혼혈과 관련하여 이와 유사한 주장을 한다. 그는 기독교의 세례가 "이제 철저하게 전복되어야 하는 인종적·문화적 단언에 기초하고 있는 관계에 근본적 변화를 가져온다"고 주장한다. 이제 어떤 사람의 정체성은 그 사람과 하나님의 관계로 구성된다. 따라서 우리의 문화적·인종적·생물학적 특징들은 "감추어지는 것이 아니라 이제 새로운 정치적 가능성으로 표시된다." Brian Bantum, *Redeeming Mulatto: A Theology of Race and Christian Hybridity* (Waco, TX: Baylor University Press, 2010), 147-48을 보라.

83   Reinders, *Receiving the Gift of Friendship*, 285-92.

위해 자신을 내어주는 예수의 이야기는 필연적으로 교제에 대한 우리의 이해에 압력을 행사하고, 편안하게 애정의 범위를 축소하지 말고 사랑의 대상을 확장하여 전에는 우리의 사랑스런 진영 밖에 있었을 다른 사람들을 포용하라고 압박한다."[84]

이러한 교제의 비전을 추구하려면 우리의 자연스러운 친족/우정 집단 외부의 사람들을 포용하고 그들에 의해 포용될 필요가 있다. 힐은 특히 현대 교회의 핵가족 찬양 및 이에 따른 결과로 교회 안에서 깊고 의미 있는 교제를 찾고 있는 미혼자들과 성 전환자들이 겪고 있는 극심한 어려움과 낙인에 대해 우려한다.[85] 특히 에프라임 래드너에 의하면 동성(특히 남성) 간의 가까운 우정은 "오늘날 종종 의심을 사거나 이를 바라보는 자들의 주제넘은 비평 대상이 된다."[86] 나는 시카고의 노스쇼어 근교에서 가르치면서 많은 미혼 성인들이 "가족 친화적인" 교회 안으로 편입되고 그 안에서 깊은 교제를 형성할 때 맞닥뜨리는 여러 도전들을 목격하고 있다.[87] 안타깝게도 목회 사역을 위해 훈련받고 있는 많은 미혼 학생들이 미혼 상태가 그들에게 부정적 요인으로 작용해서 목회 자리를 찾는 데 방해가 될까봐 빨리 배우자를 찾아야 한다는 부

---

84   Hill, *Spiritual Friendship*, 58-59.
85   추가로 Julia Duin, *Quitting Church: Why the Faithful Are Fleeing and What to Do about It* (Grand Rapids: Baker, 2009); Mark A. Yarhouse, *Understanding Gender Dysphoria: Navigating Transgender Issues in a Changing Culture* (Downers Grove, IL: InterVarsity Press, 2015), 145-61을 보라.
86   Ephraim Radner, *A Time to Keep: Theology, Mortality, and the Shape of a Human Life* (Waco, TX: Baylor University Press, 2016), 178.
87   Christina Cleveland, "A Liberation Theology for Single People," http://www.christenacleveland.com/blog/2016/4/a-liberation-theology-for-single-people (2006년 9월 1일 접속)도 보라.

담을 느낀다. 나는 바울이 고린도전서 7장에서 미혼자들이 "더 낫다"라고 한 말이 옳다고 학생들을 납득시키려 했지만 이런 시도들은 그다지 많은 성공을 거두지 못하고 있다(이는 이해할 만하다). 그러나 힐은 교회가 영적 교제 관행을 회복해야 한다고 도전하면서, 자기 교회에서는 기혼 부부들과 미혼자들이 서로 깊은 교제를 나누고 "환대의 습관"을 형성해서 점점 더 많은 사람들이 교제 안에서 성장하도록 초대되는 공간을 만들 수 있었다고 말한다.[88] 그러나 종종 "자녀 양육이라는 절박한 요구"에 삶의 초점을 맞추는 기혼 부부들은 단순히 주는 자 또는 주인 역할만 하는 것이 아니라, 종종(때로는 암묵적일지라도) 자신의 소명을 "교제 양육자"로 이해하는 미혼자들로부터 참된 교제와 개방성을 배우기도 한다.[89]

더욱이 하나님이 우리에게 우정을 베푼 것은 그리스도의 겸손과 십자가상의 죽음이라는, 다른 사람들을 배려하고 자신을 낮추는 행동에서 발생했음에 비추어 우리의 공동의 정체성 안에 우리의 개인적·문화적 정체성 및 선호에 대해 집착하지 않고, **우리 자신의 유익과 선호**보다 다른 사람—바로 우리가 동의하지 않을 수도 있는 사람들—의 유익과 덕을 세우기를 먼저 고려하려는 성향이 형성된다. 이는 종종 바울이 힘과 영향력이 있는 사람들에게 그리스도 안에 있는 다른 가족 구성원들의 유익을 위해 소위 그들의 권리를 억제하도록 요구함을 의미한다. 그리스도 안에서의 공동의 정체성에 토대를 둔 일치를 추구하다 보면

---

88 예컨대, Hill, *Spiritual Friendship*, 113-15.
89 Radner, *A Time to Keep*, 185-89.

확실히 그리고 자주 고통스러울 것이다. 왜냐하면 **우리의** 공동의 정체성을 위해 우리의 문화적 정체성에 대한 집착을 낮추고 우리 자신을 다른 사람들에게 적응시켜야 하기 때문이다. 그러나 그렇게 하려고 할 때 우리 중 소위 주류 문화를 구성하는 사람들이 우리가 힘을 사용하는 것이 어떻게 다른 사람들에게 부정적으로 작용하고 이들을 소외시키는지 늘 알고 있는 것은 아니라는—그리고 아마도 반드시 늘 관심이 있는 것은 아니라는—어려움이 있다.

다인종/다민족 교회가 유행하고 있지만, 우리는 여전히 모든 종류의 사람들이 동화를 강요하거나 기대하는 지배적인 주류 문화와 협상할 수 있고 논쟁할 수 있도록 허용하는 변혁적인 예배가 드려질 수 있는 교회 공간이 필요하다.[90] 대부분의 다민족 회중들이 지배적인 민족 집단에 의해 이미 확립된 예배, 예전, 교회 생활 유형 안으로 다양한 집단을 통합시키려 한다 해도 놀랄 일이 아니다.[91] 따라서 바울이 공동의 정체성을 신적 환대를 받은 자들로 설명하고 있다는 내 주장이 절대로 민족적·문화적 소수파들로 하여금 다수파의 문화에 적응해야 한다는 요구로 이어져서는 안 된다. 산드라 밴 옵스탈은 환대 관행이 예배 인도자의 필수 요소가 되는 방법에 관하여 말한다. "우리의 예배가 사람들이 배제당하고 있다고 느끼거나 자신들이 계속해서 방문자 상태로 있다고 느끼

---

90 이 점에 대해 내게 깊은 인상을 준 트리니티 복음주의 신학교의 동료 Peter Cha와 Sandra van Opstal에게 감사드린다.

91 Jennifer Harvey, *Dear White Christians: For Those Still Longing for Racial Reconciliation* (Grand Rapids: Eerdmans, 2015), 특히 67-81이 다민족 회중과 인종 화해 개념에 대해 강력하게 비판하도록 동기를 부여하는 것은 주로 이 점과 관련이 있다. Korie L. Edwards, *The Elusive Dream: The Power of Race in Interracial Churches* (Oxford: Oxford University Press, 2008)도 보라.

게 하는 한, 우리는 성경적인 환대 사역을 성취하고 있는 것이 아니다.…그러나 우리가 모두를 위한 자리가 마련되어 있는 포용적인 식탁을 만들면, 그 식사와 경험은 이 식탁에 앉는 모든 사람에게 의미있는 공간이 될 것이다.…다민족 공동체에서는 어떤 구성원도 영원한 손님처럼 느끼게 되어서는 안 된다."[92] 물론 이것은 특권을 지닌 다수파가 그들 자신의 기득권의 일부를 기꺼이 포기하고 그들의 힘을 취약하고 소외된 사람들과 기꺼이 공유할 때 가능하다.[93] 그리고 이것은 지도자들이 "백인의 사회적 특권과 힘의 현실"을 인식할 때에만 가능하다.[94] 힘과 특권이 사회적 분열을 강화하는 것을 다루려면 "종종 높은 지위에 있는 집단이 자신의 높은 지위를 자발적으로 포기해야 한다. 개인들에게 자신의 사회적 정체성들(인종, 성, 경제적 지위, 교육 수준)이 사회가 그들에게 부여한 지위·힘·특권·이동성(mobility)에 어떻게 영향을 미치는지 자세하게 조사하도록 요구하기 때문이다.[95] 하지만 이렇게 사랑을 베풀고, 다른 사람들을 배려하고, 다른 사람들의 유익을 위해 자기 "권리"를 제한하는 것은 그리스도께서 우리에게 베푸신 환대와 교제의 특징을 이루는 **바로 그 미덕이다**(예컨대 다음 구절들을 보라. 고전 8:11-13; 10:24; 롬 15:1-7).

---

92 Sandra Maria van Opstal, *The Next Worship: Glorifying God in a Diverse World* (Downers Grove, IL: InterVarsity Press, 2015), 63.

93 Soong-Chan Rah, *The Next Evangelicalism: Freeing the Church from Western Cultural Captivity* (Downers Grove, IL: InterVarsity Press, 2009).

94 Soong-Chan Rah, *Many Colors: Cultural Intelligence for a Changing Church* (Chicago: Moody, 2010), 124. 이와 관련하여 이 책의 6장 전체를 보라.

95 Cleveland, *Disunity in Christ*, 166-67.

토론 문제

1. 당신의 공동체에서 예수의 제자들 사이에 화해할 수 없는 차이가 있는 이유들은 무엇인가? 당신과 다른 동료 기독교인(들) 사이에 화해할 수 없는 차이가 있었다면 그 경험에 대해 이야기해보라.

2. 우리의 교회에서 진정한 차이와 다양성이 분열로 이어지지 않으면서 지속될 수 있는가? 왜 그렇게 생각하는가? 우리의 교회가 감당할 수 있는 차이와 다양성의 정도에 한계가 있는가? 왜 그렇게 생각하는가?

3. 교회가 어떻게 다른 사람들이 주류 문화에 동화되도록 강요하지 않으면서 성공적으로 일치를 추구할 수 있는가?

4. 바울이 자신의 교회들 안에서 일치를 추구한 전략에 대해 어떻게 생각하는가? 그 전략이 오늘날에도 성공하겠는가?

5. 주의 만찬이 당신과 당신의 교회에 사회적으로나 교회적으로 어떤 함의가 있는가? 왜 많은 교회들은 주의 만찬의 "수평적" 함의는 배제하고 거의 전적으로 "수직적 함의"에만 초점을 맞추고 있는가?

6. 당신의 교회는 어떤 면에서 교회가 기독교인의 우정과 가족의 맥락이 되어야 한다는 바울의 요구에 부합하는가 아니면 부합하지 않는가?

3장
—
요한복음에 묘사된 인간 존재의 의미와 교회의 사명

인간은 본래 사랑·갈망·애정으로 가득차 있는 욕망의 피조물이다. 인간은 언제나 자기가 자신의 갈망과 욕망을 채워줄 것으로 믿는 대상을 사랑한다.[1] 그래서 우리는 (무의식적으로 또는 암묵적으로라도) 인간 번영이라는 비전과 우리가 좋은 삶이라고 생각하는 것을 겨냥하도록 우리의 욕망과 애정을 정돈한다.[2] 달리 말하자면 인간은 자기가 생명, 기쁨, 인간의 번영을 가져온다고 생각하는 것들에 자신의 욕망, 감정, 사랑을 정돈시킨다. 제임스 스미스는 그의 저서 『하나님 나라를 욕망하라』(*Desiring the Kingdom*, IVP 역간)에서 사랑하는 존재이며 욕망하는 피조물이라는 인간 개념을 우선시하는 강력한 아우구스티누스 관점의 인류학적 설명을 제시한다. 그는 이렇게 말한다. "내 생각이 내 삶을 밑에서부

---

1 Brent Strawn 편, *The Bible and the Pursuit of Happiness: What the Old and New Testaments Teach Us about the Good Life* (Oxford: Oxford University Press, 2012) 전체를 보라.

2 Charles Taylor, *A Secular Age* (Cambridge, MA: Harvard University Press, 2007), 16을 보라.

터 형성하지 않는다. 내가 욕망하는 것, 내가 사랑하는 것이 내 열정에 생기를 불어넣는다. 인간이 된다는 것은 이러한 원초적·궁극적 사랑에 의해 방향이 정해진 피조물이 되는 것을 의미한다. 비록 우리가 이 점에 대해 전혀 생각하지 않더라도 말이다."[3] 달리 말하자면 "나는 어떤 목적을 **갈망한다**. 나는 무언가를 **원하고**, 궁극적으로 그것을 원한다. 내가 바라는 것이 나를 규정한다. 즉 당신이 사랑하는 것이 바로 당신이다."[4] 더욱이 많은 사람들에게 생명과 번영의 추구는 선교적 요소를 포함한다. 장 바니에는 모든 공동체는 사랑, 평화, 진리, 삶의 의미, 아름다움 등 무엇이든 "자기들이 발견한 보편적 진리"를 공유하기 원한다고 말한다. 인류는 생명 추구와 이 생명을 다른 사람들에게 전달하고 공유하고자 하는 선교적 욕망으로 물들어 있는 것으로 보인다.[5]

그러나 우리의 욕망과 사랑이 생명에 대한 우리의 갈망을 만족시켜줄 대상을 정확하게 겨냥하고 있는지 숙고해볼 가치가 있다. 앞으로 살펴보겠지만 요한복음은 우리가 생명과 초월을 위해 창조되었다고 암시한다. 그런데 북미 사람들은 오늘날 어느 때보다도 고립, 외로움, 우정 결핍, 자아도취, 무의미로 시달리고 있다. 인간은 본래 의미 있는 사회적 관계를 필요로 하는 사회적 피조물이다. 달리 말해, 인간이 번영하기 위해서는 우정이 필요하다. 아리스토텔레스는 가장 부유하고 매우 고결하고 자족하는 사람일지라도 친구 없이 산다면 불행할 것이라고

---

3 James K. A. Smith, *Desiring the Kingdom: Worship, Worldview, and Cultural Formation*, vol. 1, Cultural Liturgies (Grand Rapids: Baker, 2009), 51.

4 James K. A. Smith, *You Are What You Love: The Spiritual Power of Habit* (Grand Rapids: Brazos, 2016), 9.

5 Jean Vanier, *Community and Growth*, 2판 (New York: Paulist Press, 1989), 85.

말했다.⁶ 그러나 미국에서만 6천만 명이 넘는 사람들이 "고립이 그들의 삶에서 불행의 주요 원인이 될 정도로 고립감을 느끼고 있다"고 추정될 만큼 외로움과 고립은 우리 사회의 특징이 되었다.⁷ 기술 역량이 향상되고, 자아 정체성에서 일이 압도적 우위를 차지하고, 안정적인 고향이 없다는 점이 우정과 의미 있는 인간관계의 쇠락에 기여했다.⁸ 그 어느 때보다 많은 사람들이—강제 이주, 경제적 어려움, 도시 빈곤, 또는 부유한 도시 엘리트들의 빈번한 특징인 익명성으로 인해—고향이 없는 실향민의 감정 또는 **고향**에서 소외된 감정을 경험한다.⁹ 크리스천 스미스가 북미에 살고 있는 18세에서 23세의 젊은 성인들을 대상으로 실시한 인터뷰는 많은 젊은 성인들의 관행들이—쇼핑, 술과 마약 중독 그리고 빈번한 성관계를 포함한다—**그들도 자인하듯이** 그들의 욕망을 만족시키지 못함을 보여준다.¹⁰ 적어도 많은 사람들의 눈에는 인간의 사랑과 욕망—소비자의 물질적 욕망 만족이든, 휴식과 오락이든, 권력과 특권의 이념이든, 또는 성적 만족이든—의 목표가 방향을 잘못 잡았고 잘못 정돈되어 있으며, 인류의 생명 추구에 유익을 주지 못하는 것으로

---

6 Aristotle, *Nicomachean Ethics* 1155a1-10을 보라. David Konstan, *Friendship in the Classical World* (Cambridge: Cambridge University Press, 1997), 72-78도 보라.

7 John T. Cacioppo and William Patrick, *Loneliness: Human Nature and the Need for Social Connection* (New York: W. W. Norton & Company, 2008), 5.

8 Gilbert C. Meilaender, *Friendship: A Study in Theological Ethics* (Notre Dame, IN: University of Notre Dame Press, 1981), 1-2.

9 이에 대해서는 Steven Bouma-Prediger and Brian J. Walsh, *Beyond Homelessness: Christian Faith in a Culture of Displacement* (Grand Rapids: Eerdmans, 2008), 7-12를 보라.

10 Christian Smith, *Lost in Transition: The Dark Side of Emerging Adulthood* (Oxford: Oxford University Press, 2011).

보인다.[11]

요한복음은 신약성서의 다른 어떤 책보다 강력하게 인간 존재와 욕망, 그리고 삶의 의미에 관한 질문을 제기한다. 특히 요한복음은 계시에 관한 질문, 곧 **생명의** 하나님으로부터 소외된 인간이 어떻게 하나님을 알게 되고 그로 인해 생명을 얻게 되었는지를 중심 주제로 다룬다.[12] 이 질문에 대한 답은 말 그대로 생명과 죽음에 대한 문제다. 왜냐하면 요한은 하나님만이 생명의 창조자이고 수여자임을 강조하고 있기 때문이다. 하나님만이 자신 안에 생명을 갖고 있다. 따라서 하나님을 아는 것은 생명을 얻는 것이고 하나님으로부터 소외되는 것은 사망이다. 그러나 요한복음은 하나님이 인류가 **생명을 갖도록** 창조되었다는 점도 똑같이 분명히 밝힌다. 하나님으로부터 및 서로에게서 소외된, 부서지고 외로운 인간들에게 하나님의 사랑이 알려지고 이를 통해 생명을 갈망하는 인간들에게 성부와 성자 사이에 공유되는 하나님의 생명을 주는 것이 예수의 사명이다. 예수의 사명은 "내가 온 것은 양으로 생명을 얻게 하고 더 풍성히 얻게 하려는 것이라"(요 10:10b)는 그의 진술에 깔끔하게 잘 요약되어 있다. 그리고 이 생명은 예수가 아버지를 계시함으로써 공유된다(1:18).

요한복음은 하나님에 대한 지식은 인간에게 신적 지식을 중재해줄 하나님의 행동을 필요로 한다고 진술한다. 하나님과 그의 아들 예수는

---

11 Paul J. Wadell, *Becoming Friends: Worship, Justice, and the Practice of Christian Friendship* (Grand Rapids: Baker, 2002), 123-24.

12 John Ashton, *Understanding the Fourth Gospel*, 2판. (Oxford: Oxford University Press, 2007), 305-29; Christopher W. Skinner, *Reading John*, Cascade Companions (Eugene, OR: Cascade Books, 2015), 8-31.

위에 있는 천상의 세계에 속해 있는 반면에 인간은 아래 세계에 속해 있으며, 이는 인간이 인식론적으로 및 관계상으로 하나님으로부터 소외되어 있음을 의미한다(8:23-24). 요한은 다양한 은유와 이미지를 사용하여 하나님과 인간 사이의 관계상의 차이와 인식론적 차이를 강조한다. 예컨대 빛과 어둠은 강렬한 대조를 이루며, 빛이 어둠을 비출 때 대부분의 인간은 자기의 악한 행동이 드러나 심판받을까 봐 어두움에 머물기를 선호한다((3:18-21). 하나님으로부터 나오는 모든 것에 대한 인간의 저항이 요한복음 서두에 간결하게 진술되어 있다. "그가 세상에 계셨으며 세상은 그로 말미암아 지은 바 되었으되 **세상이 그를 알지 못하였다**"(1:10). 이어서 "[그가] 자기 땅에 오매 자기 백성이 영접하지 아니하였다"(1:11)는 서두의 주장에서 하나님에 대한 인간의 저항이 증폭된다. 그러나 인간이 하나님으로부터 소외된 결과는 엄청나다. 인간은 생명을 위해 창조되었지만 제4복음서 저자는 생명이 오직 하나님과 그의 말씀 안에서만 발견될 수 있음을 분명히 밝힌다. "그 안에 생명이 있었으니 이 생명은 사람들의 빛이라"(1:4). 사실 이 복음서의 저자는 이 책이 선교 목적으로, 즉 사람들이 예수를 믿음으로써 생명의 충만함을 갖게 하려고 기록되었다고 주장한다(20:30-31). 크레이그 쾨스터에 의하면 요한에게 있어서 "사람들은 그들 자신 안에 생명을 갖고 있지 않다. 그들은 외부의 원천으로부터 생명을 받아야 한다. 인간이 이렇게 창조되었다는 생각은 인간이 하나님으로부터 나오는 생명을 반드시 필요로 한다는 것을 의미한다."[13]

---

13 Craig R. Koester, *The Word of Life: A Theology of John's Gospel* (Grand Rapids: Eerdmans,

예수, 하늘에서 온 외인

만일 하나님이 저 위에 있고 하나님만이 인간에게 생명을 줄 수 있다면, 어떻게 인간이 이 하나님을 알 수 있게 되고 생명을 받을 수 있는가? 요한복음은 예수를 성육신을 통해 인간들이 하나님의 환대에 참여할 수 있게 해줌으로써 신적 지식과 임재를 소외된 인간들과 공유하는, 하늘에서 온 외인으로 제시한다.[14] 예수의 사명은 "생명을 주는 사명이다. 예수는 생명을 주기 위해, 그것도 풍성히 주기 위해서 왔다. 그는 생명의 흐름을 방해하는 모든 장애물을 제거하기 위해서 왔다."[15] 예수는 태초부터 말씀으로서 하나님과 함께 존재해 오고 있기 때문에(1:1-3), 그리고 인간의 육신을 입고 이 땅을 거처로 삼음으로써 인간에게 하나님을 계시하기 때문에(1:14) 인간에게 신적 환대를 중재할 수 있다.[16] 하나님의 아들 예수는 "아버지 품 속에 있는 독생하신 하나님"(1:18)으로서 하나님과 함께 거한다. 그는 세상과 그 안에 있는 모든 것을 창조했다(1:3, 10). 그러나 예수가 자신의 피조물과 자신의 소유물들에게 왔음에도

2008), 56.

14 요한이 예수를 "하늘로부터 온 외인"으로 묘사한다는 점은 두 개의 고전적인 연구에 의해 명확하게 설명되었다. 다음 문헌들을 보라. Wayne A. Meeks, "The Man from Heaven in Johannine Sectarianism," *The Interpretation of John*, John Ashton 편 (Philadelphia: Fortress Press, 1986)에 실린 글. 이 논문은 원래 Wayne A. Meeks, "The Man from Heaven in Johannine Sectarianism," *JBL* 91 (1972): 44-72에 발표되었었다. Marius de Jonge, J*esus, Stranger from Heaven and Son of God: Jesus Christ and the Christians in Johannine Perspective* (Missoula, MT: Scholars Press, 1977)도 보라.

15 Vanier, *Community and Growth*, 87.

16 Dean Flemming, *Why Mission?, Reframing New Testament Theology* (Nashville: Abingdon, 2015), 54를 보라.

"자기 백성이 영접하지(*ou parelabon*) 않았다"(1:11b). 이 말씀이 인간에게 하나님의 영광을 계시하기 위해 인간의 육신—더 나은 표현을 사용하자면 장막(*eskēnōsen*)—을 입고 이 땅 위에서 인간들과 함께 거한다(1:14). 따라서 요한은 예수를 인간과 함께 이 땅에 잠시 거주하기 위해 하나님과 함께 살던 원래 거주지 하늘을 떠나는 외인으로 묘사한다.

예수는 소외된 인간들에게 하늘의 신적 지식을 중재하기 위해 자신의 본향과 이 땅을 교환한다. 요한은 자주 이 능력이 있는 예수를 하늘과 땅 사이를 연결하는 기능을 하는 인자로, 따라서 **"탁월한 외인"**으로 소개한다.[17] 놀라운 통찰력으로 나다나엘을 놀라게 한 후, 예수는 나다나엘이 예수 안에서 야곱의 사다리보다 더 위대한 무언가를 경험할 것이라고 예언한다. "[네가] 하늘이 열리고 하나님의 사자들이 인자 위에 오르락내리락 하는 것을 보리라"(1:51. 창 28:12를 보라). 예수만 위로부터 왔고 "하늘에서 내려온 자 곧 인자 외에는 하늘에 올라간 자가 없기"(3:13) 때문에 예수는 니고데모에게 하늘의 실재에 대해 말할 수 있다. 오직 하늘에서 온 외인만이 하나님의 비밀들을 알고 이 비밀들을 인간에게 계시할 수 있다.[18] 예수는 이 세상으로부터 오지 않았다. 그는 인자로서 소외된 인간에게 하나님을 계시하는 하나님의 일을 하기 위해 하늘에서 이 땅으로 내려왔다(6:30-40; 8:23-24). 그는 "하늘에서 내려온" 하나님의 빵이다(6:33). 오직 예수만 "내가 어디서 오며 어디

---

17 Meeks, "The Man from Heaven in Johannine Sectarianism," 146. 이에 대해서는 Skinner, *Reading John*, 68-70도 보라.

18 이에 대해서는 Meeks, "The Man from Heaven in Johannine Sectarianism," 147-50을 보라.

로 가는 것을" 안다(8:14). 예수는 반복해서 자신이 하나님으로부터 왔고 아버지에게 돌아갈 것 또는 올라갈 것에 대해 말한다(1:9; 3:19; 9:39; 12:46-47; 16:28; 18:37).

예수가 인자로서 하늘 출신이라는 점으로 인해 요한복음의 등장인물들은 일관되게 역설적으로 예수의 기원에 빈번히 의문을 제기한다. 왜냐하면 예수를 반대하는 자들은 예수가 하늘 출신임을 강하게 부정하면서도 정작 예수가 어디에서 왔는지 전혀 모르기 때문이다. 예수가 하늘에서 내려왔다는 점은 유대인들이 다음과 같이 묻듯이 그들에게 걸림돌이다. 그들은 다음과 같이 질문한다. "이는 요셉의 아들 예수가 아니냐? 그 부모를 우리가 아는데 자기가 지금 어찌하여 하늘에서 내려왔다 하느냐?"(6:42) 또는 예수의 천상의 정체성에 대해 혼란스러워하는 자들은 예수가 하늘로부터 왔다는 사실을 오해하거나 무시한다. "당국자들은 이 사람을 참으로 그리스도인 줄 알았는가? 그러나 **우리는 이 사람이 어디서 왔는지 아노라**. 그리스도께서 오실 때에는 어디서 오시는지 아는 자가 없으리라"(7:26b-27). 요한의 역설은 종교 당국자들이 예수의 하늘 정체성에 대한 자신들의 무지를 인정하는 곳에서 고조된다. "하나님이 모세에게는 말씀하신 줄을 우리가 알거니와 이 사람은 어디서 왔는지 알지 못하노라"(9:29). 빌라도가 예수에게 노골적으로 "너는 어디로부터냐"고 묻고(19:9) 예수가 대답하여 주지 않을 때(19:9b-10) 역설이 최고조에 이른다. 예수가 하늘 출신이라는 사실은 예수와 당국자들 사이의 대립을 가져온다. 그리고 그 내러티브는 "[그가] 자기 땅에 오매 자기 백성이 영접하지 아니하였다"(1:11)는 서두의 주장을 뒷받침해준다. 그러나 하늘에서 온 이 외인의 사명은 하나님을 계시하고, 하나님이 우리에게 알려지게 하고, 인류에게 구원을 주시는 하나님의 관계상의 지식을 수여하는 것이다. "자기 백성이 그를 영접하지 않았다"(1:11)는 진술은 "[그러나] 영접하는자 곧 그 이름을 믿는 자에게는 하나님의 자녀가 되는 권세를 주셨다"(1:12)는 진술과 짝을 이룬다. 예수는 아버지의 영광을 계시하기 위해 "우리 가운데 거했다"(1:14). 이것이 예수의 사명이라면, 예수는 어떻게 구원을 주시는 하나님의 지식을 인류에게 수여할 수 있는가?

예수, 생명을 주는 주인

예수는 인간에 대한 신적 환대의 주인으로서 행동하면서 포도주(2:1-11), 물(4:4-42), 빵(6:1-71), 제자들의 발을 씻김(13:1-20), 그리고 영원한 처소 제공(14:1-6)이라는 환대에 관한 주요 상징들을 사용해서 구원하고 계시하는 하나님의 임재를 공유한다. 환대의 모든 요소들은 **예수의 구원하고 계시하는 임재를 필요로 하는 인간에 대한 하나님의 환대**를 상징한다. 이 요소들은 예수의 정체성이 드러나는 수단이 되는데, 이는 환대의 기본 요소들이 소외된 인간이 구원을 주는 예수의 신적 정체성에 대한 지식에 이를 수 있게 해주는, 생명 부여의 상징으로 기능하기 때문이다. 예수를 포도주·물·빵을 제공하는 주인으로 바뀌는 외인으로 묘사하는 것은 신학적으로 적절한데, 이는 외인들에 대한 환대 관습의 주요 목적 중 하나가 [주인으로 바뀌는] 손님의 정체성을 드러내는 것이기 때문이다. 요한복음 저자는 포도주, 물, 빵, 발 씻김 그리고 집이라는 환대의 상징적 요소들을 사용해서 하나님에 대한 인간의 깊은 욕망과 필요 및 인간을 하나님과 생명으로부터 분리시키는 것에 대한 극복을 표현한다.

예수는 갈릴리 가나에서 첫 번째 표적을 행한다. 예수는 결혼 잔치에 제자들과 함께 손님으로 초대받았는데(2:2), 그 결혼 잔치의 다른 하객들에게 좋은 포도주를 풍성하게 제공해서 손님에서 주인으로 역할을 바꾼다. "저들에게 포도주가 없다"(2:3b)는 어머니 마리아의 말은 예수에게 물을 "좋은 포도주"로 변화시킴으로써(2:10) 제자들에게 자신의 영광을 계시할 수 있는 기회를 준다(2:11). 이 내러티브에서 이때까지 요한은 예수를 하나님의 어린양(1:29, 36), 고대하던 메시아(1:41, 45), 하나님의 아들(1:49), 그리고 이스라엘의 왕(1:49)으로 일컬어왔는데, 예수의 표적은 예수가 사람들에게 자기의 영광을 드러내서 그들의 믿음을 확인해준다(2:11. 1:14를 보라). 예수는 결혼 잔치에 하객으로 초대받지만 이 잔치에서 인정 많은 진정한 주인으로 행동함으로써 신비로운 신랑 역할을 맡는다. 이처럼 예수를 결혼 잔치의 주인으로 묘사하는 것은 세례 요한이 자신에 대해 "서서 신랑의 음성을 듣고 크게 기뻐하는 친구"로 표현하는 것과 일치한다(3:29).[19] 그러나 예수는 분명 여느 평범한 주인이 아니다. 왜냐하면 기적적인 좋은 포도주의 공급과 더불어 메시아가 결혼 잔치에 임재하는 것은 포도주와 음식이 풍성히 제공되는 종말론적 연회를 통해 시행되는 하나님과 이스라엘의 조화로운 관계를 상

---

19 Jane S. Webster, *Ingesting Jesus: Eating and Drinking in the Gospel of John*, SBLAB 6 (Atlanta: Society of Biblical Literature, 2003), 39.

상하는 예언서의 여러 텍스트들을 떠올리기 때문이다.[20]

> 만군의 여호와께서 이 산에서 만민을 위하여 기름진 것과 오래 저장하였던 포도주로 연회를 베푸시리니 곧 골수가 가득한 기름진 것과 오래 저장하였던 맑은 포도주로 하실 것이다(사 25:6).

> 여호와의 말씀이니라. 보라 날이 이를지라. 그때에 파종하는 자가 곡식 추수하는 자의 뒤를 이으며 포도를 밟는 자가 씨 뿌리는 자의 뒤를 이으며 산들은 단 포도주를 흘리며 작은 산들은 녹으리라. 내가 내 백성 이스라엘이 사로잡힌 것을 돌이키리라(암 9:13-14a).

> 그들이 와서 시온의 높은 곳에서 찬송하며 여호와의 복 곧 곡식과 새 포도주와 기름과 어린 양의 떼와 소의 떼를 얻고 크게 기뻐하리라. 그 심령은 물 댄 동산 같겠고 다시는 근심이 없으리로다 할지어다. 그때에 처녀는 춤추며 즐거워하겠고 청년과 노인은 함께 즐거워하리니 내가 그들의 슬픔을 돌려서 즐겁게 하며 그들을 위로하여 그들의 근심으로부터 기쁨을 얻게 할 것임이라(렘 31:12-13).

그렇다면 메시아인 예수가 결혼 잔치에서 제공하는 좋은 술은 신랑이자 메시아적 잔치의 주인인 예수를 통해 하나님의 구원의 임재가

---

20 결혼 및 결혼 잔치를 하나님과 이스라엘의 관계를 나타내는 상징으로 보는 텍스트로는 다음 구절들을 보라. 호 2:18-20; 사 54:4-8; 겔 16; 계 19:7-9; 22:17.

하나님의 백성과 함께하는 기쁨을 상징한다(3:29를 보라).[21] 그러나 포도주를 요청하는 그의 어머니—예수의 어머니는 요한복음에서 십자가 사건에서만 다시 등장한다(19:25-26)—에게 예수가 한 말, 곧 "내 때가 아직 이르지 아니하였나이다"(2:4. 7:30; 8:20; 12:23-27; 13:1; 16:32와 비교하라)는 좋은 포도주와 예수의 영광의 완전한 계시가 십자가에서만 발생할 것임을 예시한다. 예수는 좋은 술을 제공했지만, 그의 영광의 완전한 계시는 십자가에서 이뤄질 것이다.[22] 크레이그 쾨스터는 이를 다음과 같이 멋지게 말한다. "예수의 메시아 직임은 골고다로 이끌고, 그의 영광 받음은 십자가 처형과 부활을 통해 성취될 것이다. 예수의 포도주 선물에 의해 드러난 신적 호의는 예수 자신의 생명을 선물로 줄 전조였다."[23]

예수와 사마리아 여인의 만남은 외인이 신적 주인으로 바뀌는 동일한 양상을 따른다(4:4-42). 즉 요한복음 4장의 극적인 긴장은 예수의 정체성 계시와 관련이 있으며, 예수와 사마리아 여인 사이의 환대의 만남은 예수가 자신이 메시아이자(4:26) 세상의 구주임을(4:42) 드러내는 맥락을 제공한다. 예수는 제자들과 함께 "사마리아를 통과해야 했는데"(4:4) "길 가다가 피곤하여" 야곱의 우물 곁에 앉았다(4:6).[24] 예수는 우물 곁에 앉아 사마리아 여인에게 마실 물을 요청하는 궁핍한 손님으로 묘사된다(4:7). 그러나 이 여인은 예수의 요청에 대해 난처해한다. 왜

---

21   욜 3:18; 바룩2서 29:2-7; 레위의 유언(T. Levi) 8:4-6도 보라.
22   J. Ramsey Michaels, *The Gospel of John*, NICNT (Grand Rapids: Eerdmans, 2010), 153.
23   Craig R. Koester, *Symbolism in the Fourth Gospel: Meaning, Mystery, Community*, 2판 (Minneapolis: Fortress Press, 2003), 86.
24   Andrew E. Arterbury, "Breaking the Betrothal Bonds: Hospitality in John 4," *CBQ* 72, no. 1 (January 2010): 63-83 중 76을 보라.

냐하면 예수는 유대 남성이고 자신은 사마리아 여인이며 "유대인이 사마리아인과 상종하지 않기" 때문이다(4:9).[25] 여기서도 환대 관습은 예수의 정체성을 드러내는 맥락을 제공하지만 이 여인은 이제 예수가 주인의 역할을 하게 되자 서로의 역할이 바뀌게 됨을 발견한다. "네가 만일 하나님의 선물과 또 네게 물 좀 달라 하는 이가 누구인 줄 알았더라면 네가 그에게 구하였을 것이요, 그가 생수를 네게 주었으리라"(4:10). 이 여인은 "하나님의 선물"이나 말하는 사람의 정체를 모르는데, 이는 예수가 자신을 생수를 **주는** 자와 **선물** 자체로 묘사하는 것과 상응한다.[26] 예수가 제공하는 생수는 하나님으로부터 오는 선물로(4:10), 인간의 갈증을 영원히 해소하고(4:10, 14, 15), 그 물을 마시는 사람 안에서 "영생하도록 솟아나는 샘물"이 된다(4:14).

나중에 어떤 사람은 예수를 좋은 사람이라 생각하고 다른 사람은 예수가 사기꾼이라고 주장하는 예수의 정체성에 관한 논쟁의 맥락에서(7:14-36), 예수는 무리에게 자기에게 와서 생수를 마시라고 초대한다.

> "누구든지 목마르거든 내게로 와서 마시라. 나를 믿는 자는 성경에 이름과 같이 그 배에서 생수의 강이 흘러나오리라" 하시니 이는 그를 믿는 자들이 받을 성령을 가리켜 말씀하신 것이라. (예수께서 아직 영광을 받지 아니하셨으므로 성령이 아직 그들에게 계시지 아니하시더라.)(7:37b-39)

---

25 이에 대해서는 Koester, *Symbolism in the Fourth Gospel*, 187-88을 보라.
26 Webster, *Ingesting Jesus*, 57.

초막절 마지막 날에 나온, 생수를 마시라는 예수의 이 초청은 (7:37a) 예수를 축제의 성취로 묘사한다. 쾨스터는 물이 어떻게 초막절과 연결되어 있고, 하나님이 광야에서 이스라엘 백성에게 물을 공급한 것을 상기시키며(출 17:1-6. 민 20:2-13), 미래에 자기 백성에게 베풀어줄 하나님의 종말론적 공급을 고대하는지 보여준다(예컨대 겔 47:1. 슥 14:8을 보라).[27] 생수가 신자들로 하여금 고백할 수 있게 만들어주는 성령과 동일시된다는 점에 비춰볼 때 이 생수는 십자가에 못 박히고 부활한 예수를 메시아로 고백할 것을 전제한다. 요한복음 4:10-14에서처럼, 예수가 주는 생수를 마시는 사람도 흘러나오는 물의 원천이 될 것이다.[28]

요한복음 4장으로 돌아가보자. 예수와 사마리아 여인이 주고받은 대화는 생수가 예수의 정체성 계시와 밀접하게 연관되어 있음을 가리킨다.[29] 그 여인이 예수에게 "우리 조상 야곱"보다 더 크냐고 묻고(4:12-15), 자기의 삶에 대한 예수의 초자연적 지식으로 볼 때 그가 예언자임에 틀림없다고 단언하며(4:19), 장차 올 메시아와 예수의 관계를 추측하는(4:25-26) 데서 보듯이 예수와 사마리아 여인 사이의 대화는 예수의 정체성 계시를 중심으로 전개된다. 이 일화는 장차 올 메시아가 감추어진 모든 신비를 알려줄 것이라는 그녀의 주장에 예수가 "네게 말하는 내가 그라"(egō eimi, ho lalōn soi, 4:26)고 대답하는 장면에서 절정에 이른다. "내가"라는 예수의 말은 이스라엘의 하나님의 자기 호칭을 반향하며 예수의 신적 정체성을 강화한다(출 3:14; 신 32:39; 사 43:25; 45:18-

---

27 Koester, *Symbolism in the Fourth Gospel*, 198-99.
28 Webster, *Ingesting Jesus*, 56.
29 Arterbury, "Breaking the Betrothal Bonds," 81.

24; 51:12). 그렇다면 갈증을 해소하는 하나님의 생수의 선물은 예수가 하나님의 메시아라는 경험적 지식이다. 다시 말하지만, 예수는 생수를 주는 자이면서 **또한** 생수의 내용이다. 그 여인은 물동이를 버려두고 동네로 들어가 자신이 메시아를 발견**한 것 같다**고 선언하며(4:28-29), 그 결과 많은 사마리아인들이 "그 여인의 증언 때문에" 예수를 믿게 된다(4:39b).[30] 그 여인이 물동이를 버린 것은 "그녀에게 필요한 물은 예수가 사마리아 사람들이 기다리고 있던 메시아라는 계시였음을 암시한다."[31] 누가복음 9:51-56의 불친절한 사마리아인들과 달리 이곳의 사마리아인들은 예수에게 이틀 동안 환대를 베푼다(4:40-41). 그 결과 더 많은 사마리아인들이 예수가 메시아임을 믿게 된다(4:42). 이전에 그 여인은 생수에 관하여 알지 못했고(4:10) 사마리아인들은 그들이 예배하는 대상을 알지 못했다(4:22). 그러나 이제 사마리아인들은 "우리가 친히 듣고 그가 참으로 세상의 구주이신 줄 안다"고 주장한다(4:42).

우리는 예수가 좋은 포도주(2:1-11)와 생수(4:4-42)를 제공함으로써 즐겁고, 생명을 주며, 구원을 베푸는 임재가 자기 백성과 함께한다는 사실을 상징적으로 드러내고 있음을 보았다. 그리고 이제 요한복음 6:22-71에서 예수는 이를 통해 자기를 믿는 사람들에게 부활 생명을 줄 수단으로서 자신만이 줄 수 있는 생명의 빵을 제공한다. 이 담화는 줄곧 모세가 이스라엘 백성에게 주었던 물리적 만나(출 16:20-21)와 예수가 주는 썩지 않고, "영생하도록 있는 양식"(6:27)인 생명의 빵을 대

---

30 "내가 행한 모든 일을 내게 말한 사람을 와서 보라. 이는 그리스도가 아니냐?"고 묻는 것으로 볼 때 그 여인은 확신하지 않는 듯하다(4:29).

31 Koester, *Symbolism in the Fourth Gospel*, 190.

조한다. 오천 명에게 빵을 먹인 예수의 기적은 예수가 믿는 사람들을 "하늘로부터 내려오는 참된 빵"(6:32b)으로 먹일 수 있다는 통찰을 전하는 것이 목적이다. 광야에서 하나님이 빵을 공급하는 것을 경험했던 이스라엘 세대는 죽었다(6:31. 출 16:4, 15; 시 78:24도 보라). 그러나 "하나님의 빵은 하늘에서 내려 **세상에 생명을 준다**"(6:33). 모세와 예수의 유사점은 여기서 끝난다. 왜냐하면 예수는 빵을 주는 자이기만 한 것이 아니라 동시에 세상을 위한 빵 자체이기 때문이다(6:35, 48).[32] 예수는 빵을 제공하는 주인인 동시에 자신이 제공하는 선물의 내용이다.[33] 예수는 그들의 욕구는 영생으로 충족될 것이기 때문에 이 빵을 맛본 자들은 결코 다시 주리지 않을 것이라고 약속한다(6:35). 그리고 이는 예수의 정체성 계시와 직접 관련이 있다. 예수는 "하늘에서 내려온 빵"(6:41. 다음 구절들을 보라. 6:33, 38, 41, 42, 50, 51, 58)이고, 아버지에게서 보냄을 받았다(6:38b, 39). 십자가에 못 박힌 예수의 몸을 "먹는" 사람들은 오늘 생명의 임재를 보장받고, 마지막 날의 부활 생명의 실제를 보장 받는다(6:44, 47-48). 우리는 "세상의 생명을 위해" 자기 살을 주러 하늘에서 내려온 인자의 찢긴 몸과 흘린 피를 통해 하나님의 환대를 받을 수 있게 된다(6:51b. 6:53; 19:34를 보라). 십자가에 못 박힌 예수의 몸을 섭취하고 그의 피를 마시는 것은 예수가 그것을 통해 자신의 부활 생명을 자기 백성들과 나누는 수단이다(6:44-48). 제인 웹스터가 말한 바와 같이 "예수의 살을 먹고 그의 피를 마시는 행위는 예수를 내면화해서 예수의 살과

---

32 Koester, *Symbolism in the Fourth Gospel*, 100.
33 Webster, *Ingesting Jesus*, 78-79.

피가 섭취자의 일부가 되고, 섭취자는 예수의 일부가 되게 한다."[34] 예수는 그의 몸과 피를 섭취하는 사람들은 "내 안에 거하고 내가 그들 안에 거한다"(6:56)고 말한다. 이 담화 내내, 예수는 십자가에 못 박힌 예수의 몸과 피를 먹는 방식으로서 보는 것과 믿는 것의 비유를 사용한다(6:26, 30, 35, 36, 40, 46, 47). 달리 말하자면 예수의 몸을 먹고 그의 피를 마시는 것은 십자가에 못 박힌 예수가 부활 생명의 원천이며 **또한** 십자가에 못 박힌 예수가 하나님 자신임을 믿는 것이다. 예컨대 군중은 예수가 요셉의 아들로서 땅에 기원을 두고 있음을 안다고 생각하기 때문에 화가 나서 이렇게 묻는다. "자기가 지금 어찌 하늘에서 내려왔다 하느냐?"(6:42) 또는 어떤 사람들이 예수의 가르침이 어렵다고 하자(6:60-61), 예수는 십자가에서 자신의 신적 정체성이 드러나고 그들이 "인자가 이전에 있던 곳으로 올라가는 것"을 볼 때에도 불쾌해할 것인지 묻는다(6:62. 3:13-15; 8:28도 보라). 브랜트 피트리는 요한복음 6:62의 힘을 명확하게 진술한다. "예수는 오로지 자신의 신적 정체성과 신적 힘을 통해서만 자기 제자들에게 자신의 몸과 피를 '참된 양식'과 '참된 음료'(요 6:55)의 형태로 줄 수 있을 것이다."[35] 그렇다면 우리는 다시금 하나님의 환대와 생명을 주는 음식이 **하늘에서 온 외인**인 예수의 십자가에 못 박힌 몸을 통해 매개되고 있음을 보게 된다.

---

34 Webster, *Ingesting Jesus*, 83.
35 Brant Pitre, *Jesus and the Jewish Roots of the Eucharist: Unlocking the Secrets of the Last Supper* (New York: Doubleday, 2011), 111. 요 6:22-71에 기록된 예수의 가르침을, 자신의 백성이 먹을 수 있도록 자신의 살을 하늘로부터 내려오는 종말론적 만나의 형태로 줄 것이라는 약속의 맥락에서 이해하려면 Brant Pitre, *Jesus and the Last Supper* (Grand Rapids: Eerdmans, 2015), 193-250을 보라.

우리는 예수가 자신의 신적 정체성을 십자가에 못 박혀 세상의 생명을 위해 자신의 몸을 내어주는 자로 드러내는 주된 방법 중 하나가 포도주, 물, 그리고 빵이라는 환대 상징에 의한 것임을 보았다. 이러한 상징들은 신학적으로 제4복음서 저자에게 적합한데, 이는 이 상징들이 본질적으로 생명과 연관이 있으며 **또한** 생명의 질**과** 메시아와 더불어 먹고 마시는 것 사이의 연계를 강화하는 데 사용되기 때문이다. 우리는 이 환대 상징들 각각이 십자가에 못 박힌 예수의 몸과 연결되어 있음을 보았다. 예수의 좋은 포도주 공급은 하나님의 영광과 예수가 영광을 받는 것이 십자가에서 드러날 때를 예시한다(예컨대 12:27-36). 예수의 물 공급은 예수가 십자가에서 영광을 받고 성령을 보낸 뒤에 발생한다 (7:37-39; 19:34; 20:19-23). 그리고 생명의 빵은 예수의 찢긴 몸 및 흘려진 피와 명시적으로 그리고 강력하게 연결되어 있다(6:53-58). 따라서 세상에 생명을 주는 하나님의 환대는 자신의 죽음을 통해 세상에 생명을 주는 예수의 사명에서의 그의 **신적 정체성 계시**다. 예수의 가장 위대하고 가장 전복적인 환대 행위, 곧 그의 백성이 영원한 거처를 갖도록 보증하는 행위(요 14:1-4)는 요한복음 13:1-20에서 예수가 자기 제자들의 발을 씻기는 예수의 행위에서 발견된다.

예수가 하나님의 환대를 매개하는 하늘에서 온 외인이라는 요한의 묘사는 예수가 유월절 전날 밤에 십자가에 못 박히기 전에 제자들의 발을 씻기는 데서 정점에 달한다.[36] 해설자는 예수가 아버지에게 돌아감

---

36 식사 장면의 맥락에서 발생하는 예수의 행동의 중요성에 관해서는 Webster, *Ingesting Jesus*, 103-5를 보라.

으로써 그의 여정의 두 번째 단계에 접어들려 하고 있다는 사실을 암시하기 때문에, 예수의 행위는 그의 임박한 죽음이라는 맥락 가운데 위치해 있다. 예수의 행동의 맥락은 유월절 식사이고 따라서 이 식사 장면은 예수와 제자들 사이의 교제·친밀감·우정을 강조하는 데 기여한다.[37] 해설자는 두 번이나 하늘에서 온 외인이 아버지에게 곧 돌아갈 것이라고 말한다. "자기가 세상을 떠나 아버지께로 돌아갈 때가 이른 줄을 아셨다"(13:1a. 다음 구절들을 보라. 2:4; 7:6-7, 30; 8:20). 그리고 예수는 "아버지께서 모든 것을 자기 손에 맡기신 것과 또 자기가 하나님께로부터 오셨다가 하나님께로 돌아가실 것을 아셨다"(13:3). 그러나 예수가 자기 제자들의 발을 씻어준 행동도 십자가를 자기 제자들을 향한 예수의 사랑을 보여주는 것으로 보는 맥락 안에 위치해 있다. "세상에 있는 자기 사람들을 사랑하시되 끝까지 사랑하시니라"(13:1b). 예수가 자기 제자들을 **끝까지** 사랑했다는 묘사는 해설자가 자신의 독자들에게 예수가 사랑하는 방식은 예수가 "다 이루었다"(*tetelestai*, 19:30)고 선언할 십자가에서 제자들에게 드러낼, 상상할 수 없을 정도로 완벽한 사랑이라고 말하는 방식이다.[38] 최후의 만찬에서 예수는 겉옷을 "벗고" 수건을 "가져다가" 허리에 두른다(13:4). **벗다**와 **가지다**라는 표현은 예수가 자신의 죽음과 부활을 이야기하면서 사용했던 표현들을 기억나게 한다. "내가 내

---

37 예수와 제자들 사이의 우정을 형성해주는 맥락으로서의 식사 장면에 대해서는 Martin M. Culy, *Echoes of Friendship in the Gospel of John*, NTMon 30 (Sheffield: Sheffield Phoenix Press, 2010), 142를 보라.

38 Koester, *Symbolism in the Fourth Gospel*, 132; Francis J. Moloney, *Love in the Gospel of John: An Exegetical, Theological, and Literary Study* (Grand Rapids: Baker, 2013), 105; Webster, *Ingesting Jesus*, 107.

목숨을 버리는(즉, 벗는) 것은 그것을 내가 다시 얻기 위함이니 이로 말미암아 아버지께서 나를 사랑하시느니라"(10:17. 10:11, 15, 18을 보라).³⁹ 예수가 자기 제자들의 발을 씻어준 것은 "따라서 양을 위해 자신의 목숨을 내려놓는 선한 목자의 행위가 확장된 것으로(10:17-18), 예수가 곧 선언할 사랑의 명령과 연결되어 있다."⁴⁰ 따라서 해설자가 예수가 종-주인의 역할을 맡는 것을 묘사하기 위해 사용하는 단어조차 세심한 독자에게는 예수의 십자가 위에서의 죽음이 임박했음을 상기시킨다. 예수는 십자가 위에서 자기 백성을 위해 자발적으로 자신의 목숨을 내려놓는다. 알랜드 헐트그렌은 예수가 제자들의 발을 씻는 행동을 "종말론적 환대의 상징적 행위"라고 바르게 일컫는다.⁴¹ 즉 예수의 발 씻는 행동은 그가 십자가에서 자기 제자들에게 드러낼 사랑을 상징하는데, 이 사랑으로 제자들은 하나님의 친구와 가족으로 완전히 변화될 것이다. 유대 및 그리스-로마 텍스트들은 자주 발 씻을 물을 제공하는 것을 손님을 돌볼 주인의 책임 중 하나로 언급한다(창 18:4; 19:2; 24:32; 43:24; 삿 19:21; 삼상 25:4; 호메로스, 『오디세이아』 19.308-319; 딤전 5:10).⁴² 리처드 보컴은 세족(洗足)의 중요성을 명확히 진술한다. "문헌에서 세족은 식사를

---

39 베드로가 기꺼이 자기 목숨을 버리겠다고 말하는 곳에서도 동일한 단어가 사용된다(13:37-38).

40 Jason S. Sturdevant, "The Centrality of Discipleship in the Johannine Portrayal of Peter," *Peter in Early Christianity*, Helen K. Bond and Larry W. Hurtado 편 (Grand Rapids: Eerdmans, 2015), 109-20에 실린 글 중 113.

41 Arland J. Hultgren, "The Johannine Footwashing (13.1-11) as Symbol of Eschatological Hospitality," *NTS* 28, no. 4 (October 1982): 539-46.

42 John Christopher Thomas, *Footwashing in John 13 and the Johannine Community*, JSNTSup 61 (Sheffield: JSOT Press, 1991), 35-40, 46-50; Hultgren, "The Johannine Footwashing (13.1-11) as Symbol of Eschatological Hospitality," 541-42.

위한 준비로 가장 자주 등장하고, 예상된 손님이나 지나가던 외인—이들은 여행 후 기운을 차릴 필요가 있었고, 주인과 함께 식사를 나누기 위해 적절한 준비가 필요했다—에 대한 환대 의무로도 언급된다.[43] 그러나 주인이 실제로 노예나 종이 아닌 경우, 예수가 종-주인의 역할을 맡아 제자들의 발을 씻은 것처럼(13:4-5) 주인이 손님의 발을 직접 씻는 경우는 아주 드물다.[44] 예수가 종-주인의 역할을 맡아서 자발적으로 자신을 낮춘 것은 베드로에게는 분명히 놀랍고 불편한 일이다. 제자가 스승보다 크지 못하고 종이 주인보다 크지 못하기 때문에(13:16) 어떤 면에서는 예수의 이런 행위는 "경악스러운 사회 관습 위반"이기 때문이다.[45] 베드로는 십자가 위에서 종의 죽음을 맞이할 예수의 구원하는 죽음을 포용하려면 예수가 자발적으로 노예의 섬김을 실행하는 것을 받아들여야 할 것이다.[46] 그러나 예수가 제자들의 발을 씻은 것은 자신이 십자가에서 시행할 신적 환대를 예상하는 표지다. 그리고 이 사건은 제자들에게 구원론적으로 필요한데 왜냐하면 예수가 "내가 너를 씻어 주지 아니하면 네가 나와 상관이 없느니라"(13:8b)라고 말하기 때문이다.[47]

이 진술은 구원의 필요조건을 제시하는 예수의 다른 "~하지 않는

---

43 Richard Bauckham, *The Testimony of the Beloved Disciple: Narrative, History, and Theology in the Gospel of John* (Grand Rapids: Baker, 2007), 192.

44 Ruth B. Edwards, "The Christological Basis of the Johannine Footwashing," *Jesus of Nazareth: Lord and Christ: Essays on the Historical Jesus and New Testament Christology*, Joel B. Green and Max Turner 편 (Grand Rapids: Eerdmans, 1994), 367-83 중 368을 보라.

45 Koester, *Symbolism in the Fourth Gospel*, 130.

46 Bauckham, *The Testimony of the Beloved Disciple*, 194.

47 Moloney, *Love in the Gospel of John*, 106.

다면" 진술과 일치한다(사람이 물과 성령으로 나지 아니하면[3:3-5], 인자의 살을 먹지 아니하고 인자의 피를 마시지 아니하면[6:53], 너희가 만일 내가 그인 줄 믿지 아니하면[8:24]). 따라서 예수가 식사 때 사랑의 환대를 실행한 것은 필수적인 십자가에서의 예수의 사랑—이는 제자들의 깨끗하게 함과 정결을 가져올 것이다—의 상징이다. 그리고 예수의 정체성과 운명을 공유한다는 것은 아마도 예수의 제자들이 하늘 아버지께 돌아가는 예수의 여정에서 그를 따를 것임을 암시한다(13:1-2, 14:1-4을 보라).[48] 변혁적인 기독교 세례 의식과의 유사성이 명백하다(특히 3:3-5, 고전 6:11; 엡 5:26; 히 10:22도 보라).[49] 더욱이 예수는 제자들의 발 씻음은 단 한 번만 발생할 필요가 있으며(13:10), 이 세족 행위가 제자들을 정화와 정결 상태로 이동시키는 변혁적 의식임을 분명히 밝힌다(13:10-11). 따라서 예수가 제자들의 발을 씻은 것은 놀라운 섬김과 겸손을 보여준 것일 뿐만 아니라, 예수가 자발적으로 십자가를 받아들이고 아버지에게 돌아가는 여정에서 자신의 신적 정체성을 드러냄으로써 자기 백성을 구원하는 믿을 수 없는 사랑의 전조가 된다. 놀랍게도 예수는 지금은 제자들이 자기가 하고 있는 일을 이해하지 못하지만, 이후에 십자가에서 ("그 일이 일어날 때에") 그들은 "내가 그인 줄(*hoti egō eimi*) 믿을 것이다"(13:19b)라고 선언한다. 예수의 신적 정체성은—자기 백성을 위한 십자가 위에서의 상상할 수 없는 사랑을 상징하는 행위인—예수가 제자들의 발을 씻은 행

48　Webster, *Ingesting Jesus*, 111-12. 보다 넓게는 G. C. Nicholson, *Death as Departure: The Johannine Descent-Ascent Schema* (Chico: Scholars Press, 1983)를 보라.

49　Thomas, *Footwashing in John 13 and the Johannine Community*, 97-106; Andrew B. McGowan, *Ancient Christian Worship: Early Church Practices in Social, Historical, and Theological Perspective* (Grand Rapids: Baker, 2014), 175-82.

동에서 밝혀진다. 멀로니는 "십자가를 예기(豫期)하는, 자신을 선물로 내어주는 이러한 사랑의 행위들을 통해 예수는 하나님의 사랑이 알려지게 한다"고 말한다.[50] 실제로, 요한복음은 일치와 친밀성, 그리고 아버지와 아들 사이에 공유되는 사랑의 결과로써 예수와 아버지가 친구로 묘사되는 개념을 갖고 있다(1:18; 3:35; 5:20; 10:17; 14:31; 17:1-2, 6-11, 24). 사랑, 신뢰, 그리고 하나님의 정체성에 관한 비밀 지식을 알려지게 하는 것, 이 모든 미덕들은 고대(및 현대)의 우정 개념과 궤를 같이한다. 요한은 아버지에 대한 아들의 관계가 예수가 자기 제자들에게 우정을 베푸는 토대임을 분명히 밝힌다.[51]

예수의 환대 행위는 예수의 제자들이 예수의 아버지 집으로 영접될 수 있도록 그들을 씻어준다(14:2).[52] 메리 콜러는 "세족에서의 환영 표시는 하나님의 가계 창설로서의 십자가 처형을…미리 가리킨다"고 말했다.[53] 아버지의 은혜로운 환대의 대리인으로서 발을 씻기는 예수의 사랑의 행위는 그의 제자들이 예수의 행적을 따를 수 있게 한다. 자기 아버지에게 돌아가는 예수의 여정은 사실 아버지의 집에 그의 제자들이 거할 처소를 마련하기 위함이다(14:3). 예수가 제자들의 발을 씻은 행동은 예수가 "너희는 내 친구"라고 한 말(15:14)의 토대이기 때문에

---

50 Moloney, *Love in the Gospel of John*, 109.
51 Culy, *Echoes of Friendship in the Gospel of John*, 129.
52 Hultgren, "The Johannine Footwashing (13.1-11) as Symbol of Eschatological Hospitality," 542.
53 Mary L. Coloe, "Welcome into the Household of God: The Foot Washing in John 13," *CBQ* 66, no. 3 (July 2004): 400-415 중 414-15. 그러나 나는 예수의 행위가 그의 여러 표적 중 하나로 해석되어야 한다고 생각하지 않는다.

"우정의 성례"다.[54] 예수는 자신의 친구들을 위해 자기 목숨을 내려놓았다. 예수는 모든 것을 자기 제자들과 나눴다. 예수는 그들에게 하나님의 정체성을 완전히 드러냄으로써 하나님의 모든 비밀을 알려준다. "너희를 친구라 하였노니 내가 내 아버지께 들은 것을 다 너희에게 알게 하였음이라"(15:15b). 4세기 후반 밀라노의 주교였던 암브로시우스는 예수와 그의 제자들의 우정에 대해 이렇게 말했다. "그러므로 참된 친구라면 아무것도 감추지 않는다. 주 예수께서 자기 아버지의 신비들을 다 털어놓았듯이 친구는 자기 마음을 다 털어놓는다."[55]

예수가 제자들의 발을 씻어준 것은 구원론적 행동일 뿐만 아니라 예수의 제자들의 사명도 규정한다. 제자들의 소명은 **이 사랑에 참여하여 이 사랑을 나누고**, 또 이 사랑을 세상에 매개하는 것이다. 제자들이 종이자 주인인 예수의 사랑의 환대를 경험한 것처럼 예수는 "내가 너희에게 행한 것 같이 너희도 행하게 하려 하여 본을 보였노라"라고 선언한다(13:15). 이 말은 제자가 그의 스승보다 크지 못하고 종이 그의 주인보다 크지 못하다(13:13, 16)는 예수의 아리송한 말을 설명해준다. 예수가 자신을 낮추어 자기 제자들에게 희생적인 사랑의 섬김을 보여줬다면, 제자들도 "서로의 발을 씻어 줌"으로써 예수의 본을 따라야 한다(13:14b). 이것이 세상이 계속 예수의 신적 정체성 계시(13:19)를 보게 하는 방법이다. 후에 예수는 자신의 사랑의 행위가 자신과 제자들 사이의 새로운 종류의 우정의 토대라고 선언할 것이다. 상상할 수 있는 가

54　Gail R. O'Day, "I Have Called You Friends," Christian Reflection (2008): 20-27 중 25-26.

55　Ambrose, On the Duties of Ministers, 3.22.135.

장 큰 사랑의 행동은 친구들을 위해 자기 목숨을 내주는 친구의 사랑인데, 예수는 곧 제자들을 위해 이 사랑을 실행할 것이기 때문에 "너희는 내가 명하는 대로 행하면 곧 나의 친구라"(15:14)고 말할 수 있다. 그 명령 또는 규정은 "내가 너희를 사랑한 것 같이 너희도 서로 사랑"함으로써 자신들이 예수의 친구임을 증명하는 것이다(15:12). 우정은 예수와 하나님 사이의 신적 사랑과 우정에 뿌리를 두고 있는데("아버지께서 나를 사랑하신 것 같이 나도 너희를 사랑하였으니", 15:9), 이제 예수의 제자들이 이 우정 관계에 포함된다.[56] 게일 오데이는 이를 다음과 같이 잘 표현한다. "예수는 궁극적인 친구였다—예수는 우리를 사랑해서 자기 목숨을 주었다. 이제 우리가 예수의 친구가 될 차례다. 이는 예수가 우리를 사랑한 것 같이 우리도 서로 사랑하는 것을 의미한다."[57] 교회의 사명은 십자가에서 예수가 보여준 사랑, 즉 노예들을 하나님의 친구로 변화시키는 사랑, 하나님의 정체성을 드러내는 사랑의 행동에 의해 시동된다. 제자들이 예수가 사랑했듯이 계속 사랑할 때 그들은 세상에 하나님의 임재를 알리게 된다.

---

56 John T. Fitzgerald, "Christian Friendship: John, Paul, and the Philippians," *Interpretation* 61, no. 3 (July 2007): 284-96 중 284-86.

57 O'Day, "I Have Called You Friends," 24. Jürgen Moltmann, "Open Friendship: Aristotelian and Christian Concepts of Friendship," *The Changing Face of Friendship*, Leroy S. Rouner 편 (Notre Dame, IN: University of Notre Dame Press, 1994), 35에 실린 글.

인간 존재의 의미와 교회의 사명

교회의 사명은 이를 통해 하나님으로부터 소외되고 서로 간에도 소외된 인간에게 생명과 구속을 베푸는 하나님의 환대에 참여하는 것이다. 우리는 제4복음서에서 인간이 생명을 얻도록 그들에게 하나님의 환대를 제공함으로써 하나님을 알리는 것이 예수의 사명임을 보았다. 이는 요한복음의 근본 주제, 즉 예수를 통해 인류에게 생명을 주려는 하나님의 계획의 하나다. 하나님의 선교는 외인 중심 신학이다. 하늘에서 온 외인인 예수가 하나님과 생명에서 멀어진 인간들 가운데 거처를 삼고 거주하기 위해 자기 집을 떠나 이 땅에 내려온 데서 볼 수 있듯이 말이다.[58] 예수는 굶주리고 목마른 인간들과 하나님의 환대를 나누기 위해 의도적으로 다양한 환대 시나리오 안으로 들어간다. 결혼 잔치 하객으로서, 우물에서 물 긷는 사마리아 여인과 대화를 시작하는 낯선 유대인으로서, 빵과 물고기로 많은 무리의 허기를 채우는 식탁 제공자로서, 전복적으로 종의 모습을 취하여 제자들의 발을 씻기는 스승으로서 말이다. 스미스는 다시금 이에 대해 "우리의 반응을 유발하는 성육신적 충동은 우리에게 빵과 포도주와 물을 제공해서 우리의 믿음을 육성하는 실제적인 방식들로 그의 몸 안에서 계속된다"고 진술한다.[59] 실제적인 환대 요소들을 나눌 때 외인들이 먹고, 마시고, 참 생명을 만날 수도 있

---

58   Amos Yong, *Hospitality and the Other: Pentecost, Christian Practices, and the Neighbor* (Maryknoll, NY: Orbis, 2008), 131. Dean Fleming, *Why Mission? Reframing New Testament Theology* (Nashville: Abingdon, 2015), 69-70도 보라.
59   Smith, *You Are What You Love*, 112.

는 공간으로 들어갈 가능성이 형성된다. 예수가 인간에게 제공하는 환대 요소들—포도주·물·빵·집·우정—은 인간 삶의 실제적이고 필수적인 요소들이다. 음식, 음료, 거처, 우정이 없이는 아무도 살 수 없다. 그러나 예수가 제공하는 하나님의 환대는 초월과 궁극적 의미에 대한 보다 심오한 갈구, 곧 하나님과 함께하는 삶에 대한 갈구를 만족시켜준다. 우리가 하나님의 환대를 경험할 때, "만족할 줄 모르는 인간의 욕망은 예수의 몸과 피를 섭취하는 가운데 하나님의 풍성한 은혜 속으로 흡수된다."[60] 하나님의 환대 체험에는 확실히 하나님에 **대한 지식**이 포함되지만, 하나님의 환대에 대한 요한의 비전은 그의 청중이 하나님과 그 아들 예수를 살아 있는 인격체로서 체험적이고 관계적으로 알도록 압박하는 것이다. 그래서 요한은 하나님의 환대가 모든 인간이 번영을 위해 갈구하고 필요로 하는, 생명을 부여하는 체험적 실재—물·포도주·빵·집·우정—을 통해 매개된다고 말한다.[61]

요한복음은 다른 사람들을 초청해서 하나님의 환대를 경험하게 하는 것이 교회의 사명을 나타내는 한 방법이라고 제안한다. 예수가 환대 시나리오 안으로 들어가 사람들에게 환대 관행의 거의 모든 요소들을 통해 생명을 경험할 수 있는 전도의 기회를 제공하듯이 말이다. 달리 말하자면 우리가 포도주, 생수, 빵, 예수와의 우정을 생명을 주고 구원하는 예수의 임재로 경험했다면, 예수는 어쩌면 우리로 하여금 생명을 갈

---

60 William T. Cavanaugh, *Being Consumed: Economics and Christian Desire* (Grand Rapids: Eerdmans, 2008), 54.
61 요한복음이 인간의 성육신 경험을 표현하기 위해 자주 오감(伍感)을 사용하는 것은 인상적이다. Dorothy Lee, "The Gospel of John and the Five Senses," *JBL* 129, no. 1 (Spring 2010): 115-27을 보라.

구하는 자들이 포도주를 새 언약의 포도주로, 빵을 생명의 빵으로, 물을 생수로, 섬김을 자신의 목숨을 내어주는 주인의 섬김으로, 그리고 집을 우리의 하늘 집에 대한 기대로 경험하도록 초대함으로써 그들과 신적 환대를 어떻게 나눌지 생각해보도록 요구하는지도 모른다. 예수를 통해 하나님의 환대를 경험한 사람들은 이제 생명을 찾고 있는 다른 사람들과 이 환대를 나누는, 하나님의 환대를 베푸는 대리인들로 변화된다. 우리는 이 점을 요한복음 13장에서 이미 보았다. 거기에서 예수는 자신의 사절단으로서 자신의 희생적인 사랑의 양상을 따라 다른 사람들에게 하나님의 환대를 베풀 제자들에 대한 "본"으로서 그들의 발을 씻는다(13:20). 우리는 요한이 이 행위를 사용하여 제자들이 종과 학생에서 친구로 바뀐 제의적 변화를 묘사하는 것을 보았다. 그리고 예수와의 이 우정이 제자들로 하여금 다른 사람들에게 우정을 베풀 수 있게 한다.[62] 크리스틴 폴과 크리스토퍼 호이어츠는 이를 다음과 같이 명확하게 진술한다. "예수는 우리에게 우정을 제공하는데, 이 선물은 놀라울 정도로 전복적인 선교 틀을 형성한다. 하나님의 우정의 선물에 대해 감사하는 반응은 동일한 선물을 다른 사람들—가족이든 외인이든, 동료든 노숙하는 어린이든—에게 제공하는 일을 포함한다.[63] 장 바니에의 저작들과 라르슈 사역—발달 장애인들과 그들을 돌보는 사람들이 공동체에서 친구로 함께 사는 세계적인 주거 공동체 사역—은 예수의 사랑과 우정의 선물이 어떻게 무조건적 사랑·섬김·우정의 언약 안에서 결속된 **친**

---

62 O'Day, "I Have Called You Friends," 26.
63 Christopher L. Heuertz and Christine D. Pohl, *Friendship at the Margins: Discovering Mutuality in Service and Mission* (Downers Grove, IL: InterVarsity Press, 2010), 30.

구 공동체를 만들어내는지 증언한다.⁶⁴ "보호시설, 정신병원, 거절당하고 완전히 버려진 상황" 출신의 사람들이 라르슈 공동체에서 "죽음에서 부활로, 비통에서 신뢰로, 외로움에서 공동체로, 절망에서 희망으로 [이동하는 것을 경험한다]." 마찬가지로 돕는 사람들은 약하고, 상처 받고, 취약한 사람들과의 관계에서 사랑과 우정 그리고 자신의 취약점과 필요를 발견함으로써 생명과 기쁨을 경험한다.⁶⁵ 전 세계 거주 공동체에 구현된 장소·교제·상호성·섬김이라는 이 비전은 예수의 우정과 사랑의 선물이 그렇지 않았더라면 서로 소원해질 사람들 사이에 새롭고 놀라운 형태의 우정을 만들어낸다는 믿음에 뿌리를 내리고 있다.⁶⁶

요한복음 13-17장의 일관된 주제들 중 하나는 교회가 아들의 사명을 공유한다는 것이다.⁶⁷ 그리고 아들이 환대 요소들을 통해 구원을 주는 하나님을 아는 지식을 공유해서 우리로 하여금 생명을 얻게 해주었다면, 우리는 (라르슈 공동체에서 목격하는 우정과 같은) 다른 사람들과의 환대 관계가 구원을 주는 하나님의 임재를 다른 사람들과 공유하는 신실하고 유익한 방법이라는 점을 신뢰해야 한다. 요한복음은 하나님의 환대를 경험한 사람들에게 우리가 식사와 환대의 만남을 나눌 수 있는 사람들을 찾아서 그들에게 하나님의 환대를 받은 우리의 삶을 나누도

---

64 요 13-15장이 라르슈 공동체에 얼마나 중요한지에 대해서는 Jean Vanier, *The Scandal of Service: Jesus Washes Our Feet, L'Arche Collections* (Toronto: Novalis, 1998)를 보라.
65 이 주제는 Vanier의 저작들 전반에 스며 있지만 여기서는 Jean Vanier, *An Ark for the Poor: The Story of L'Arche* (Toronto: Novalis, 1995), 109를 보라.
66 Vanier, *Community and Growth*, 93-95.
67 이에 대해서는 특히 Andreas J. Köstenberger, *The Missions of Jesus and the Disciples according to the Fourth Gospel: With Implications for the Fourth Gospel's Purpose and the Mission of the Contemporary Church* (Grand Rapids: Eerdmans, 1998)를 보라.

록 초대하고, 다른 사람들이 구원하는 하나님의 환대를 만나는 기회로서의 빵, 포도주, 물, 집과 섬김의 참된 의미를 설명할 수 있는 방식들에 주의를 기울이도록 요청한다. 달리 말하자면 요한복음은 외부인들에게 구원을 주는 하나님의 환대를 시행할 목적으로 우리의 예배, 교회 공간, 예전**뿐만 아니라** 우리의 삶과 가정도 개방하는 형태의 선교적 환대를 권장한다.[68] 교회의 예배·예전·성례를 통해 "우리는 우리에게 가능한 최고의 탁월함은 하나님에게 사랑받고 하나님을 사랑하는 삶, 하나님이 우리의 유익을 도모하고 우리를 기뻐하듯이 하나님의 유익을 추구하고 하나님의 아름다움을 기뻐하는 삶이라는 것을 배운다."[69] 교회는 또한 우리가 우정을 배울 수 있는 장소이기도 하다. 우리는 사도행전의 초기 교회가 복음전도적인 환대의 형태에 헌신했고 교회가 사도들의 가르침과 빵을 떼는 일에 전념한 것을 통해 하나님이 매일 교회에 새로 믿는 사람들의 수를 더했다는 것을 살펴보았다(행 2:42-47). 폴 워델은 기독교인들의 우정의 목표는 하나님을 예배하는 사람들이 하나님 나라를 구현 및 선포하고 이를 통해 하나님의 선교를 이어나갈 공간을 만드는 것이라고 제안한다.[70]

교회가 생명의 빵과 생수 그리고 신적 우정이 지금 경험되는 장소라면, 복음전도적인 환대에 헌신된 사람들은 방문객들과 외부인들에

---

68 이에 대해서는 특히 다음 문헌들을 보라. Patrick R. Keifert, *Welcoming the Stranger: A Public Theology of Worship and Evangelism* (Minneapolis: Fortress, 1992); Robert E. Webber, *Celebrating Our Faith: Evangelism through Worship* (San Francisco: Harper and Row, 1986).
69 Wadell, *Becoming Friends*, 27.
70 Wadell, *Becoming Friends*, 15-37.

게 우리의 예배 공간을 개방함으로써 생명을 주는 이러한 실재들을 확장하려 할 것이다.[71] 교회는 생명을 주고 변화를 가져오며 계시적인 그리스도의 임재를 경험했으며 **또한** 부활한 예수로부터 성삼위 하나님이 세상에 알려지게 하는 자신의 사명을 이어나가도록 위임받은 공동체다. 교회는 우리의 습관·욕망·갈망·지식이 자신 안에 생명이 있는 삼위일체 하나님을 향하여 개조되는 곳이다.[72] 그러니 교회는 분열되어 있고 불완전하기는 하지만, 교회의 공적인 예배의 삶—음악, 고백, 친교, 선포된 말씀—에 그리스도의 환대가 나타나기를 기대해야 하며, 따라서 교회는 교회의 공적인 삶이 기독교인이 아닌 사람들에게 하나님의 환대를 드러낼 수 있는 방법들을 모색해야 한다. 인간이 된다는 것이 부분적으로는 생명을 찾아 갈망하고, 사랑하고, 욕망하는 피조물임을 의미한다면, 요한복음은 우리로 하여금 우리의 욕망이 소비주의, 오락, 여가, 많은 재산에 생명과 기쁨이 있다는 거짓된 약속에서 돌이켜 오직 하나님의 환대와 우정 가운데서만 발견되는 참 생명으로 방향을 전환하게 되는 곳은 바로 교회의 공적 삶—의식·예전·말씀—이라고 믿도록 요구한다.[73]

---

71 Yong, *Hospitality and the Other*, 134-38.
72 이에 대해서는 Smith, *You Are What You Love*, 57-8 1을 보라.
73 우리의 욕망의 방향을 재설정해주는 예배에 대해서는 Mark Labberton, *The Dangerous Act of Worship: Living God's Call to Justice* (Downers Grove, IL: InterVarsity Press, 2012), 37-40을 보라.

토론 문제

1. 당신의 욕망은 무엇을 지향하는가? 무엇이 당신에게 의미·기쁨·만족을 주는가?

2. 당신이 가장 원하는 것을 성공적으로 그리고 완전히 달성한다면, 그것이 당신을 참으로 행복하게 해 줄 것이라고 생각하는가? 왜 그렇게 생각하는지 설명해보라.

3. 요한복음에 따르면 인간의 삶의 의미와 목적은 무엇인가?

4. 예수는 왜 빵·물·포도주·우정·집과 같은 실재적이고 물리적인 요소들을 사용해서 자신의 정체성을 드러내는가?

5. 요한복음의 목적 중 하나가 선교와 전도라면(요 20:30-31), 요한복음은 어떻게 우리로 하여금 복음전도적인 환대를 시행하도록 권면하는가?

2부

인간의 환대

4장

환대와 세상: 종족주의 극복하기

환대를 실천할 때 독자 중 일부가 경험했거나 지금까지의 내 주장에 대해 반대했을 수도 있는 한 가지 위험은 우리는 주인이고 다른 사람들은 그저 손님일 뿐이라는 잘못된 믿음이다. 달리 말하자면 권력과 특권 의식을 가지고 있는 우리는 다른 사람들이 언제나 우리가 베푸는 환대의 수혜자들로 생각할 유혹을 받는데, 그렇게 생각하면 우리는 그릇된 우월감을 갖게 될 수 있다. 에이미 오든은 이 위험에 대해 명확히 묘사한다. "동정심과 다른 사람들의 삶을 개선하려는 욕망은 좋은 것이며 때로는 하나님의 감동으로 사람의 마음에 주어진다. 그러나 주인이 자신을 도와주는 사람으로 보는 것은 매혹적이고 심지어 위험하기도 하다. 선의의 환대 행위가 생색내기로 바뀌고 자신의 필요도 보지 못하며 외인의 진정한 정체성이 그리스도라는 점도 보지 못하게 된다."[1] 그러나

---

1 Amy G. Oden, *And You Welcomed Me: A Sourcebook on Hospitality in Early Christianity* (Nashville: Abingdon, 2001), 109.

성경은 자주 하나님의 백성이 주인일 뿐만 아니라 손님이라고 지적한다. 즉 그들은 때로는 서로의 손님이고 언제나 하나님의 손님이다. 이번 장과 다음 장은 성서가 하나님의 백성이 어떻게 외인들 앞에서는 배우고, 수용하고, 겸손하게 행하는 사람이자 **또한** 하나님의 손님으로서는 하나님의 환대에 계속 의존하는 사람으로서 좋은 손님의 역할을 구현하도록 명령하는지 탐구할 것이다.

오늘날 세상에서 작용하고 있는 종교 역학에 대한 조사에서 마틴 마티는 이렇게 주장한다. "서로를 괴물처럼 여기는 신앙 공동체들의 갈등은 세상에서 가장 불안정하고 호전적인 영적 또는 반-영적(anti-spiritual) 폭발물이 되었다. 전세계적으로 사람들은 대개 신의 이름으로 자신들이 다른 사람들보다 우월하다고 규정하는 급격한 운동에 모여들고 있다."[2] 빈번히 종교적 타자는 자신의 문화와 사회를 파괴하는 존재, 자신의 종교적 충성과 가치를 위협하는 존재, 그리고 잠재적 폭력 행위자로 여겨진다. 실제로 우리는 종종 강렬한 종교적 헌신이 전쟁과 폭력적 극단주의, 그리고 세계적인 테러와 원인으로 연결된다는 말을 듣는다.[3] 그리고 서로 다른 종교 공동체들은 서로에 대한 관계 설정에 실제적인 어려움을 겪고 있다. 종교적 헌신이 종종 (적어도 부분적으로는) 세계의 많은 내전과 국제 전쟁에 책임이 있다.[4] 이스라엘과 이집트, 초기 기

---

2 Martin E. Marty, *When Faiths Collide, Blackwell Manifestos* (Malden, MA: Blackwell, 2005), 6.
3 그러나 William T. Cavanaugh, *The Myth of Religious Violence* (New York: Oxford University Press, 2009)를 보라.
4 이에 대해서는 Philip Jenkins, *The Next Christendom: The Coming of Global Christianity* (Oxford: Oxford University Press, 2002), 163-90을 보라.

독교와 로마 제국, 또는 십자군 전쟁 당시의 기독교인들과 무슬림들을 생각해보면 알 수 있듯이 신앙 공동체들이 서로에게 부과해온 갈등과 위협은 극도로 널리 퍼져 있다. 따라서 종교적 타자를 사랑하고, 그들과 우정을 나누고, 그들에게 환대를 베푸는 일은 어쩌면 오늘날 기독교인들이 직면하고 있는 가장 벅찬 상황 중 하나일 것이다. 기독교인들이 다른 종교 신자들과 참된 우정을 나눌 수 있는가? 기독교인들은 일반 사회와 세상에 제공할 수 있는 유익한 무언가를 가지고 있는가? 이런 질문들은 보다 근본적인 일련의 질문들에 의존한다―기독교인들은 타종교를 믿는 사람들과 의도적인 우정을 추구**해야 하는가?** 마찬가지로, 기독교인들과 교회들은 일반 세상에 유익을 주고 그들을 섬기도록 요구되는가? 성서는 기독교인들이 세속적인 세상이나 종교적 타자에 환대를 베풀거나 그들과 교제하는 것에 관해 제한과 경계를 두라고 권고하는가?

신약성서 저자들은 자주 기독교인들이 외인들에게 선을 행하고, 보복을 삼가고, 평화를 추구하며 모든 사람들 앞에서 좋은 평판을 유지하라고 격려한다(예컨대 눅 6:27-36; 롬 12:14-13:7; 고전 10:32; 갈 6:10; 살전 3:12; 5:15; 벧전 2:12; 3:13-17). 특히 바울 서신에서 발견되는 **모든 사람에게 선을 행하라**는 빈번한 반복어는 모든 사람들이 옳고 그름, 선과 악에 대한 토대 또는 가치를 **어느 정도** 공유하고 있음을 가정하는 듯하다. 그러나 종교적 타자들과 의미 있는 우정을 나누는 데 대한 도전과 잠재적 장애물 중 하나는 서로 양립할 수 없는 믿음, 특히 예수라는 인물에 관해 양립할 수 없는 믿음이다. 처음부터 기독교 신앙은 편협하고 배타적이라고 비난 받아왔다. "예수는 주"(롬 10:9-10; 고전 8:4-6)라는 배타적 주장과 "내가 곧 길이요 진리요 생명이니 나로 말미암지 않고는 아버지께로 올 자가 없느니라"(요 14:6)라는 예수의 진술로 인해 어떤 형태의 종교 다원주의도 엄격히 금지된다고 여겨진다. 사도행전은 기독교인이 종교적 타자와 만나는 이야기를 들려주는데, 저자는 이 이야기를 초기 기독교인들이 예수를 주(Lord)로 선포하거나 신들에 대한 이교의 신앙에 도전할 때 발생하는 갈등과 때로는 폭력을 강조하는 방식으로 묘사한다(행 12:20-23; 14:8-18; 16:16-18; 19:1-40).[5] 아울러 베드로전서의 수신자들이 자신들을 "조상이 물려준 헛된 행실에서" 대속함을 받은 자들로 여겼음에 비춰볼 때(벧전 1:18, 1:6; 4:1-4도 보라), 그들이 경험한 박해는 놀라운 일이 아니다. 베드로가 이방인들의 이교도 종교에서의 이전 삶의 방식을 "헛되다"고 언급하는 것은 초기 기독교인들이 그리스도 안에 있는 사람들과 다른 모든 사람들 사이에 존재한다고 보았던 배타적 대조(예컨대 다음 구절들을 보라. 고전 6:9-11; 엡 2:1-3, 12; 골 3:5-8)를 정확히 반영한다는 점은 의심의 여지가 없지만, 이 묘사는 자기 조상의 관습과 종교에 여전히 헌신하고 있는 사람들을 묘사하는 방식만큼이나 가혹하다.[6] 초기 기독교인들은 "민족들의 신들은 **악마들**"(히브리어 성서에는 악마들 대신 "우상들"라는 표현이 쓰이고 있음)이라고 주장한 시편 96:5의 그리스어 번역본(70인역은 95:5)을 읽었는데, 루크 존슨의 주장처럼 이 구절은 사실상 "모든 이교도 종교를 깡그리 악마의 영역으로"

---

5 이에 대해서는 Susan Garrett, *The Demise of the Devil: Magic and the Demonic in Luke's Writings* (Minneapolis: Fortress Press, 1989)를 보라.

6 바울의 교회들과 외인들 사이의 구별의 중요성과 이 구별을 바울의 윤리적 격려에 사용하는 것에 관해서는 David G. Horrell, *Solidarity and Difference: A Contemporary Reading of Paul's Ethics*, 2판 (London: Bloomsbury T&T Clark, 2016), 147-82를 보라.

위치시켜 놓았다.[7] 이 번역은 고린도전서 10:19-21에서 이교도의 제사를 귀신에게 바치는 것으로 여기는 바울에게 거의 확실히 영향을 주었을 것이다.

그리스도에 대한 우리의 배타적 충성과 그리스도가 하나님을 완전히 계시한다는 고백은 타협되거나 희석되지 않아야 한다. 그러나 오직 예수만 주라는 고백이 필연적으로 종족주의, 즉 기독교인이 아닌 사람들을 적대적으로 거부하는 형태의 "종교적 종족주의"로 이끄는가?[8] 궁극적 실재에 대한 견해가 이렇게 다른데 모든 사람에게 실제로 선을 행할 수 있는가? 기독교 신앙 밖에 있는 사람들과 의미 있는 **우정**을 나누거나 서로 친밀한 형태의 환대와 식탁 교제를 나누는 것이 적절한가? 만일 그렇다면, 어떻게 깊은 우정을 나누면서 **동시에** 다른 종교적 헌신과 가치들을 다룰 수 있는가? 종교적 타자와의 우정은 단지 은밀한 복음전도를 위한 기회일 뿐인가?

아모스 용은 "기독교 선교란 우리가 하나님의 환대에 참여하는 것 이상도 이하도 아니다"라고 주장했다.[9] 용이 의미하는 바는 하나님의 선교는 하나님이 원수들과 외인들을 자신과 화해시키기 위해 자기 아들을 외인으로 보낼 정도로 하나님의 환대를 구현한다는 것이다. 그 결과 기독교인들은 심지어 "다른 사람들과 화해하고 나아가 그들이 하나

---

7   Luke Timothy Johnson, *Among the Gentiles: Greco-Roman Religion and Christianity*, ABRL (New Haven: Yale University Press, 2009), 2.

8   이에 관하여는 Martin E. Marty, *The Public Church: Mainline-Evangelical-Catholic* (New York: Crossroad, 1981)을 보라.

9   Amos Yong, *Hospitality and the Other: Pentecost, Christian Practices, and the Neighbor* (Maryknoll, NY: Orbis, 2008), 131.

님과 화해할 수 있도록 다른 사람들을 위해 우리의 목숨을 버리기까지 할 정도로" "외인들을 사랑하는 신적 환대"를 구현한다.[10] 우리는 요한복음에서 예수의 사명은 잃어버린 바 되고, 굶주리고, 목마른 사람들이 생명을 얻도록 그들에게 신적 환대를 제공함으로써 그들에게 하나님을 알리는 것임을 보았다. 그리고 우리는 누가복음에서는 예수가 죄인들, 버려진 자들, 소외된 자들을 하나님 나라로 환영하는 하나의 수단으로서 그들과 함께 식사하는 것을 보았다. 나는 바울이라는 인물도 종교적 타자들에게 하나님의 환대를 구현하고 시행하는 수단으로서 의도적으로 종교적 타자들의 손님 역할을 하는 것으로 묘사된다고 제안한다. 이번 장에서 나는 사도행전과 고린도전서에 나오는 두 텍스트를 논의의 출발점으로 삼는다. 나는 이 두 텍스트가 성서의 다른 어떤 텍스트보다 기독교인으로 하여금 **기독교인이 아닌 사람의 손님** 역할을 하라고 격려하고, 이로써 우리의 기독교 신앙을 공유하고 있지 않는 사람들과의 우정과 교제 그리고 선교를 요구한다고 믿는다. 신약성서는 기독교인들로 하여금 **그들이 생명을 주는 예수의 임재를 만날 것이라는 희망**을 품고서, 그리고 의미 있는 우정과 타종교인들을 배려하는 유익한 관계 자체를 위해서 그러한 우정과 관계를 추구하라고 요구한다. 내가 종교 간 불화를 근절시킬 수 있는 방법을 제안할 준비가 갖춰져 있지는 않지만, 나는 기독교인은 종교적 타자에게 환대를 베풀고 **또한 그들로부터 환대를 받는**, 위험하고 어렵지만 그럼에도 보람 있는 일에 관여하도록 요구된다고 제안한다.

---

10 Yong, *Hospitality and the Other*, 131.

사도행전 27-28장에 나오는 종교적 타자와의 우정과 환대

바울과 이방 인물들 사이의 독특한 상호작용은 누가가 이를 통해서 그의 독자들에게 남기고 싶어하는 바울의 인상을 볼 수 있게 해준다.[11] 바울은 (누가는 자신의 저작을 바울로 마무리 짓는다) 종교적 타자들에게 유익을 주고, 기독교인이 아닌 사람들과의 우정과 의미 있는 관계를 맺고, 그들에게 환대를 베풀 뿐만 아니라 그들로부터 환대를 받는 인물로 묘사된다.

로마로 가는 배에 승선해서 바울이 제일 먼저 만나는 인물은 "로마 황제 휘하 부대의 백부장 율리오"다(27:1). 죄수 호송 책임을 맡은 로마 군인에 대한 언급은 용감한 군인과 충실한 시민이라는 고정관념을 촉진했을 수도 있지만, 그보다는 폭력적이고, 잔인하며, 죄수들의 질서를 유지하기 위해 기꺼이 무력을 사용하는 로마 군인에 대한 고정관념이 더 친숙했을 수도 있다. 예컨대 로마 군인들은 배가 난파하자 죄수들의 탈출을 막기 위해 기꺼이 무력을 사용하려 한 것처럼 말이다(27:42. 눅 23:11도 보라).[12] 그러나 누가가 묘사하는 그 백부장은 전혀 폭력적이지 않다. 대신에 백부장에 대한 묘사는 아주 긍정적이다. 확실히, 누가

---

11 내 논거의 이 부분은 "Philanthropy, Hospitality, and Friendship," *Christian Reflection* (2015): 65-72 중 67-71에 나오는 논거의 일부를 채용했다. 나는 Joshua W. Jipp, *Divine Visitations and Hospitality to Strangers: An Interpretation of the Malta Episode in Acts* 28:1-10, NovTSup 153 (Leiden: Brill, 2013)에 자세한 후속 논의를 제공했다.
12 군인들에 대한 고정관념과 이 고정관념이 로마 백부장들에 대한 누가의 긍정적인 묘사를 이해하는 데 미치는 영향에 대해서는 Laurie Brink, *Soldiers in Luke-Acts: Engaging, Contradicting, and Transcending the Stereotypes*, WUNT 2.362 (Tübingen: Mohr-Siebeck, 2014)를 보라.

는 "율리오가 바울을 친절히 대하여 친구들에게 가서 대접받기를 허락했다"고 말한다(27:3). 폭력적이거나 잔인하거나 탐욕적이지 않은 그 군인은 고귀한 *philanthropia*(박애)의 미덕을 구현한다. 종종 친절, 인간에 대한 사랑, 관대함으로 번역되는 박애는 그리스의 가장 뛰어난 미덕 중 하나로 간주되었고 자비·친절·환대·온유의 행동을 통해 친분을 쌓고 유지하는 일과 종종 관련되었다. 박애를 보이는 것은 학식이 있고, 덕이 있고, 교양 있는 사람의 표식이었기 때문에 박애라는 용어는 흔히 피지배자들에게 은혜를 베풀어 박애를 보여준 통치자들에게 적용되었다.[13] 나중에 이 백부장은 배가 멜리데 섬에 좌초했을 때 모든 죄수들을 죽이려던 군인들의 계획을 저지해서 바울의 목숨을 구해줌으로써 바울에게 더 큰 친절을 베푼다(27:43). 이 백부장이 바울에게 친절을 베푼 동기는 설명되지 않지만, 취약한 죄수인 바울에 대해 친절을 베푸는 한 군인에 대한 이야기는 "독자의 기대를 혼란스럽게 한다." 왜냐하면 이 이야기는 이방인을 바울에게 호의적이고 취약한 자에게 자비의 행동을 보이는 인물로 제시하기 때문이다.[14]

바울은 율리오가 베푼 인정 많은 친절을 **받은 사람**일 뿐만 아니라, 한 배에 타고 있는 모든 이들의 구원을 확보해주는 하나님으로부터 보냄 받은 예언적 행위자다. 누가는 세 번에 걸쳐 바울이 승선자들의 안전을 제공하는 예언과 권고, 그리고 격려를 제공하는 것으로 묘사한다. 바울은 자주 배의 지도자들에게 항해가 위험하니 여행을 곧바로 재개하

---

13 다음의 연구를 보라. Mikeal C. Parsons, *Acts*, PCNT (Grand Rapids: Baker Academic Press, 2008), 367-70.
14 Brink, *Soldiers in Luke-Acts*, 124.

지 말라고 경고하는데(27:9-11), 태풍이 배를 침몰시키려 위협해서 그 예언이 성취된다(27:18-20). 이후 "구원의 여망마저 없어져 버린" 뒤에 (27:20), 바울은 하나님의 천사로부터 하나님이 바울이 로마에 안전하게 도착하게 해 줄 것이고 **또한** "[바울에게] 너와 함께 항해하는 자를 다 네게 주셨다"(27:24b)는 메시지를 받는다. 바울은 함께 승선한 사람들의 구원을 위한 하나님의 예언자적 도구이며, 하나님의 예언자로서 천사가 전한 메시지를 통해 배에 있는 모든 사람을 격려한다(27:25-26). 몇몇 선원들이 배가 바위에 부딪쳐 부서질 거라는 두려움으로 도망가려 할 때, 바울은 백부장에게 이 사람들이 배를 떠나지 못하게 하라고 조언할 수 있었다. "이 사람들이 배에 있지 아니하면 너희가 구원을 얻지 못하리라"(27:31). 리처드 퍼보가 "바울은 그들이 구원받은 원인이고 따라서 그들의 구원자다"고 말한 것처럼 말이다.[15] 누가는 여섯 번에 걸쳐 "구원하다"라는 형태의 용어를 사용해서 배의 동승자들과 바울의 구원 또는 안전을 지칭한다(27:20, 31, 34, 43, 44; 28:1).[16] 그리고 누가의 주요 주제 중 하나가 모든 사람을 위한 하나님의 구원임을 감안하면, 누가는 독자들로 하여금 하나님이 바울을 통해 선원들을 구조한 것을 이방인의 구원에 대한 은유로 간주하도록 의도하는지도 모른다.[17]

---

15 Richard I. Pervo, *Acts*, Hermeneia (Minneapolis: Fortress Press, 2009), 662.
16 이에 대해서는 Susan M. Praeder의 훌륭한 논문 "Acts 27:1-28:16: Sea Voyages in Ancient Literature and the Theology of Luke-Acts," *CBQ* 46, no. 4 (October 1984): 683-706을 보라.
17 누가-행전의 구원에 관해서는 다음 구절을 보라. 눅 1:47, 69, 71; 2:11; 2:30; 3:4-6; 6:9; 7:50; 8:12, 36, 48, 50; 행 2:21, 40, 47; 4:9, 12; 11:14; 13:47; 14:9; 15:1, 11; 16:30, 31; 28:28.

바울은 함께한 승선자들과의 식사를 주도하고 주인으로서 그 식사를 인도한다(27:33-38). 그리고 이를 통해 놀라운 방식으로 승선자들의 구원을 중재한다. 바울은 두 번에 걸쳐 모든 사람에게 "음식을 먹도록" 권한다(27:33, 34). 여기서 "떡을 가져다가 모든 사람 앞에서 하나님께 축사하고 떼어 먹기를 시작하는"(27:35) 바울의 행위는 확실히 누가복음에서 예수가 모든 백성과 식사를 나누는 것을 모방하고 있다(예컨대 다음 구절들을 보라. 눅 9:11-17; 22:14-27; 24:28-35). 예수의 식사의 특징이 포용성이었듯이, 바울과 승선자들 사이의 식사도 배에 타고 있는 "모든 사람"이 참여하는 특징을 보인다(27:33, 35, 36, 37을 보라). 누가는 이 식사의 목적이 "이것은 너희의 구원을 위하는 것"임을 분명히 밝힌다(27:34). 이 식사는 허기진 승무원들에게 임박한 파선을 견뎌낼 수 있는 힘을 제공한다는 점에서 문자적으로 구원을 주지만, 누가는 자기 독자들이 이 식사를 죄수들이 이를 통해 하나님의 신적 환대를 공유함으로써 구원받게 되는, 하나님의 구원을 매개하는 것으로 보도록 의도하고 있는지도 모른다. 누가복음에서 예수가 죄인들과 함께한 식탁교제를 반향하는 요소들, "배에 있는 수는 전부 276명"이라는 언급(27:37) — 이는 독자들에게 누가가 앞에서 구원받은 "영혼"의 수를 언급한 것을 상기시킨다(2:41; 4:4) — 그리고 항해 내내 구원을 반복적으로 언급하는 점은 모두 "바울이 자신이 베푼 환대를 통해 이방인이 하나님의 구원을 맛보도록 허용하고 있으며, 이를 통해 누가는 이방인들이 하나님의 백성으로 편입되고 있음을 상징적으로 묘사하고 있다"고 암시한다.[18]

---

18   Jipp, *Divine Visitations and Hospitality to Strangers*, 256.

바울의 예언은 배가 부서지고 승무원들이 멜리데 섬에 상륙함으로써 성취된다(27:26; 27:44-28:1). 바울과 유대인이 아닌 사람들의 상호작용은 바울이 멜리데 섬 주민들로부터 놀라운 박애와 환대를 받는 사도행전 28:1-20에서 계속된다. 바울은 멜리데 섬 주민들에게는 완전한 외인이며 따라서 이는 잠재적으로 위험한 상황이다. 누가는 멜리데 섬 주민들을 "야만인들"이라고 부르는데(28:2, 4, 개역개정에서는 '원주민들'로 번역됨), 이로써 야만인들을 난파한 외인들에 대한 **냉대**와 연관시키는 널리 퍼진 문화적 함의가 작동된다. 예컨대 오디세우스는 항해 도중 새로운 땅과 그곳에 사는 사람들을 만날 때 종종 이렇게 말했다. "아, 나는 어떤 자들의 땅에 왔을까? 그들은 무례하고, 거칠고, 불의한 자들인가? 아니면 그들은 외인들을 환대하고 마음으로 신들을 경외하는가?"(호메로스, 『오디세이아』, 6.119-121)[19] 그러나 누가는 곧 **냉대**를 받을 것 같은 상황을 만들어놓고서 이를 뒤집어버린다. 즉 야만인들이 "우리에게 특별한 동정을 하여" 불을 피워 죄수들을 따듯하게 해주었다(28:2). 더욱이 저명한 그리스 도덕가들에 따르면 파선한 외인들에게는 환대에 대한 답례로 제공할 수 있는 수단이 없기 때문에 그들이 죄수들에게 베푼 친절은 미덕의 극치다. 다시 말하지만, 야만인들이 궁핍하고 취약한 자들에게 베푼 박애는 멜리데 섬 사람들이 누가가 환대의 예로 제시하고 있는 인물들인 삭개오(눅 19:1-10), 고넬료(행 10:1-11:18), 그리고 루디아(행 16:11-15)와 동일 범주에 속해 있음을 보여준다.[20]

---

19 더 많은 예들은 Jipp, *Divine Visitations and Hospitality to Strangers*, 39-44, 257-59를 보라.
20 누가-행전 및 고대 지중해 세계에서의 환대와 관련된 풍성한 정보는 Andrew Arterbury, *Entertaining Angels: Early Christian Hospitality in Its Mediterranean Setting*, NTMon 8

바울이 독사에 물렸어도 무사했던 사건이 바울은 평범한 죄수가 아니라 신의 강력한 임재를 담고 있는 사람임을 드러낸 뒤에(28:3-6), 이로 인해 보블리오(멜리데에서 가장 높은 사람)는 현명하게 바울과 그의 일행들에게 환대를 베푼다. "그가 우리를 영접하여 사흘이나 친절히 머물게 했다"(28:7b). 바울에게 베풀어준 이 우정과 환대는 바울에게서 예수처럼 보블리오의 아버지와(28:8) 그 섬의 모든 환자들을 치유하는(28:9) 답례의 선물을 이끌어낸다. 이런 치유들에 대한 누가의 설명은 예수가 베드로의 장모를 치유하고(눅 4:39) 가버나움에서 치유 사역을 시작한 것(눅 4:40-41)을 상기시키며, 예수의 사역이 계속해서 땅 끝까지 퍼져나가고 있음을 암시한다.

이 일화는 멜리데 주민들이 바울과의 관계를 공고히 하는 것으로 마무리된다. "후한 예로 우리를 대접하고 떠날 때에 우리 쓸 것을 배에 실었더라"(28:10). 멜리데의 "야만인들"은 자신의 손님들이 여정의 다음 단계에 필요한 안전한 수송 수단을 제공함으로써 이상적인 주인의 속성을 보여주고 있는 데에서 볼 수 있듯이, 전혀 미개하거나 외인들을 환대하는 방식에 대해 무지하지 않다. 사실 누가는 그의 독자들로 하여금 멜리데 주민들이 그들의 환대를 통해 바울과의 정형화된 손님-우정 관계를 도출하고 있다고 여기도록 의도하는지도 모른다. 서로 다른 두 민족의 무리가 환대·선물·우정을 나눌 때, 그것은 종종 영속적 유대 관계—우정 또는 심지어 혈연관계가 없는 친족과 동등한 관계—를 형성

(Sheffield: Sheffield Phoenix Press, 2005)을 보라.

하는 것으로 여겨졌다.²¹ 그렇다면 멜리데의 야만인들은 그들의 **계속된 환대 실행**을 통해 바울과 친족 같은 유대 관계를 시작한 것으로 보인다.

바울은 하나님이 구원을 이방인들에게 보내시며 그들은 경청하고 수용할 것이라고 주장하는데(28:28), 로마 백부장 율리오, 바울이 그와 동승한 사람들과 함께 한 식사, 그리고 친절한 멜리데 야만인들의 예들은 독자들로 하여금 바울의 투옥과 죽음 이후에도 그의 유산과 선교가 계속될 것이라고 기대할 좋은 이유를 제공한다. 바울이 로마로 가는 여정 내내 이런 이방 인물들과 바울 사이의 박애, 상호 환대, 우정이 풍부하게 발견된다. 그렇다면 이 항해는 새로운 사람들을 만나는 데 개방적이었던 바울의 성품과 정체성에 대해 지속적이고 기억할 만한 인상을 제공하며, 수용적이고, 우호적이며, 친절한 이방인들에 대한 지속적인 인상을 제공한다.

우리는 누가가 바울이 멜리데 사람들의 문화적·종교적 논리 속으로 들어갔다고 묘사하는 것을 주목해야 한다.²² 누가는 바울이 멜리데 사람들을 조롱하거나 악마 취급한 것이 아니라, 그들의 문화적·종교적 논리 안에서 행동했다고 제시한다. 누가는 이국적인 섬사람들에 대한 근거없는 고정관념을 투사하지도 않는다. 그렇다고 누가가 현대의 관용적이고 다원주의적이며 불편한 부분을 걸러낸 신앙 이념을 갖고 저술한다는 뜻은 **아니다**. 또 누가가 기독교 메시지를 그리스-로마의 이교

---

21 사도행전(특히 베드로-고넬료 일화)을 이해하기 위한 의례화된 우정(손님-우정) 관습의 적절성에 관해서는 Walter T. Wilson, "Urban Legends: Acts 10:1-11:18 and the Strategies of Greco-Roman Foundation Narratives," *JBL* 120 (2001): 77-99를 보라.

22 이 단락은 Joshua W. Jipp, "Hospitable Barbarians: Luke's Ethnic Reasoning in Acts 28:1-10," *JTS* 68(2007)에서 채용했다.

도 신앙이 잘 받아들일 수 있는 사상이나 관습으로 (또는 그 역으로) 바꾼다는 뜻도 아니다.²³ 그러나 이는 누가가 비유대인들의 종교를 악마 취급하지 않으며, 실제로 비유대인들이 **그들 자신의 그리스-로마의 문화적·종교적 성향 가운데서도** 부활한 그리스도의 사절들에게 바르게 반응할 수 있다고 제시한다는 **뜻이다**. 우리는 이미 누가가 세 건의 일화들을 통해 바울에게 사심 없는 "친절" 또는 "호의"(*philanthrōpōs*, 27:3; *philanthrōpian* 28:2; *philophronōs*, 28:7)를 베푸는 비유대인들을 제시하고 있음을 보았다. 누가의 저작에서 소유를 나누고 외인들에게 환대를 베푸는 행위는 문자적으로 어떤 사람이 자기 백성을 찾아온 하나님을 영접했다는 데 대한 매우 긍정적이고 상징적인 묘사 역할을 한다는 점에 비춰볼 때, 멜리데 사람들이 이 두 행동에서 모범적으로 묘사되고 있는 것은 놀라운 일이다(28:2, 7, 10).²⁴ 여기서 중요한 점은 바울이 멜리데 사람들의 종교적·문화적 논리를 악마 취급하고 있지 않다는 점이다. 또한 바울은 그들의 합리성이 열등하다 해서 그들이 미신적이거나, 단순하거나, 연약하거나, 조롱당할 만하다는 태도를 보이지도 않는다. 대신에 누가가 묘사하는 바울은 멜리데 사람들의 신앙과 충성을 혼란에 빠뜨릴 때조차 그들의 문화적·종교적 논리—그들이 죄수들에게 친절을 베풀 수 있게 하고, 바울 안에서 역사하는 하나님의 강력한 임재를 인식하게 하고, 바울과의 우정을 시작하게 하고, 자기들의 소유를 바울 및 그와

---

23 이에 대해서는 특히 C. Kavin Rowe, "The Grammar of Life: The Areopagus Speech and Pagan Tradition," *NTS* 57, no. 1 (January 2011): 31-50을 보라.

24 누가-행전에서 소유를 나누는 것의 역할에 관해서는 Luke Timothy Johnson, *The Literary Function of Possessions in Luke-Acts*, SBLDS 39 (Missoula, MT: Scholars Press, 1977)를 보라.

함께 항해하는 자들과 나눌 수 있게 하는 논리—안에서 행동한다. 나는 누가 그리스-로마 종교를 지지한다고 주장하는 것이 아니다. 누가는 확실히 그렇게 하지 않으며, 등장인물들이 그리스-로마의 종교성의 여러 측면들을 비판하는 중요한 일화들을 제시한다(예컨대 12:20-23; 14:8-18; 19:8-40). 그러나 누가는 초기 기독교 운동이 그리스-로마의 종교성과 철학의 우수한 요소들을 최고로 구현하고 있음을 보여주기 위해 그리스-로마의 종교 담론들을 많이 사용한다. 그렇다면 "기독교인"들은 이교도 청중들의 종교적·문화적 논리 안에서 사역**하면서도** 그들에게 이스라엘의 메시아에 대해 배타적으로 충성하라고 요구해서 그들의 문화적·종교적 성향을 혼란에 빠뜨린다.[25]

좋은 손님으로서 복음 선포 및 구현

우리는 바울이 사도행전 27장과 28장에서 주인**이자 손님**의 역할을 하는 것을 보았는데, 바울은 에베소 교회 장로들에 대한 고별연설에서 자신이 복음을 "공중 앞에서나 각 집에서" 전했다고 선언한다(행 20:20). 바울이 자신의 선교 사역에서 얼마나 자주 손님 역할을 하는지를 감안하면 이는 전혀 놀라운 일이 아니다. 예컨대 바울은 루디아(행 16:11-15, 39-40), 빌립보 감옥의 간수(16:25-34), 야손(17:1-9), 브리스길라와 아

---

[25] 나는 Joshua W. Jipp, "Paul's Areopagus Speech of Acts 17:16-34 as Both Critique and Propaganda," *JBL* 131, no. 3 (2012): 567-88에서 바울의 아테네 연설과 관련하여 비슷한 주장을 했다.

굴라(18:1-4), 디도 유스도(18:7-8), 멜리데 사람들(28:1-2, 7-10), 그리고 로마에 살고 있는 유대인들(28:15)에게 손님이다. 사도행전 21장에서 밀레도에서 예루살렘으로 가는 여정 동안에 바울은 두로의 제자들(21:4-5), 돌레마이의 형제들(21:7b), 가이사랴의 빌립(21:8), 가이사랴의 구브로 사람 나손(21:15-16), 그리고 마지막으로 예루살렘의 형제들(21:17)의 손님이다.

바울의 편지들 속에도 바울이 스스로를 **좋은 손님**으로 묘사하고 있는 중요한 증거가 있다. 특히 고린도전서 9:19-23에서 바울은 모든 사람과 복음을 나누기 위해 환대의 맥락에서 **주인에게 자신을 맞추는 좋은 손님** 역할을 수용하는 것에 대해 자신이 이해하고 있는 바를 자서전적으로 이야기한다. 고린도전서 9:19-23에서 바울은 이렇게 말한다.

내가 모든 사람에게 자유로우나 스스로 모든 사람에게 종이 된 것은 더 많은 사람을 얻고자 함이라. 유대인들에게 내가 유대인들과 같이 된 것은 유대인들을 얻고자 함이요, 율법 아래에 있는 자들에게는 내가 율법 아래에 있지 아니하나 율법 아래에 있는 자 같이 된 것은 율법 아래에 있는 자들을 얻고자 함이요, 율법 없는 자에게는 내가 하나님께는 율법 없는 자가 아니요 도리어 그리스도의 율법 아래에 있는 자이나 율법 없는 자와 같이 된 것은 율법 없는 자들을 얻고자 함이라. 약한 자들에게 내가 약한 자와 같이 된 것은 약한 자들을 얻고자 함이요, 내가 여러 사람에게 여러 모습이 된 것은 아무쪼록 몇 사람이라도 구원하고자 함이니 내가 복음을 위하여 모든 것을 행함은 복음에 참여하고자 함이라.

다섯 번에 걸쳐 바울은 특정 무리의 사람들을 주께 인도하기 **위해** 그 사람들에게 자신을 맞춰주었다고("내가 ~이 되었다") 말한다. 이 발언은 적어도 두 가지 질문을 제기한다. 첫째, 왜 바울은 자신의 행위를 좋은 일, 즉 칭찬할 만하고 고결한 일이라고 제시하는가? 아마도 우리는 자기 동료에게 자신의 성격·선호 등을 끊임없이 맞춰주는 사람을 기만적이며 분명한 주관이 없는 사람이라고 생각할 수도 있을 것이다. 둘째, 바울이 "여러 사람에게 여러 모습이 된 것"(고전 9:22b)은 어떤 맥락에서 가능한가? 어디서 "유대인들" 또는 "율법 없는 자들"로, 또는 "약한 자들"로만 이루어진 획일적인 장소를 찾을 수 있을 것인가?

바울의 "내가 ~이 되었다"는 진술들은 바울 자신이 이상적인 손님으로서 주인에 어떻게 맞추었는지에 대한 묘사로 볼 때에만 이치에 맞는다.[26] 이는 바울이 어떻게 유대인, 이방인, 또는 사회적 지위가 낮은 사람들만 있는 곳에 있게 되었는지에 대한 정황을 설명해줄 수 있을 것이다. 환대 관습은 손님들이 주인이 제공하는 환대를 존중하고 이에 따르도록 요구했다. 이는 대개 주인이 무슨 음식과 음료를 제공하든 그것을 즐기고, 즐겁고 의미 있는 대화를 나누고, 어떤 식으로든 주인을 모욕하거나 창피를 주지 않고, 주인의 종교적·문화적 의식들이나 가치들을 존중하는 것과 관련이 있었다. 다양한 정황상의 지표들은 바울이 자신을 이상적인 손님이라고 말하고 있음을 보여준다. 첫째, 고린도전서

26　이에 대해서 특히 David J. Rudolph, *A Jew to the Jews: Jewish Contours of Pauline Flexibility in 1 Corinthians 9:19-23*, WUNT 2.304 (Tübingen: Mohr-Siebeck, 2011)를 보라. 고전 9:13-23을 바울의 "선교 원칙"으로 보는 Eckhard J. Schnabel, *Early Christian Mission*, 2 vols. (Downers Grove, IL: InterVarsity Press, 2004), 953-60도 유용하다.

8-10장 전체는 음식이라는 주제로 묶여 있으며, 이 음식 주제는 우리가 이미 보았듯이 얼마 지나지 않아 11:17-34에서 다시 다루어진다.²⁷ 둘째, 고린도전서 10:23-11:1은 9:19-23에 나오는 몇몇 주제들을 반복하고 있는데, 여기서 바울이 다루는 문제는 환대의 맥락에서 신자를 식사에 초대하고 있는 **불신자**에 명시적으로 집중되어 있다(고전 10:27). 셋째, 고린도전서 9:1-18에서 바울은 고린도 교회 교인들에게 자신이 그들로부터 사례비를 받기를 거절한 것과 자신의 선교비를 충당하기 위해 손수 일함으로써 자발적으로 자신을 낮추기로 한 결정을 설명한다.²⁸ 이 텍스트는 이후에 예수가 72명의 선교사들에게 선교시 어떻게 처신해야 하는지에 관한 지침을 제시하는 누가복음 10:1-16에 편입된 예수 전승 내용을 많이 반영한다.²⁹ 누가복음 10장과 고린도전서 9:1-23은 선교·음식·삶이라는 주제에 초점을 맞춘다. 예수가 선교사들에게 좋은 손님으로서의 적절한 행동에 관해 지시하는 누가복음 10:5-9을 간단히 살펴보면 바울의 주장을 보다 잘 이해할 수 있다.³⁰

어느 집에 들어가든지 먼저 말하되 "이 집이 평안할지어다" 하라. 만일 평

---

27 Peter D. Gooch, *Dangerous Food: 1 Corinthians 8-10 in Its Context* (Waterloo, Ontario: Wilfrid Laurier University Press, 1993).

28 육체노동자들의 사회적 지위에 관하여는 Ronald F. Hock, *The Social Context of Paul's Ministry: Testimony and Apostleship* (Philadelphia: Fortress Press, 1980); Dale B. Martin, *Slavery as Salvation: The Metaphor of Slavery in Pauline Christianity* (New Haven, CT: Yale University Press, 1990)를 보라.

29 Dale C. Allison Jr., *The Jesus Tradition in Q* (Harrisburg, PA: Trinity Press International, 1997), 104-19; Rudolph, *A Jew to the Jews*, 188-90.

30 이에 대해서는 특히 David Lertis Matson, *Household Conversion Narratives in Acts: Pattern and Interpretation*, JSNTSup 123 (Scheffield Academic Press, 1996)을 보라.

안을 받을 사람이 거기 있으면 너희의 평안이 그에게 머물 것이요 그렇지 않으면 너희에게로 돌아오리라. 그 집에 유하며 주는 **것을 먹고 마시라.** 일꾼이 그 삯을 받는 것이 마땅하니라. 이 집에서 저 집으로 옮기지 말라. 어느 동네에 들어가든지 너희를 영접하거든 너희 **앞에 차려놓는 것을 먹고 거기** 있는 병자들을 고치고 또 말하기를 "하나님의 나라가 너희에게 가까이 왔다" 하라.

이 순회 선교사들은 일반적인 손님들이 아니다. 왜냐하면 이들은 "주"의 사절로서 주님을 앞서 가면서 예수의 임재를 구현하기 때문이다(눅 10:1, 16). 그래서 예수는 집이야말로 하나님 나라가 선포되고 임하는 거룩한 장소이며 하나님 나라를 수용했다는 사실은 복음의 사절을 극진하게 영접하는 것을 통해 입증된다고 말한다.[31] 우리는 누가복음을 잘 알고 있고, 누가복음이 예수가 죄인들 및 소외된 자들과 식사한다고 묘사하는 것을 잘 알고 있다. 따라서 우리는 이 사절들이 예수의 사역을 특징짓는 것과 동일한 종류의 열린 식탁교제를 시행하고 있음을 알 수 있다(예컨대 눅 5:27-32; 19:1-10).[32] 달리 말하자면 예수가 심지어 함께 먹는 자들로 인해 탐식가요 주정뱅이라는 비방을 들을 정도로(눅 7:34) 자신의 주인들에게 맞추어주는 열린 식탁교제를 나누었듯이, 예수의 사절들도 친절한 영접을 받는다는 전제하에 그들이 누구로부터 환대를

---

31 특히 Matson, *Household Conversion Narratives in Acts*, 47-49를 보라.
32 이에 대해서는 David P. Moessner, *Lord of the Banquet: The Literary and Theological Significance of the Lukan Travel Narrative* (Minneapolis: Fortress Press, 1989), 139를 보라.

받을지, 무엇을 먹고 마실지에 대해 차별이 없어야 한다.[33]

그래서 바울은 자신이 사도로서 "먹고 마실 권리"가 있다고 선언한다(고전 9:4. 눅 10:7도 보라). "주께서도 복음 전하는 자들이 복음으로 말미암아 살리라 명하셨기" 때문에 바울은 그의 사역에 대한 대가를 받을 권리가 있다(고전 9:14. 눅 10:7도 보라). 바울이 고린도 교회 교인들에게 "불신자 중 누가 너희를 청할 때에 너희가 가고자 하거든 **너희 앞에 차려 놓은 것은 무엇이든지** 양심을 위하여 묻지 말고 먹으라"(10:27)고 말할 때 그는 자신의 행위를 반향하고 있음이 틀림없다. 달리 말하자면 신자는 주인이 불쾌하지 않도록 그 주인의 음식을 먹음으로써 좋은 손님이 되어야 한다. 이는 고린도전서 9:19-23에서 자기가 "유대인에게나 헬라인에게나 거치는 자가 되지 않도록"(10:32a) 좋은 손님으로서 주인에게 자신을 맞춘다는 바울의 주장을 이해하는 데 도움이 된다. 달리 말하자면 "내가 여러 사람에게 여러 모습이 되었다"(고전 9:22)는 바울의 주장은 바울이 여성·바리새인·죄인·세리와 함께 식사함으로써 하나님 나라를 선포했던 예수의 환대 관행을 기억하고 있음을 반영한다. 그래서 바울은 "내가 모든 사람에게서 자유로우나 **스스로 모든 사람의 종이 된 것은 더 많은 사람을 얻고자 함이라**"고 말한다(9:19). 달리 말하자면 바울은 자신의 자유를 사용할 권리가 있음에도 이 자유를 사용하지 않고(9:1-15a을 보라), 자발적으로 **모든 사람의 노예**가 된다. 바울의 자발적 자기비하와 모든 사람의 노예가 된 것은 예수의 가르침과 맥을 같이한다. "너희 중에 누구든지 으뜸이 되고자 하는 자는 **모든**

---

33 Rudolph, *A Jew to the Jews*, 185.

사람의 종이 되어야 하리라. 인자가 온 것은 섬김을 받으려 함이 아니라 도리어 섬기려 하고 자기 목숨을 많은 사람의 대속물로 주려 함이니라"(막 10:44-45).[34] 예수가 율법을 엄격하게 준수하는 바리새인들과 함께 식사했던 것처럼(눅 7:36-39; 11:37-41; 14:1-6), 바울도 "율법 아래에 있는 자들"(고전 9:20)의 관행에 자신을 맞춘다. 예수가 이스라엘의 종교 엘리트에게 멸시 받던 자들과 함께 식사했던 것처럼(눅 7:36-50; 15:1-2), 바울도 "율법 없는" 자들(고전 9:21)과 "약한 자들"(고전 9:22)인 주인들에게 자신을 맞춘다. 바울은 "약하심으로 십자가에 못 박히신"(고후 13:4. 고후 12:9-10도 보라) 분을 본받는 연장선상에서 약함을 포용한다. "약한 자들에게 내가 약한 자와 같이 된 것은 약한 자들을 얻고자 함이다"는 바울의 주장은 그가 예수를 스스로 자신을 낮추고, 우리도 자기의 부요함과 의로움을 나눌 수 있도록 수치와 예속 그리고 죄를 포용한 존재로 제시하는 구절들을 상기시킨다. 그렇다면 이제 고린도전서 9:19-23에서의 바울의 자기묘사와 그리스도가 자신을 낮춰 인간이 된 것을 표현하고 있는 바울의 "교환"(interchange) 텍스트 사이의 유사점에 주목해보라.[35]

---

34 이와 관련해서 Seyoon Kim, "Imitatio Christi (1 Corinthians 11:1): How Paul Imitates Jesus Christ in Dealing with Idol Food," *BBR* 13 (2003): 193-226 중 197은 매우 유용하다.

35 "교환"이라는 표현은 그리스도가 이를 통해 인간의 몸을 입어 자신을 인간과 동일시하고, 우리가 그의 영광스러운 혜택을 공유한다는 역학을 설명하기 위해 사용된다. Morna Hooker, "Interchange in Christ," *From Adam to Christ: Essays on Paul* (Cambridge: Cambridge University Press, 1990), 13-25에 실린 글을 보라. 다음 문헌들도 보라. Rudolph, *A Jew to the Jews*, 176-78; Horrell, *Solidarity and Difference*, 242-44.

그는 근본 하나님의 본체시나 하나님과 동등됨을 취할 것으로 여기지 아
니하시고 오히려 자기를 비워 종의 형체를 가지사 사람들과 같이 되셨고
사람의 모양으로 나타나사 자기를 낮추시고 죽기까지 복종하셨으니 곧 십
자가에 죽으심이라(빌 2:6-8).

그리스도께서 우리를 위하여 저주를 받은 바 되사 율법의 저주에서 우리
를 속량하셨다(갈 3:13a).

하나님이 죄를 알지도 못하신 이를 우리를 대신하여 죄로 삼으신 것은 우
리로 하여금 그 안에서 하나님의 의가 되게 하려 하심이라(고후 5:21).

우리 주 예수 그리스도의 은혜를 너희가 알거니와 부요하신 이로서 너희
를 위하여 가난하게 되심은 그의 가난함으로 말미암아 너희를 부요하게
하려 하심이라(고후 8:9).

이처럼 그리스도는 자발적으로 인간이 **되었고**, 노예가 **되었고**, 죽
기까지 복종하게 **되었고**, 죄로 **삼아졌고**, **가난해졌다**. 바울도 이처럼 교
회의 "더 연약한" 지체들을 다섯 번 언급하며(고전 8:7-13), 고린도 교
회에게 자발적으로 권리를 포기함으로써 그리스도의 낮아짐을 본받고
다른 사람들—그리스도가 이들을 위해 죽었다—을 배려하라고 요구한
다.[36] 바울도 이처럼 **자기의 모든 주인들에게 좋은 손님으로서 자신을**

---

36 Margaret Mitchell은 많은 초기 기독교 저자들이 고전 9:19-23을 신적 겸손에 대한

맞춘다. 이는 왜 바울이 고린도 교회의 재정 후원을 거절하는지 설명해 준다. 재정 후원은 바울을 피후견인 또는 재력가들에게 의존하는 자로 변화시키려 하기 때문이다.[37] 대신에, 바울은 자신의 유익을 구하지 않고 "그들이 구원을 받도록…모든 일에 모든 사람을 기쁘게 하려" 한다 (10:33). 바울은 자신의 모든 권리, 특권, 우선권들을 포기하고 대신에 모든 사람이 바울의 생명 안으로 들어 올 수 있도록 자발적으로 모든 계층의 사람들—약한 자들과 율법 없는 자들까지도—에게 자신을 맞춘다. 물론 이 생명은 그리스도의 생명에 다름 아니다. 왜냐하면 바울은 고린도 교회에 다음과 같이 권하고 있기 때문이다. "내가 그리스도를 본받는 자가 된 것 같이 너희는 나를 본받는 자가 **되라**"(고전 11:1). 실제로 이 구절은 자기가 "그리스도의 율법 아래에 있다"(고전 9:21)는 바울의 어구를 이해하는 데 필요한 모든 것일 수도 있다. 즉 이 말은 바울이 그리스도의 성품을 본받아 모든 사람들에게 타인에 대한 사랑과 신적 환대를 베풀고 있음을 의미한다.[38]

수사적 기법을 반영하는 바울의 묘사로 이해했음을 보여준다. Margaret M. Mitchell, "Pauline Accommodation and 'Condescension' (συγκατάβασις): 1 Cor 9:19-23 and the History of Influence," *Paul beyond the Judaism/Hellenism Divide*, Troels Engberg-Pedersen 편(Louisville: Westminster John Knox Press, 2001), 197-214에 실린 글을 보라.

37 이에 대해서는 다음 문헌들을 보라. Joshua Rice, *Paul and Patronage: The Dynamics of Power in 1 Corinthians* (Eugene, OR: Pickwick Publications, 2013); Peter Marshall, *Enmity in Corinth: Social Conventions in Paul's Relations with the Corinthians*, WUNT 2.23 (Tübingen: Mohr-Siebeck, 1987).

38 저자는 갈라디아서, 고린도전서, 그리고 로마서와 관련하여 *Christ Is King: Paul's Royal Ideology* (Minneapolis: Fortress Press, 2015), 43-76에서 "그리스도의 율법"이란 어구를 보다 자세하게 설명했다.

환대, 세상, 그리고 비기독교 신자들과의 교제

우리는 비기독교 신자들과의 관계에서 기꺼이 손님의 역할을 떠맡는 바울에게서 종교적 타자와 의도적으로 우정을 나누기에 관하여 많은 것을 배울 수 있다. 예컨대 사도행전 27:1-28:10을 기독교 성서로 읽는 사람들은 (관대한 주인으로서) 비기독교 신자들과의 우정을 창출할 환대와 친절을 베풀고 (수용적인 손님으로서) 이를 받아들이도록 도전 받는다. 이 텍스트에서 하나님의 선물—식탁교제, 함께 승선한 사람들의 구원/안전·치유—은 바울의 전유물로 쌓아두거나 유보되지 않고 바울 자신의 가족집단이나 종교 공동체에 속하지 않은 사람들과 아낌없이 자유롭게 공유된다. 더욱이 이러한 하나님의 선물은 반응을 필요로 하거나 요청하지 않고 공유된다. 바울은 로마 백부장의 친절을 주저 없이 받아들이고, 죄수들과 행복하고 자유롭게 식사를 나누며, 아무런 두려움 없이 보블리오의 집에 머물면서 그의 환대를 받는다. 누가는 이처럼 자기 독자들에게 바울이 모든 사람들에게 하나님의 구원을 전하는 수단으로 외부인들과 주인 및 손님의 관계를 맺는 모습을 전해준다. 실제로 누가는 교회에게 로마 백부장들, 죄수들, 야만인들이야말로 하나님의 구원이 전해졌고 전해질 사람들이며 그들은 우정·환대·박애를 받을 가치가 있을 뿐만 아니라 이런 덕목들을 최상으로 실천하고 주도할 수 있음을 보여주기 위해 이들에 대한 문화적 고정관념을 불러일으켜 이를 전복하고 있는 것으로 보인다.

오늘날 이와 동일한 메시지와 가치를 계속 구현하려는 교회들은 일반 세상을 섬김에 있어서 자신들의 재능과 자원을 어디에 그리고 어떻게 사용해야 할지 숙고해보아야 한다. 마찬가지로 사도행전 27-28장에 나오는 하나님의 말씀을 듣고 그 말씀으로 형성되고자 하는 교회들은 자신들이 소위 외부인들에게 의도적으로 신적 환대를 베풀고 그들과의 친교 관계를 만들어낼 기회들을 추구하고 있는지 성찰할 수 있을 것이다. 아마도 교회는 군인들·죄수들 그리고 민족적으로 "다른 이들"이 **여전히** 전복될 필요가 있는 문화적 고정관념들의 일부를 대변하고 있지는 않은지 성찰해야 할 것이다.

그러나 사도행전 27-28장의 메시지를 진지하게 받아들이려는 교회는 어떻게 그리고 누구에게 환대를 베풀지 성찰할 **뿐만 아니라**, 그들의 친구나 가족 관계망에 속해 있지 않은 타인들로부터 선물을 받고, 알아가고, 경험하기 위한 방법들도 모색할 것이다. 이는 사실 바울이 고린도전서 9:19-23에서 자신이 그렇게 하고 있고, 고린도전서 10:23-11:1에서 기독교인들에게 그렇게 하라고 요구하는 바다. 교회는 바울이 환대의 맥락에서 자신의 주인에게 기꺼이 자신을 맞추는 데서 많은 것을 배울 수 있다. 어느 정도 힘과 특권이 있는 기독교인들은 자기가 늘 주인, 즉 환대를 베풀고 제공하는 사람 역할을 해야 한다고 생각하는 유혹에 빠질 수도 있다. 그러나 이것은 자신은 힘을 유지하고 다른 사람의 가정·관습·의식·언어·리더십·예배관습에 자신을 맞추지 않으면서, 손님에게는 자신에게 맞추도록 요구함으로써 권력을 강화하려는 모종의 시도일 수도 있다. 결론적으로, 비기독교 신자들과의 관계에서 주인의 역할**과 특히 손님의 역할**을 수용하는 것이 어떻게 세상에서 그리고 세상을 향한 기독교 선교를 촉진시킬 수 있는지에 대해 몇 가지를 간략하게 제안하고자 한다.

1. 종교 간 환대와 우정 추구

기독교인들이 세상에서 그리고 세상을 향한 하나님의 선교를 공유할 수 있는 한 가지 방법은 타종교 신자들과의 의도적인 우정을 추구할 때 **손님**의 자세를 수용하는 것이다. 우리는 사도행전에서 바울이 멜리데 섬 사람들과 보블리오의 손님으로서 축복받고 대접받았음을 보았고, 고린도전서에서 바울이 자신의 권리와 특혜를 거부함으로써 모든 사람에게 복음의 좋은 소식을 구현하고 전할 수 있도록—예수의 가르침과 사역(예컨대 눅 10:1-16)에 뿌리를 둔—손님 역할을 수용하고 있음을 보았다. 바울이 손님 역할을 수용한 것은 우리가 보았던 보다 넓은 성경의 증언, 즉 기독교인들은 하나님의 손님이고 이 세상의 손님이라는 사실과 일치한다. 그렇다면 우리는 손님인 바울로부터 종교적 타자들과의 관계 및 우정에 관해 무엇을 배울 수 있는가?

첫째, 바울은 **단지 종교적 타자들과 같이 있다는 사실만으로** 자신이 오염되거나 더럽혀지는 것을 두려워하지 않았다는 명백한 사실을 언급할 필요가 있다. 종교적 타자의 특정 문화·음식·의식에 자신을 맞추고 "불신자 중 누가 너희를 청할 때에 너희가 가고자 하거든 너희 앞에 차려 놓은 것은 무엇이든지 먹으라"(고전 10:27)고 조언하기까지 한 것은 바울이 비기독교 신자들과 친밀한 관계와 우정을 맺음으로써 복음을 전하는 예수의 관습을 따르고 있음을 보여준다. 의심할 여지없이 환대를 제한할 상황들이 있다. 예컨대 바울의 융통성은 기독교인들이 이교도 신들의 제사에 참여하는 것이나(고전 10:19-21) 창녀와 성관계를 맺는 것(고전 6:13-20)에는 확장되지 않는다! 그러나 성경의 증언은 "우리를 이웃으로부터 고립시키기보다는 그들과 상호작용하는 것을 의미하는 흔쾌한 개방성"을 명령한다.³⁹ 기독교인들은 비기독교인 이웃들과 자신들의 이야기를 나누고 그들의 이야기와 경험에 귀 기울일 수 있는 개인적인 만남의 기회들을 찾아야 한다.⁴⁰ 이렇게 흔쾌한 개방성이 발생하기에 가장 적합한 장소는 아마도 종교적 타자와의 상호작용 시에 자신의 신앙과 종교 관습을 명확하고 감수성 있게 설명할 수 있는 서로의 가정일 것이다. 만일 환대가 외인을 자신의 공간으로 영접함으로써 그 타인에게 여지를 마련해준다면, 종교적 타자에 대한 환대 시에 자신의 기독교 신앙과 관습을 숨기거나 나누지 못할 이유가 없을 것이다.⁴¹ 역으로 기독교인은 비기독교인 친구로부터 그 친구의 신앙·의식·관습에 관하여 배울 수 있는 기회를 감사한 마음으로 수용해야 한다.⁴²

바울이 좋은 손님 역할을 포용한 것은 거의 확실히 자신을 초대한 주인들의 특정 문화와 의식, 그리고 심지어 종교적 논리 및 관습을 이해하고 그 안으로 들어가려는 의도적인 노력과 관련이 있었다. 한편으로, 바울은 기독교인이 비기독교인의 종교 관습에 관여하는 데 명시적인 경계와 한계를 정한다(예컨대 고전 6:12-20; 10:19-21을 보라). 다른 한편으로, 바울은 자신이 **기독교인이 아닌 사람들**의 집에서 그들의 특정 문화적·종교적 관습의 일부에 자신을 맞추었음을 분명히 밝힌다(고전 9:19-23). 확실히 종교적 타자들의 손님이 되기 위해 자신의 편안함

---

39 Yong, *Hospitality and the Other*, 125.
40 Marty, *When Faiths Collide*, 145.
41 이에 대해서는 특히 Lesslie Newbigin, *The Gospel in a Pluralist Society* (Grand Rapids: Eerdmans, 1989)를 보라.
42 이에 대해서는 Marty, *When Faiths Collide*, 128-32가 도움이 된다.

과 힘을 포기하는 데에는 위험이 따른다. 이는 그들의 환대를 받고, 그들이 주는 선물을 즐기며, 그들로부터 그들의 신앙과 의식 그리고 음식에 대해 배우는 것을 수반한다.[43] 아니면, 이는 기독교 신앙의 의미를 주인이 이해할 수 있도록 말과 행동으로 설명할 수 있는 기회를 찾는 것을 의미한다. 확실히 미국의 종교 환경은 큰 변화를 겪고 있으며, 이로 인해 많은 사람들이 심란해한다.[44] 나는 기독교인들이 성경적 신앙을 타협해야 한다고 주장하는 것은 아니지만, 북미의 기독교인들은 손님의 자세를 취해서 우리 사회의 다른 종교 신자들에 관해 배워야 한다.[45] 라민 사네는 기독교는 근본적인 신앙(유일신론, 예수의 신성 등)을 유지하면서도, 모든 문화가 하나님을 계시하는 잠재적 통로였다(그리고 지금도 그렇다)고 인정함으로써 비유대인 문화의 오명을 씻어주었다고 주장했다. 달리 말하자면 "모든 문화 위에 하나님의 은혜의 숨결이 드리워져서 열등함과 불합리성이라는 낙인을 씻어낸다."[46] 마찬가지로 존 플렛은 기독교 선포가 현지를 수용할 필요성을 다음과 같이 설명한다. "회심은 현지 문화유산과의 상당한 연속성을 요구하고 기독교 전통 자체의 확

---

43 Yong, *Hospitality and the Other*, 133: "그러므로, 기독교 선교사들은…자신들이 선물을 주는 자이면서 동시에 타종교를 믿는 자들의 선물을 받는 자라는 마음 자세를 가져야 한다."

44 이에 대해서는 특히 Robert P. Jones, *The End of White Christian America* (New York: Simon and Schuster, 2016)를 보라.

45 이에 대해서는 Peggy Levitt, *God Needs No Passport: Immigrants and the Changing American Religious Landscape* (New York: The New Press, 2007)를 보라.

46 Lamin Sanneh, *Translating the Message: The Missionary Impact on Culture*, 2판 (Maryknoll, NY: Orbis, 2009) 54를 보라. 다음 문헌들도 보라. Lamin Sanneh, *Disciples of All Nations, Pillars of World Christianity* (Oxford: Oxford University Press, 2008), 25-56; Andrew F. Walls, *The Missionary Movement in Christian History: Studies in the Transmission of Faith* (Maryknoll, NY: Orbis, 1996), 26-42.

장으로 이어진다. 다른 문화 환경에서 예수 그리스도에 대해 말하는 것은 그 문화에서 발견되는 정치·종교 영역을 포함한 다양한 질문과 자료 그리고 관용구에 이 메시지를 개방하는 것을 의미한다.[47] 그래서 (기독교 선교사뿐만 아니라) 바울도 **주인의 문화 또는 가정**의 실질적 형태에 자신을 적절히 맞춤으로써 복음을 구현하고 선포하며 전달한다.[48] 이처럼 주인의 문화의 특정한 문화적·종교적 형태들에 복음을 적응시키는 것은 이미 신약성서에서 찾아볼 수 있는데, 예컨대 요한이 예수를 (히브리어 및 그리스어에서 모두) "말씀"(the logos) 개념에 비추어 규명하는 구절이 이에 해당한다(요 1:1-3, 14). 누가복음에서 부활한 예수가 엠마오로 가고 있던 두 제자에게 나타나는 것을 변장한 신들의 방문이라는 유명한 그리스-로마의 이야기들에 비추어 기술되고 있는 것도 이에 대한 예다(눅 24:13-35). 나는 바울도 변신을 통해 선교 사역을 수행했다고 제안한다. 바울이 "모든 사람에게 모든 것이 된" 것은 손님으로서 복음을 나누는 형태로서 바울은 복음을 각 가정의 특정한 문화적·종교적 특징들에 적응시킨다. 이는 복음 구현의 수단으로서 주인의 문화적·종교적 논리에 공감하며 비판적으로 그 안으로 들어갈 능력뿐만 아니라 기꺼이 종교적 타자의 말을 경청하고 이해하는 능력도 필요로 한다.

바울은 자신이 기꺼이 손님의 역할을 떠맡는 것을 스스로 노예가 되어 섬기고자 했던 사람들의 유익을 위해 자신의 권리를 포기한 그리스도의 성품을 구현하는 수단으로 보았다. 달리 말하자면 바울은 손님

---

47 John G. Flett, *Apostolicity: The Ecumenical Question in World Christian Perspective* (Downers Grove, IL: InterVarsity Press, 2016), 261.
48 Sanneh, *Translating the Message*, 57-60.

역할을 할 때 주인의 집에서 그들에게 적절한 존중과 힘을 부여하기 위해 자신의 권리와 우선권을 거절한다. 현대의 복음 전도 및 선교에 있어서 자신을 내어주고 힘을 거부하는 그리스도의 자세를 구현하는 바울의 선교 전략이 매우 중요하다. 성경의 증언은 선교사들과 복음 전도자들이 자신의 주인(또는 주인의 문화)에게 손님과 외인이 되는 것의 주변성(marginality)과 모호한 특성을 수용하라고 권고한다.[49] 앤서니 기틴스는 이를 다음과 같이 진술한다.

> 만일 선교사들이 관리자, 독재자, 주도자 또는 개종시키는 자가 되려 하기보다는 **자신**을 **타인**으로서 보다 기꺼이 상황에 맞추려 한다면, 아마도 상호 관계는 책임감 있고 창조적인 이야기를 공유하는 데—따라서 참된 복음화에—지금까지 통상 그래왔던 것보다 훨씬 더 도움이 될 것이다.[50]

그러므로 하나님의 환대를 구현하는 하나의 측면은 우리의 주인들의 문화적·종교적 관례들을 존중하고 이해하기 위해 노력하는 것이다. 이는 거의 확실히 문화와 언어 공부 및 다른 사람들과 우정을 나누기 위한 적응 형태를 수반한다. 이는 "케이프타운 서약"이 선언하는 바와 같이 "기독교인들은 진지하고 정중하게 말해야 하며, 다른 사람들의 신앙과 관습에 대해 배우고 이를 이해하기 위해 경청해야 하고, 그들 안에 있는 진실한 것과 선한 것을 인식하고 인정하도록 권장됨"을 의미

---

49 Anthony J. Gittins, *Gifts and Strangers: Meeting the Challenge of Inculturation* (New York: Paulist Press, 1988).
50 Gittins, *Gifts and Strangers*, 115.

한다.⁵¹ 해롤드 넷랜드는 기독교인들은 종교적 타자들을 정중하고 공정하게 묘사해야 하고, 다른 사람들의 신앙과 종교 관습을 악마취급하기를 거부해야 하며, 비기독교 신자인 이웃들에 대해 공포와 혐오를 조장하는 발언들에 저항하며 이를 비판해야 함을 의미한다고 바르게 지적했다.⁵² 따라서 우리는 우정이 자라고 종교적 타자에 대해 그리고 종교적 타자로부터 배우는 수단이 되는, 공감하는 종교 간 대화가 매우 중요하다는 점을 외면하지 않아야 한다.⁵³ 또한 나는 기독교인이 아닌 사람들과 우정을 쌓음에 있어서 의도적으로 손님 역할을 하는 기독교인들은 **자신의 신앙**에 관해 뭔가 중요한 것을 배운다는 점을 발견하기를 기대한다. 1세기 유대인들에게 주된 종교적 타자인 **사마리아인**이 자비에 대한 이스라엘의 율법의 요구를 이행한 사람들의 화신으로 제시되고(눅 10:25-37), 누가-행전에서 외인들을 포함한 모든 이에게 돌봄을 제공하는 고결한 주인들이 **야만인들**이라면(행 28:1-10), 이 사실들은 우리에게 뭐라고 말하는가? 적어도 이는 하나님이 타종교인들을 사용해서 우리의 신앙에 관해 뭔가 신선한 것을 가르친다고 암시하는 것일 수도 있다.⁵⁴

51　Harold A. Netland, *Christianity and Religious Diversity: Clarifying Christian Commitments in a Globalizing Age* (Grand Rapids: Baker Academic, 2015), 239에서 인용함.

52　Netland, *Christianity and Religious Diversity*, 239.

53　Gerald McDermott and Harold A. Netland, *A Trinitarian Theology of Religions* (New York: Oxford University Press, 2014), 277-83.

54　Yong, *Hospitality and the Other*, 103.

2. 세상과 하나님의 선물 공유하기

우리의 다원화된 사회에서 기독교인들이 하나님의 환대를 구현할 수 있는 한 가지 중요한 방법은 하나님의 선물을 일반 세상과 나눌 방법을 적극적으로 모색하는 것이다. 하나님의 환대 구현은 예컨대 약자들과 취약계층 돌봄, 재소자 면회, 가난한 자들에 대한 음식 제공을 통해 일반 사회의 유익을 추구하는 데서 발견될 수 있다. 예컨대 우리는 누가가 바울이 병든 멜리데 섬 주민들뿐만 아니라, 배에 갇힌 276명의 비기독교 신자들의 안전·격려·영양섭취에 기여했다고 묘사한 것과, 초기 기독교인들이 그들이 함께 나눈 식사에 온갖 종류의 사람들을 포함시킴으로써 이를 통해 "주께서 구원받는 사람을 날마다 더하게 하신"(행 2:47b) 것을 보았다.

초기 기독교인들이 하나님의 선물을 세상과 아낌없이 나누었던 방법 중 하나는 죄수들을 돌보고 병든 자들과 죽어가는 자들을 도와주는 것 같은 구체적인 형태를 취했다. 로드니 스타크는 기원후 첫 5세기 동안 기독교의 급속한 성장과 확장을 촉진한 요인 중 하나가 기독교인들이 3-4세기에 창궐한 전염병에 걸린 **모든** 사람들을 돌보았기 때문이라고 주장하기까지 했다.[55] 에우세비오스는 로마 제국의 동부 지역에 전염병이 돌았을 때(기원후 312년경) 기독교인들이 차별없이 돌본 것을 아래

---

55 Rodney Stark, "Epidemics, Networks, and the Rise of Christianity," *Semeia* 56 (1992): 159-75. 다음 문헌들도 보라. Hector Avalos, *Health Care and the Rise of Christianity* (Peabody, MA: Hendrickson, 1999); Helen Rhee, *Loving the Poor, Saving the Rich: Wealth, Poverty, and Early Christian Formation* (Grand Rapids: Baker Academic Press, 2012), 128-31; Henry Chadwick, *The Early Church* (Harmondsworth, UK: Penguin, 1967), 56-58.

와 같이 기술한다(*Ecclesiastical History* 9.14).

기독교인들의 끝없는 열정과 헌신의 열매들이 모든 이교도들에게 명백해졌다. 이 끔찍한 재앙의 와중에 그들만이 가시적인 행동을 통해 그들의 연민과 자비를 증명해 보였다. 어떤 사람들은 하루 종일 쉬지 않고 죽어가는 자들을 돌보거나 죽은 자들을 매장했다. 돌보고 매장해야 할 사람의 수는 엄청났지만 이 일을 할 사람이 없었다. 또 어떤 이들은 도시 전역에 허수아비로 전락해버린 많은 이들을 집결시킨 후 그들 모두에게 빵을 나누어 주었다. 그래서 그들에 대한 칭찬이 모든 곳에 울려 퍼졌다. 그리고 모든 사람들이 기독교인들의 하나님께 영광을 돌렸으며 기독교인들만이 경건하고 진정으로 신앙이 있는 사람들이라고 고백했다. 기독교인들의 행동 자체가 말해주지 않는가?

『키프리아누스의 생애』(*The Life of Cyprian*)에서 폰티우스는 기원후 250년에 발생한 "키프로스 전염병" 기간 동안 카르타고의 주교가 회중에게 기독교인들과 이교도들 모두에게 자비와 자선을 베풀어야 한다고 어떻게 권면했는지 설명한다(*Life of Cyprian* 9).

이후에 그는 추가로 다음과 같이 말했다. 즉 우리가 신자들에게만 필요한 사랑의 돌봄을 베풀어 그들을 소중히 여긴다면 거기에는 훌륭한 것이 전혀 없지만, 세리나 이교도들보다 뭔가 더 나은 일을 해서 선으로 악을 이기고 신의 관용과 같은 관용을 베풀고 원수까지 사랑하는 사람, 주가 권고하고 권면하듯이 자기를 박해하는 자들의 구원을 위해 기도하는 사람은 완전해질 것이다. 하나님은 끊임없이 태양이 떠오르게 하고 씨앗이 자라도록 때때로 비를 내리는데, 하나님은 이러한 친절을 자기의 백성에게뿐만 아니라 이방인들에게도 베푼다.

에티오피아에서 시작되어 로마 제국 전역으로 확산된 치명적인 전염병이 적어도 15년간 지속되었고 엄청난 치사율을 기록했다. 위의 텍스트는 교회가 이교도와 기독교인을 차별하지 않고 병든 자들을 돌봐주었다는 주목할 만한 내용을 기술하고 있다. 기독교인들은 빈부를 막론하고 전염병에 걸린 자들을 돌보기 위한 조직적인 노력을 기울이도록 요청 받는다. 디오니소스 주교는 (기원후 260년경 알렉산드리아에서 창궐한 전염병의 영향을 묘사하면서) 당시 기독교인들이 환자들에게 베풀었던 돌봄을 아래와 같이 극찬한다(*Ecclesiastical History* 7.22).

우리의 형제 기독교인들 대부분은 몸을 사리거나 서로만을 생각하지 않고 위대한 사랑과 성실을 보여주었다. 그들은 위험에 개의치 않고 환자들의 보호를 떠맡아 그들의 모든 필요를 돌보고 그리스도 안에서 그들을 섬기면서 그들과 함께 평온하고 행복하게 이 세상을 떠났다. 그들도 병에 걸린 다른 이들에 의해 감염되어 이웃의 병을 자신들의 몸에 지고 기꺼이 고통을 받아들였기 때문이다.…그들은 기꺼이 성도들의 시신을 자기 가슴으로 들어 올려 그들의 눈과 입을 닫아주고, 자기 어깨로 장지까지 운반했다. 그들은 시신을 붙들고, 포옹하고, 씻긴 후 수의를 입혔다. 얼마 지나지 않아 그들에게도 같은 서비스가 행해졌는데 이는 남겨진 사람들이 계속해서 먼저 간 사람들의 전례를 따라했기 때문이다.

고대 세계에서 건강관리는 대개 개인에게 맡겨졌고 공공의 관심사로 여겨지지 않았다. 기독교의 원수 "사랑"과 "박애" 그리고 돌봄에 대한 믿음으로 인해 "전염병 치료에서의 사회적 책임 개념이 고전 세계에 도입되었다."[56] 당시 사회에 일반적으로 가난한 자들을 위한 공공 또는 민간 자선 기관이 없었다는 사실에 비추어보면, "…이교도들과 기독교인들 사이에 생성된 새로운 유대감으로 인해 기독교로 개종한 사람들이 많았기 때문에 전염병이 도는 동안 기독교인의 수가 증가했을" 가능성이 있다.[57] 병든 자들에 대한 교회의 돌봄도 대체로 예수의 치유 사역에 뿌리를 두었다. 아만다 포터필드는 이를 다음과 같이 잘 말했다. "환자를 돌보는 일은 초기 기독교 선교 활동의 독특하고 주목할 만한 특징이었다. 초기 기독교인들은 환자들을 돌봄으로써 그리스도의 치유 사역을 본받고, 그리스도의 지속적인 치유 능력에 대한 자신들의 믿음을 표현하며, 병마와 죽음에 직면해서 이교도의 두려움과 차별화되는 기독교인의 용기를 보여주었다."[58] 가난한 사람들에 대한 기독교의 돌봄은 궁핍한 사람의 부, 사회적 지위, 미덕을 따지지 않았다. 사실, 환자들에 대한 초기 기독교의 돌봄은 "복잡하지 않고 단순했다. 믿음과 기도는 효능이 있었다. 기독교인들이 제공하는 의료는 다른 모든 의료 체계와 대조적으로 무료였다. 이 돌봄은 누구에게나 차별 없이 주어지는 것

56　Gary B. Ferngren, *Medicine and Health Care in Early Christianity* (Baltimore: The Johns Hopkins University Press, 2009), 118.
57　Ferngren, *Medicine and Health Care in Early Christianity*, 121.
58　Amanda Porterfield, *Healing in the History of Christianity* (Oxford: Oxford University Press, 2005), 47.

이었다."⁵⁹

가난한 자들에 대한 교회의 차별 없는 돌봄은 병원뿐만 아니라 과부와 병자 그리고 가난한 자를 지원하는 구빈원(救貧院) 같은 기관들을 만들게 된 주요 요인들 중 하나였는데, 이런 기관들은 "그 기원과 개념에 있어서 자선과 박애라는 기독교 개념에 뿌리를 둔 독특한 기독교 기관"이었다.⁶⁰ 우리 기독교 역사의 중요한 자료들은 우리에게 오늘날 교회 밖에 있는 사람들에게 어떻게 하나님의 환대와 선물을 전달할 수 있을지 생각해보도록 격려할 수 있다.

죄수들을 방문하고 아프고 병든 사람들을 돌봐주었던 초기 교회의 관습 외에도, 나는 피터 모린과 도로시 데이에 대해 생각해본다. 그들은 마태복음 25:31-46의 "지극히 작은 자"에게 베푼 자비와 환대 행위가 사실은 예수에게 베푼 자비와 환대라는(즉 가난한 자들이 예수라는) 예수의 가르침에 영향을 받아 도피처와 돌봄 그리고 음식이 필요한 **모든** 사람을 섬긴(그리고 지금도 계속 섬기고 있는) 환대의 집을 설립했다.⁶¹ 나는 계획되지 않은 임신과 양육의 어려움을—이러한 사역을 통해 사귀는 친구들을 제외하면 종종 홀로—직면하고 있는 십대 미혼모들을 연민과

---

59 Willard M. Swartley, *Health, Healing and the Church's Mission: Biblical and Moral Priorities* (Downers Grove, IL: InterVarsity Press, 2012), 150.

60 Ferngren, *Medicine and Health Care in Early Christianity*, 124. 다음 문헌들도 보라. Susan R. Holman, *God Knows There's Need: Christian Responses to Poverty* (Oxford: Oxford University Press, 2009), 56-57, 60-62; Peter Brown, *Poverty and Leadership in the Later Roman Empire*, The Menahem Stern Jerusalem Lectures (Hanover, NH: University Press of New England, 2002), 33-43.

61 Christine Pohl, *Making Room: Recovering Hospitality as a Christian Tradition* (Grand Rapids: Eerdmans, 1999), 190-91; Gary Dorrien, *Social Ethics in the Making: Interpreting an American Tradition* (Malden, MA: Wiley-Blackwell, 2011), 366-68.

환영으로 돌보아주는 카리스프레그넌시 센터(Charis Pregnancy Center) 같은 기관들의 사역을 생각해본다. 나는 돌로레스미션 교회와 그들의 홈보이 인더스트리스 프로그램, 그리고 그들이 청소년에게 제공하는 일자리, 연민, 폭력배 재활 사역을 생각해본다.[62] 나는 세이프패밀리즈(Safe Families)처럼 고통 가운데 있는 가족들을 돌보고, 자원하는 호스트 가족들과 경제 상황이 좋지 않고 연고도 없는 부모들을 연결시켜주며, 그들의 자녀들이 부모에게 돌아갈 때까지 단기간 동안 자신의 집에서 돌봐주는 사역들을 생각해본다.[63] 부모들은 다양한 이유—실직, 치료, 수감, 학대하는 관계, 약물 오용, 재활 그리고 재정상의 어려움—로 자발적으로 이 기관에게 도움을 요청한다. 이 기관의 자원 봉사 가족들은 그들의 자녀들을 단기간 자신의 집에 머물게 하면서 돌봐주고, 자녀들 및 부모들과 의미 있는 관계를 발전시키려 한다.

나는 이번 장을 시작하면서 바울이 멜리데 주민들뿐만 아니라 승선한 죄수들과도 하나님의 선물을 아낌없이 자유롭게 나눴다고 지적했다. 하나님의 선물과 교회의 자원은 일반 세상의 반응이나 회개 또는 기독교적 미덕과 상관없이 그들을 섬기는 데 사용된다. 사도행전 27-28장이 들려주는 사건들, 예수의 치유 사역, 초기 교회가 온갖 부류의 사람들을 공동 식사 자리로 초대한 일(행 2장과 4장), 가난하고 소외된 자들에게 베푸는 친절과 자비의 행위가 예수에게 친절과 자비를 베푸는 행

---

62 이 사역에 대한 설명과 설립자가 말하는 힘있는 이야기들은 Gregory Boyle, *Tattoos on the Heart: The Power of Boundless Compassion* (New York: Free Press, 2010)을 보라.
63 Safe Families for Children, "Safe Families for children—the beginning." (flash video) December 9, 2015, 2016년 9월 4일 접속, https://vimeo.com/148396998.

위라는 믿음(마 25:31-46), 거의 죽어가는 사람에게 자비의 환대를 베풀어 율법을 성취하는 사마리아 사람에 대한 예수의 비유(눅 10:25-37), 병들어 죽어가는 자들에 대한 초기 교회의 돌봄과 의료 제공—이 모든 예들과 그 밖의 더 많은 예들은 교회가 성경적 환대의 유산을 계속하는 방법 중 하나는 하나님의 자비와 선물을 세상과 나눌 수 있는 창조적인 방법들을 추구하는 것이라고 제안한다.

토론 문제

1. "우리"가 언제나 주인이고 환대를 베푸는 사람들이라고 가정하는 것과 관련된 위험은 무엇인가? 다른 이들의 환대를 받는 손님의 역할을 취하도록 권고하고 있는 성서 텍스트는 무엇인가?

2. 기독교인들은 어떻게 타종교 신자들과 깊이 있고 의미 있는 관계를 맺을 수 있는가? 당신은 어떤 방식으로 이런 관계를 맺고 있는가? 당신이 타종교 신자들과 의미 있는 관계를 (많이) 맺고 있지 않다면, 이러한 관계를 맺지 못하도록 방해하는 요소는 무엇인가?

3. 성경은 타종교 신자들과의 우정에 어떤 제한을 두도록 격려하는가? 만일 그렇다면, 그런 제한은 무엇인가?

4. 예상치 못한 뜻밖의 사람이나 단체로부터 환대를 받았던 경험을 설명해 보라.

5. 다른 종교를 믿는 누군가가 (말이나 행동을 통해) 당신에게 당신 자신의 신앙에 관한 중요한 무언가를 가르쳐주었던 경험에 대해 설명해보라.

6. 저자는 이 장의 마지막 부분에서 초기 교회가 종종 하나님의 선물을 일반 세상과 나누고자 노력했다고 주장했다. 당신은 초기 교회가 치명적인 전염병에 걸린 사람들에게 의료적 돌봄을 제공한 데 대해 어떻게 생각하는가? 이 사실에 비춰볼 때 당신은 오늘날 교회들이 어떻게 세상에 유익을 줄 수 있다고 생각하는가?

5장

환대와 이민자: 외국인 혐오 극복하기

크리스틴 폴은 외인들은 "사람들에게 세상에서 안전한 장소를 제공해 주는 기본적인 관계들로부터 단절된 사람들이다. 가장 취약한 외인들은 가족·공동체·교회·직장 그리고 국가로부터 분리되어 있는 사람들이다"라고 말했다.[1] 이 정의는 대부분의 이민자들 및 난민들의 경험과 완벽하게 들어맞는다. 현재 미국에 약 1,100만 명에서 1,200만 명의 불법 이민자들이 거주하고 있는데, 이 중 약 절반이 멕시코 사람들이다.[2] 전 세계적으로 900만 명의 **강요된** 이민자들(또는 난민들)이 전쟁·박해·기근과 같은 이유들로 망명 허가를 받은 것으로 추정된다.[3] 이민의 구체적인 이유는 사람마다 다르지만, 시간을 내서 이런 이민자들의 이야기를 들어본 사람이라면 누구나 이들 대부분, 특히 불법 이민자들이나 취

---

1   Christine D. Pohl, *Making Room: Recovering Hospitality as a Christian Tradition* (Grand Rapids: Eerdmans, 1999), 13.
2   국제 이주에 관한 많은 정보는 http://www.migrationpolicy.org/를 보라.
3   Khalid Koser, *International Migration: A Very Short Introduction* (Oxford: Oxford University Press, 2007), 16-17.

업 비자 기간을 넘긴 사람들이 극심한 경제적 어려움 때문에 자신의 고국·가족·친구·문화를 떠났다는 것을 곧바로 깨닫는다.[4] 그리고 이러한 경제적 어려움들은 거의 언제나 이민자들이 통제할 수 없는 요인들—부패한 정부, 저임금 그리고 일자리·교육·건강 분야에서의 세계적 격차 확대(이 중 상당 부분이 부유한 국가들에 의해 수립된 공공 정책의 결과다)—들의 결과다.[5] 목적지 국가에 안전하게 도착하는 것은 이민자들이 직면하는 첫 번째 어려움들 중 하나다. 칼리드 코서는 해마다 약 2천 명의 이민자들이 북 아프리카에서 유럽으로 이주를 시도하다 사망한다고 지적한다.[6] 크리스틴 하이어는 미국-멕시코 국경에서 1990년대 이후로 미국 국경을 넘어서는 멕시코 사람이 24시간마다 한 명꼴로 사망한다고 추정한다.[7] 그들이 국경을 넘을 때 직면하는 많은 위협들—익사, 너무 많은 사람을 실은 위험한 화물칸에서의 질식사, 우발적이거나 불가피한 기차 사고에 따른 사지 절단, 비인간적인 조건하에서의 구금, 보호

---

4 개인적인 관계가 그들의 이야기를 들을 수 있는 최상의 방법이지만, 훌륭한 여러 영화들도 이민자들의 삶을 자세히 보여주고 있다. 예컨대 다음 영화들을 보라. *Dying to Get In: Undocumented Immigration at the US-Mexican Border*, 감독 Brett Tolley (Mooncusser Films, 2007); *Dying to Live: A Migrant's Journey*, 감독 Bill Groody (Groody River Films, 2005); *The Visitor*, 감독 Tom McCarthy (Overture Films, 2008). 다음의 웹 사이트를 통해, 내가 살고 있는 시카고에서 추방당한 Elvira Arellano와 이민 개혁을 위해 그녀가 계속 수행하고 있는 중요한 일도 보라. http://chicagoreporter.com/elvira-arellano-undocumented-immigrant-international-activist/#.VKdS62TF9sA.

5 Koser, *International Migration*, 28-33을 보라.

6 Koser, *International Migration*, 62.

7 Kristin E. Heyer, *Kinship across Borders: A Christian Ethic of Immigration* (Washington, DC: Georgetown University Press, 2012), 8; Daniel G. Groody, "Jesus and the Undocumented Immigrant: A Spiritual Geography of a Crucified People," *Theological Studies* 70, no. 2 (July 2009): 298-316 중 302-3.

나 법률적 대변 수단의 결여—은 많은 이주자들의 특징이다.[8] 거친 사막 지역의 남쪽 국경지대의 촘촘하고 종종 잔인한 치안 활동으로 인해, 많은 사람들이 현재 인도주의의 위기로 명명한 상황이 초래되었다.[9] 아프리카와 아시아로부터의 이주에 관해 조아키노 캄페제는 다음과 같이 말한다. 수백 년 동안 "여러 문명과 종교가 공존하는 공간이었고 여러 대륙에서 온 사람들의 교차로였던" 지중해가 "이미 수천 명의 아프리카와 아시아에서 오는 사람들을 집어삼킨 '괴물 바다'가 되었는데, 이는 '문명화된' 모든 유럽 국가들의 수치의 원인이 되어야 하는 상황이다."[10]

신변의 안전과 보호를 위협하는 이러한 위험 요소들에 더하여, 미국에 도착한 이주자들은 부당한 법률뿐만 아니라 종종 외국인을 혐오하는 말과 조치들로 인해 비인간화된다. 미국의 역사뿐 아니라 이민자들에 관한 현행 법률은 "이주자들이 법치와 사회화합, 그리고 미국의 경제적 건강에 위협적인 존재라는 개념을 널리 퍼뜨렸다."[11] 미국 특히 미국 남서부 지역에서 라틴아메리카계 사람들은 종종 미국에 불법적으로 체류하고 있다는 편견어린 시선 속에서 일상을 살아가고 있으며 그러한 편견으로 인해 당국의 끊임없는 치안활동에 직면해야 한다.[12] 우리

---

8   Heyer, *Kinship across Borders*, 9.
9   다음 문헌들을 보라. Miguel de la Torre, *Trails of Terror and Hope: Testimonies on Immigration* (Maryknoll, NY: Orbis, 2009), 특히 1장과 2장; Gioacchinno Campese, "But I See That Somebody Is Missing,'" *Ecclesiology and Exclusion: Boundaries of Being and Belonging in Postmodern Times*, Dennis Doyle, Pascal D. Bazzell, and Timothy J. Furry 편 (Maryknoll, NY: Orbis, 2012), 71-91 중 75에 실린 글.
10 Campese, "But I See That Somebody Is Missing,'" 75.
11 Heyer, *Kinship across Borders*, 17.
12 이에 관해서는 Jennifer Harvey, *Dear White Christians: For Those Still Longing for Racial Reconciliation* (Grand Rapids: Eerdmans, 2015), 183을 보라.

모두는 다음과 같은 말을 들어왔고, 어쩌면 우리 중 일부는 미국에 온 많은 이민자들—합법적인 이민자든 그렇지 않든—에 대해 다음과 같이 믿고 있을지도 모른다.

- 그들은 우리의 국가 안보를 위협한다.
- 그들은 범죄자들이다.
- 그들은 과도한 인구 증가로 환경 문제를 악화시킨다.
- 그들은 우리의 문화적 정체성을 위태롭게 한다.
- 그들은 세금을 내지 않으며 따라서 우리의 경제를 위협한다.
- 그들은 의료 체계에 악영향을 미친다.
- 그들은 미국 시민들의 일자리를 빼앗아가고 임금을 낮춘다.

존 스테이플포드 등이 보여준 바와 같이, 많은 사람들에게는 이러한 비난들이 과장되었거나 완전히 허위이며 "빈약한 분석"과 "저질 데이터 사용"에 의존하고 있다는 것이 문제가 되지 않는다.[13] 반(反)이민 수사(修辭)에서 작동하고 있는 요소는 거의 언제나 **공포**—타자가 오염시킬 것이라는 공포—다. 수잔나 스나이더는 영국의 상황과 관련하여 어떻게 이 공포가 세 가지 공통점—이민자들이 (언어·종교·법률·공유된 역사의식과 관련된) 국가의 문화 정체성을 변질시킬 것이라는 두려움,[14]

13　John E. Stapleford, *Bulls, Bears and Golden Calves*, 2판 (Downers Grove, IL: InterVarsity Press, 2009), 225; M. Daniel Carroll R., *Christians at the Border: Immigration, the Church, and the Bible* (Grand Rapids: Baker Academic, 2008), 49-62.

14　이에 대해서는 특히 Samuel Huntington, *Who Are We? The Challenges to America's National Identity* (New York: Simon and Schuster, 2004)를 보라.

이민자들이 (테러·폭력범죄·질병전파·마약밀매와 관련하여) 국가 안보를 위협할 것이라는 두려움, 그리고 이민자들이 (복지 및 의료와 관련하여) 경제와 국가 기관들에 피해를 줄 것이라는 두려움—에 초점을 맞추는지 상세하게 기록했다.[15] 이민자들은 "고정된 범주 및 안정된 정체성"을 붕괴시키고 와해시키는 존재로 간주되며 따라서 많은 사람들에게 매우 불안한 존재다.[16] 타자가 우리나라의 순수성을 오염시킨다는 두려움은 종종 오염으로부터의 보호와 사회 문제에 대한 비난 수단으로서 불합리한 온갖 민족적 고정관념과 희생양을 만들어 낸다.[17] 고정관념화는—우리 대 그들, 문명인 대 야만인, 도덕적인 사람 대 사악한 사람과 같은—여러 형태를 띨 수 있다.[18] 나는 "사회와 기독교 교회에게 참으로 경보를 발하는 것은…이민에 대한 대중의 논의가 도달한 야만성의 수준이다"는 캄피제의 말[19]에 동의한다. 이민자에 대한 수사는 혐오·의심·분노·공포로 가득 차 있다. 나는 최근에 미국-멕시코 국경을 넘으려는 사람들—이들 중 많은 이들이 여성과 아동들이다—에게 가해지고 있는 몇 가지 민족적 고정관념과 비방들을 목격했다. "불법 체류자들을 돌려보내라", "우리의 아이들을 질병에서 구해내라", "그들을 여기서 끌어

---

15 Susannah Snyder, "Fright: The Dynamics of Fear within Established Populations," *Asylum-Seeking: Migration and Church, Explorations in Practical, Pastoral and Empirical Theology* (London: Ashgate, 2012), 85-126에 실린 글. Koser, International Migration, 61도 보라.
16 Snyder, "Fright," 94.
17 고정관념과 희생양에 관하여는 Snyder, "Fright," 102-104를 보라.
18 Miroslav Volf, *Exclusion and Embrace: A Theological Exploration of Identity, Otherness, and Reconciliation* (Nashville: Abingdon, 1996), 57-64를 보라.
19 Campese, "'But I See That Somebody Is Missing,'" 78.

내라", "우리는 세금을 낸다", "너희는 이곳에서 환영 받지 못한다. 우리는 너희를 원하지 않는다. 너희 나라로 돌아가라." 결국 두려움과 민족적 고정관념은 추방, 폭력, 또는 비인간적인 입법을 통하여 타자를 배제하는 시도로 귀결된다.[20] 우리는 타자에게 열등한 지위를 할당함으로써 "그들이 우리의 이웃에 살지 못하게 하고, 특정 종류의 직업을 갖지 못하게 하고, 같은 급여나 존중을 받지 못하게 한다.…"[21] "우리는 우리나라를 지킬 필요가 있다. 우리는 우리의 국경을 보호할 필요가 있다"는 수사에 이러한 배타적인 관행들이 예시되어 있다. 그리고 현재 미국 국경을 순찰하는 데 사용되는 **폭력적인** 전술에서 이런 태도가 문자적으로 및 상징적으로 발견된다. 이민자들에 대한 신체적 공격, 이민자들을 테러리스트로 간주하기, 사회 복지로부터의 배제 등 이민자들이 어떻게 물리적·사회적 공격을 받고 있는지에 관한 많은 이야기를 들을 수 있다. 타자에 대한 두려움→민족적 고정관념→배제와 폭력이라는 이 순환은 계속 반복된다. 스나이더는 이 순환을 다음과 같이 잘 요약한다. "이주자들을 둘러싸고 있는 두려움의 생태계는 기존 국민들의 두려움이 대중매체의 부정적 담론과 공공연한 적대 행위, 그리고 제한적인 정책 및 조치들에 자양분을 제공하는 악순환이라고 묘사할 수 있다."[22]

성서를 진지하게 받아들이는 사려깊은 기독교인들이라도 최고의 공공정책이 무엇인지에 관하여 **동의하지 않을 수 있고 실제로 동의하지 않는다**. 그러나 나는 구약성서는 하나님의 백성으로 하여금 외국인

---

20 Volf, *Exclusion and Embrace*, 67.
21 Volf, *Exclusion and Embrace*, 75.
22 Snyder, "Fright," 116.

혐오적인 이민자 배제를 거부하고 오히려 이민자-외인들에게 환대를 베풀도록 요구한다고 제안한다. 하나님은 취약한 외인을 억압하는 사회를 강하게 책망하는 반면, 외인을 사랑하는 사람들은 의인들이며 하나님께 사랑받는다. 확실히 이민에 관한 책임 있는 정책 및 법률에 관해 많은 질문들과 문제들이 있다. 성서가 현대 기독교인들을 위한 구체적인 정책 처방전을 담고 있지는 않지만 이스라엘의 성서가 자신의 성서라고 주장하는 사람들은 **먼저 하나님의 말씀이 각 개인 및 사회가 이민자를 어떻게 대우해야 한다고 말하는지 경청하고 이에 반응해야 한다.**[23] 현대의 이주에 대해 생각할 때, 대부분의 기독교인들은 너무도 자주 성서가 이민자들에 대해 말하고 있는 내용이 아닌 경제적·민족적 가정들을 출발점으로 삼고 있다. 많은 미국 시민들이 실제로 범죄를 저지르고서 기소조차 되지 않은 불법 이민자에 대한 이야기들을 알고 있지만, 기독교인들에게는 성서가 뭐라고 말하는지가 출발점이어야 한다. 하나님의 백성들은 모든 종류의 외국인 혐오를 거부하도록 요구되는데, 이는 하나님이 이민자들을 사랑한다는 사실에 근거한다. 헨리 나우엔이 설명한 바와 같이, 우리의 적대감을 환대·환영·우정으로 전환하는 것이 우리의 소명이다.[24] 하나님은 이민자들을 보호하고, 지켜주고, 그들의 필요를 공급한다. 외인들에 대한 하나님의 사랑은 하나님이 이스라엘의 역사에서 이스라엘 백성들에게 손님-외인의 지위를 부여하고 그 안에서 역사했던 데서 나타난다. 이스라엘이 하나님 앞에서

---

23   이는 M. Daniel Carroll R., *Christians at the Border*의 많은 덕목들 중 하나다..
24   Henri J. M. Nouwen, *Reaching Out: The Three Movements of the Spiritual Life* (New York: Doubleday, 1975), 65-77.

영원한 이민자 신분이라는 사실은 하나님의 백성이 그들을 자신의 백성으로 따뜻하게 맞아들이시는 하나님의 환대에 의존한다는 진리를 끊임없이 환기시킨다. 달리 표현하자면 신적 환대는 인간의 환대를 이끌어낸다. 즉 하나님이 인간, 곧 "타자"를 자기와의 관계 안으로 환영하기 때문에 인간은 서로와의 관계에서 환대를 베풀도록 요구된다. 신은 식탁을 배설한 주인이고 인간은 손님이라는 측면에서의 신-인간 관계의 구조는 인간 상호간 환대의 관계의 토대다.

하나님에 대한 환대와 냉대: 창세기 18-19장

나를 포함한 이전 세대 자녀들은 기원후 1세기 로마 시인 오비디우스가 저술한 『변신』(*Metamorphoses*) 8.617-724에 수록되어 전해져 내려오고 있는 이야기인 「바우키스와 필레몬」이라는 동화를 기억할지도 모른다. 이 이야기에서 유피테르와 헤르메스 신은 인간들이 경건한지 사악한지 시험하기 위해 인간의 모습으로 변신한다. 오비디우스는 이 신들이 "휴식을 취하기 위해 일천 가정을 방문했으나 그 가정들 모두 그들을 맞아들이지 않았으며 오직 한 가정만 그들을 환영했다"고 이야기한다(8.628-30). 여기서 중요한 점은 신들이 인간을 시험하러 올 때, 경건한 반응은 변장한 외인들에 대한 환대이고 사악한 반응은 냉대라는 것이다. 이 매력적인 이야기 전체를 읽어볼 가치가 있지만, 우리의 목적상으로는 유피테르와 헤르메스가 늙은 바우키스와 필레몬으로부터 특별한 영접을 받은 뒤에 그들의 신적 정체성을 드러내고 이 부부에게 상과 복을 준다고 언급하는 것으로 충분하다. "우리는 신인데, 이 악한 이웃들은 마땅히 받아야 할 벌을 받을 것이다. 그러나 너희는 이러한 벌에서 제외될 것이다"(8.689-92). 이 이야기의 교훈은 간단하다—신들은 외인들에게 친절한 자들을 사랑하고 그 사람들에게 상을 준다. 반대로 신들은 불친절한 사람들을 미워하고 그 사람들에게 벌을 준다.

히브리서 저자가 그의 회중에게 "손님 대접하기를 잊지 말라. 이로써 부지중에 천사들을 접대한 이들이 있었느니라"(히 13:2)라고 말할 때, 오비디우스의 책에 나오는 것과 같은 이야기들은 외인에 대한 환영을 정당화한다. 이러한 사고가 우리에게는 낯설지 모르지만, 신적 존재—신·천사·예언자—가 인간의 경건을 시험하기 위해 외인으로 변장할 수도 있다는 믿음은 고대 세계에서는 아주 흔했다. 실제로 종종 *theoxenia* 또는 "신을 향한 환대"로 언급되는 이러한 이야기들을 고대의 성서 문헌과 비성서 문헌들 모두에서 많이 찾아볼 수 있다.[25] 이 이야기들은 외인들에게 친절을 베푸는 데 대한 **신학적** 근거를 제공하기 때문에 언제나 도덕적이지만, 이 이야기들은 또한 예측할 수 있으며 일반적으로 아래와 같은 세 개의 기본적인 문학 요소들을 포함하고 있다.

- 신적 존재는 인간의 경건을 시험하기 위해 여러 형태로 변장하고 인간을 방문한다.
- 인간은 환대 또는 냉대로 반응한다.
- 신들은 인간의 환대에 기초하여 복을 주거나 벌을 준다.

---

25 내 저작 *Divine Visitations and Hospitality to Strangers in Luke-Acts*, 59-130 전부를 보라.

대부분의 현대 기독교인들은 아마도 아브라함을 대개 행위와 별도로 믿음으로 하나님에게 의롭다 함을 받은 사람의 전형적인 예로 기억할 것이다(창 15:6; 롬 4:2-8). 그러나 대부분의 고대 유대교 및 기독교 해석자들에게는 아브라함은 그가 세 명의 방문자 형태로 나타난 야웨에게 이례적인 환대를 베푼 것으로 인해 주로 환대의 귀감으로 기억되었다. 우리는「클레멘스1서」저자가 아브라함의 믿음과 환대가 하나님이 노년의 그에게 아들을 준 이유라고 선언하고 있음을 보았다(클레멘스1서. 10:7). 그리고 필론과 요세푸스 모두 외인들에 대한 아브라함의 환대와 박애에서 드러난 하나님에 대한 그의 경건한 순종으로 인해 아브라함을 장황하게 칭찬한다(Philo, *Abraham* 60-116; Josephus, *Ant*. 1.191-200).²⁶ 이스라엘의 성서는 창세기 18-19장에서 환대에 관한 긴 이야기 두 개를 제공하는데, 이 이야기들은 신적 환대와 인간의 환대를 이해하기 위한 최초의 틀, 즉 하나님에 대한 인간의 관계와 타인들에 대한 인간의 관계를 한데 어우르는 경륜을 제공한다. 아브라함이 세 남성으로 변장하여 아브라함과 사라에게 아들을 약속하는 야웨를 만난 이야기(창 18:1-15), 아브라함이 소돔을 위해 하나님 앞에서 중재한 이야기(18:16-33), 그리고 하나님이 소돔과 고모라의 멸망으로부터 롯을 구한 이야기(19:1-29)들은 종종 느슨하게만 연결된 이야기들로 읽히지만, 창세기 18장과 19장은 문학적 기교와 신학적인 목적 차원에서 통합되어 있다. 즉 이 이야기들은 외인들을 향한 환대, 아브라함과 그의 가족의 존재,

---

26 추가로 Andrew J. Arterbury, *Entertaining Angels: Early Christian Hospitality in Its Mediterranean Setting*, NTMon 8 (Sheffield: Sheffield Phoenix Press, 2005), 59-71도 보라.

그리고 하나님의 사자들이라는 공통 주제로 같이 묶여 있다.[27]

"여호와께서 마므레의 상수리나무들이 있는 곳에서 아브라함에게 나타나시니라. 날이 뜨거울 때에 그가 장막 문에 앉아 있다가"(창 18:1)라는 해설자의 말로 독자는 즉각적으로 아브라함이 세 사람을 만난 것이 사실은 신의 방문이라는 단서를 얻는다. 이 이야기가 변장·변형·변신이라는 표현을 사용하지는 않지만, "여호와"(18:1)가 "세 사람"(18:2)의 형태로 나타난 것은 이 만남의 신비롭고 신현적인(epiphanic) 성격을 가리킨다.[28] 이 사람들이 먹고, 마시고, 기운을 차린 뒤에 지나갈 것이라는 아브라함의 기대와 주인이 손님들의 정체를 계속 모르고 있는 신적 방문의 일반적인 줄거리는 아브라함이 이 세 사람을 자신의 천막을 지나가는 평범한 외인들로 보았다는 것을 나타낸다. 따라서 이 이야기에서 우리는 아브라함의 행위와 이 사람들에 대한 대접이 여행하는 외인들에 대한 그의 전형적인 반응이라고 볼 수 있다.

해설자는 독자에게 아브라함의 첫 행위가 인지 행위라고 세 번 말한다. "**눈을 들어 본즉** 사람 셋이 맞은편에 서 있는지라. 그가 그들을 **보자**…"(창 18:2a). 요점이 아주 명백해서 길게 설명할 필요가 없다고 보일 수도 있지만, 외인에 대한 환대의 첫 번째 행동은 인지 행위라는 점에

---

27 거의 모든 창세기 주석들은 창 18장과 19장을 최종 형태의 텍스트에서 한 단위로 보며, 18장과 19장은 신적 방문과 환대라는 문학적 모티프로 함께 묶여 있다고 본다. 특히 John Van Seters, *Abraham in History and Tradition* (New Haven: Yale University Press, 1975), 215-16을 보라.

28 야웨의 방문에 관한 저자의 해설과 관련하여 문학적 복잡성 및 신비성은 창 18-19장 전체에 가득 차 있다. 특히 William John Lyons, *Canon and Exegesis: Canonical Praxis and the Sodom Narrative*, JSOTSup 352 (Sheffield: Sheffield Academic Press, 2002), 151-57을 보라.

주목하라. 먼저 환대가 필요한 외인을 보지 못한다면 환영을 베풀 수 없다.[29]

외인들을 본 아브라함은 서둘러 극진하게 융숭한 환대를 베푸는데, 서두름과 극진함은 아브라함의 특징이다. 환대의 일곱 가지 특징이 창세기 18:1-8절에 설명되어 있다.[30]

1. 아브라함이 외인들을 본다.
2. 아브라함이 즉시 달려가 외인들에게 인사한다.
3. 아브라함이 외인들이 환대를 받도록 초청한다.
4. 아브라함이 마실 물과 발 씻을 물을 제공한다.
5. 아브라함이 외인들을 그의 숙소에서 편히 쉬게 한다.
6. 아브라함이 음식과 음료를 준다.
7. 아브라함이 손님들의 여정을 지연시키지 않기로 약속한다.

신적 방문의 마지막 요소-계시와 보상-는 그 세 사람이 그들의 방문 목적을 밝히는 9-15절에 나온다. "내년 이맘때 내가 반드시 네게로 돌아오리니 네 아내 사라에게 아들이 있으리라." 그리고 "여호와께 능하지 못한 일이 있겠느냐. 기한이 이를 때에 내가 네게로 돌아오리니 사라에게 아들이 있으리라"(18:10a, 14). 세 남자를 자신의 장막으로 영접함으로써 증명된 아브라함의 경건은 아브라함과 사라에게 불가능한

29　Amy G. Oden, *God's Welcome: Hospitality for a Gospel-Hungry World* (Cleveland: The Pilgrim Press, 2008), 17-19는 이 점을 멋지게 강조한다.
30　Arterbury, *Entertaining Angels*, 59-60도 보라.

일을 하겠다는, 곧 노년의 그들에게 아이를 주겠다는 하나님의 확인으로 귀결된다.

많은 기독교인들은 자신들이 창세기 19장의 소돔과 고모라 이야기가 정확히 무엇에 관한 이야기인지 알고 있다고 생각할지 모른다. 즉 이 이야기가 성적 일탈(sexual deviance)에 관한 이야기라고 생각할 것이다. 그러나 사실 창세기 19장은 아브라함의 환대와 대칭을 이루는 이야기로서, 하나님이 취약한 외인을 학대하는 사회와 개인을 심판한다는 단순한 요점을 말하고 있다. 그 사람들이 소돔으로 가기 전에, 야웨는 소돔 사람들을 시험하고 조사하기로 결정한다. "소돔과 고모라에 대한 부르짖음이 크고 그 죄악이 심히 무거우니 내가 이제 내려가서 그 모든 행한 것이 과연 내게 들린 부르짖음과 같은지 그렇지 않은지 내가 보고 알려 하노라"(창 18:20-21). "부르짖음"이라는 말은 구약성서에서 압제받는 자들이 하나님이 정의의 남용을 보시고 자신들을 사악한 자들의 압제에서 구원하여 달라고 **부르짖을** 때의 신음을 가리키는 데 종종 사용된다(창 4:9-11; 출 3:7; 사 5:7). 예컨대 이스라엘 백성들은 이집트 사람들로부터 압제받는 가운데 하나님께 부르짖는다.

> 여러 해 후에 애굽 왕은 죽었고 이스라엘 자손은 고된 노동으로 말미암아 탄식하며 부르짖으니 그 고된 노동으로 말미암아 부르짖는 소리가 하나님께 상달된지라. 하나님이 그들의 고통 소리를 들으시고 하나님이 아브라함과 이삭과 야곱에게 세운 그의 언약을 기억하사 하나님이 이스라엘 자손을 돌보셨고 하나님이 그들을 기억하셨더라(출 2:23-25).

그렇다면 소돔의 중대한 죄는 모종의 사회 정의 남용과 관련이 있을 가능성이 매우 높아보인다.[31] 따라서, 하나님이 두 남자의 형태로 저녁에 소돔에 방문하자 소돔 사람들 중 어느 누구도 누가 봐도 취약한 이 두 외인들에게 관심을 두지 않는 것이 놀랄 일이 아니다(19:1a). 오히려 아브라함의 조카 롯이 "그들을 보고" 자기 삼촌 아브라함처럼 소돔 성문에서 그들에게 인사하고 그들을 자기 집에서 쉬도록 초대한다(19:1b-2a). 롯 자신이 "거류민"(19:9)이라는 사실은 소돔 사람들의 죄를 부각시키는데, 이는 이 외인들이 환영을 필요로 할 때 어디에서도 소돔 사람들을 찾아볼 수 없기 때문이다. 소돔 사람 중 누구도 이 두 사람에게 환대를 베풀지 않는다는 점은 이미 소돔에 대한 비난거리를 제공한다.[32] 롯의 환대는 아브라함이 그 사람들에게 베푼 환대를 상기시킨다.

1. 롯은 그 외인들을 보고 "일어나 영접하고 땅에 엎드려 절했다"(19:1).

2. 롯은 공손한 인사로 반응한다. "내 주여…"(19:2).

3. 롯은 그들을 자신의 집으로 초청한다: "돌이켜 종의 집으로 들어와 주무소서"(19:2).

4. 롯은 발 씻을 물을 제공한다(19:2).

5. 롯은 그의 손님들의 여정을 지연시키지 않기로 약속한다(19:2b).

---

31 추가로 Weston W. Fields, *Sodom and Gomorrah: History and Motif in Biblical Narrative*, JSOTSup 231 (Sheffield: Sheffield Academic Press, 1997), 171-79를 보라.

32 Victor Matthews, "Hospitality and Hostility in Genesis 19 and Judges 19," *BTB* 22, no. 1 (Spring 1992): 3-11 중 4.

6. 천사들이 그의 집으로 들어간다(19:3a).
7. 롯이 그들을 위해 식탁을 베풀고 그들이 식사한다(19:3b).

천사들에 대한 아브라함의 환대와 롯의 환대 사이의 명백한 유사성은 신적 방문객들을 환대한 롯의 반응이 고결하고 매우 적절함을 보여 준다.[33] 물론 그렇다고 롯의 모든 행위가 도덕적으로 칭찬할 만하다는 것은 아니다. 그러나 베드로후서 저자는 거의 확실히 천사들에 대한 롯의 환대 때문에 그를 "의로운 롯"이라 부른다(벧후 2:7).[34]

이 천사들이 롯의 거처에 묵고 있을 때, 해설자는 "그 성 사람 곧 소돔 백성들이 노소를 막론하고 원근에서 다 모여 그 집을 에워쌌다"고 말한다(19:4). 이 표현은 롯의 집에 묵고 있는 외인들에 대한 난폭한 냉대로 인해 소돔 전체를 고발하기 위해 의도적으로 과장되었다. 롯에게 손님들을 밖으로 내보내어 "우리가 그들과 상관하도록"(19:5b) 하라고 했던 폭도의 명령은 명백히 이 외인들을 폭력적으로 집단 성폭행하려는 그들의 욕구를 가리킨다. 롯은 폭력적인 남성들과 자기 집에 묵고 있는 외인들 사이에서 중재함으로써 계속 친절한 주인으로 묘사된다(19:6). 롯이 "이 사람들은 내 집에 들어왔은즉"(19:8)이라고 언명하고 있는 점으로 볼 때, 자기의 두 처녀 딸을 소돔 남성들에게 내어주는 것조차-이는 도덕적으로 모든 독자들에게 불쾌한 일이다-개인적으로 어떤 대가를 치르더라도 환대 관례를 수행하려는 롯의 시도로 볼 수

---

33 Matthews, "Hospitality and Hostility in Genesis 19 and Judges 19," 4.
34 T. Desmond Alexander, "Lot's Hospitality: A Clue to His Righteousness," *JBL* 104, no. 2 (June 1985): 289-91.

있다.

소돔의 악함에 대한 소문은 소돔 사람들이 안전과 보호를 필요로 하는 취약한 외인들을 욕보이고 학대하려는 시도를 통해 확인되었다. 롯과 그의 가족을 제외한 소돔 전체가 환대 관례를 위반했다. 그 이야기 자체는 복잡하지만, 하나님의 행동들은 매우 단순하다. 친절한 롯은 바로 천사들에게 환대를 베풀었기 때문에 자기 가족과 함께 구원받는다 (19:12-17). 반면에 불친절한 소돔은 "그들에 대한 부르짖음이 여호와 앞에 크므로" 멸망당한다(19:13. 19:24-25도 보라).

창세기 18장과 19장은 신이 방문했다는 사실을 모르는 인간들을 방문하는 신에 관한 고대 이야기의 맥락 안에서 고대의 환대 관례를 들여다볼 수 있는 매혹적인 창을 제공한다. 그러나 창세기 18장과 19장이 외인들에 대한 환대에 대해 종교적·신학적 승인을 제공하고 있다는 점이 가장 중요한데, 이에 관한 요점은 중요하면서도 단순하다. 곧 친절한 자들은 하나님이 보기에 의롭고 경건한 자들이기 때문에 하나님은 이들을 사랑하고 이들에게 보상한다. 그러나 취약한 외인들을 학대하고 물리치는 자들은 사악하기 때문에 하나님은 그들을 심판한다. 이스라엘의 하나님이 어떤 존재이든, 이 하나님은 외인들을 사랑하고, 그들을 보호하라고 요구하며, 환대 관례를 어기는 개인과 사회에게 경고하는 존재다.

부패하고, 타락하고, 불친절한 이스라엘: 사사기

그러나 불친절한 소돔 사람들은 소돔 사람들이니 그렇다고 하자! 아브라함, 롯, 그리고 소돔에 관한 이야기들을 자기를 정당화하는 방식으로 읽고 참된 하나님을 예배하는 우리는 아브라함과 같고 소돔 사람들과 같지 않다고 결론을 내리는 유혹에 빠질 수 있다. 그러나 사사기 19장의 이야기는 **하나님의 백성들에게, 바로 종교적인 사람들에게** 종교적으로 헌신하고 하나님을 예배하는 가운데서도 그들이 타락한 환대를 통해 소돔 사람들처럼 행동하고 취약한 외인을 학대할 가능성이 있다고 경고한다. 거의 전적으로 이민자들로 구성되어 있고 경제 성장이 이민자들에 의존했던 나라에서 백인 복음주의 기독교인의 거의 2/3가 미국으로의 이민에 보다 많은 제한을 가하는 데 찬성하고 있음을 잊지 말라.[35] 그리고 미국의 이민 정책 역사에는 환영과 저항이라는 특징이 모두 있다.[36]

사사기 저자가 사사 시대에 이스라엘의 부패상을 보여주는 방법 중 하나는 세련된 환대 관습이 어떻게 역설적으로 환대 관행에 관여하는 자들에게 피해·폭력·갈등을 가져오는지 보여주는 것이다. 사사기 저자가 "이스라엘에 왕이 없으므로 사람이 각기 자기의 소견에 옳은 대로 행하였던"(삿 21:25. 17:6; 18:1; 19:1도 보라) 사회는 사악한 혼돈의 세상임을 보여주려 하고 있기 때문에, 사사기에 수록된 이야기들은 놀라

---

35 Stapleford, *Bulls, Bears and Golden Calves*, 223.
36 Stapleford, Bulls, *Bears and Golden Calves*, 227-29.

울 정도로 뒤틀린 윤리적 행위로 가득 차 있다. 특히 이 이야기들 중 하나는 환대가 어떻게 타락하거나 부적절하게 수행되고, 그로 인해 안전·보호·우정 대신 폭력으로 귀결되는지 보여준다.

사사기 19장의 레위인과 그의 첩 이야기는 극악한 냉대의 남용과 환대 관례의 타락이 그 첩을 어떻게 섬뜩하고 폭력적인 죽음에 이르게 하는지 보여준다.[37] "이스라엘에 왕이 없을 때에…"(19:1a)라는 서두는 독자에게 당시 이스라엘이 거꾸로 된 혼란스럽고 불합리한 세상임을 상기시킨다. 이 이야기는 한 레위인과 그 사람이 자기 첩과 겪고 있는 불화를 중심으로 전개된다. 그녀는 자기의 남편을 떠나 베들레헴에 있는 친정 아버지 집으로 돌아간다(19:2). 이 레위인이 첩과 화해하기 위해 베들레헴으로 갔을 때, 그는 장인의 집에서 환대받는다(19:3). 이 레위 사람이 환대받았다는 단서는 분명하다. 왜냐하면 이 레위 사람이 "삼일 동안 그와 함께 머물며 먹고 마시며 거기서 유숙했기" 때문이다(19:4b). 이제 독자는 이 장인의 환대를 호의적으로 보도록 기대된다. 사위에 대한 친절한 영접, 그리고 음식·음료·숙소의 제공은 좋은 환대의 표준적인 요소들이다. 그러나 심각한 문제가 하나 있다. 이 장인은 사위와 딸이 그들의 집으로 돌아가지 못하도록 계속 붙잡고 있다. 3일 간의 환대를 받은 후 이 레위인이 떠나려 하자 주인인 장인은 그를 억지로 떠나지 못하도록 붙잡는다. "떡을 조금 먹고 그대의 기력을 돋운 후에 그대의 길을 가라"(19:5b). 그리고 나서 이 장인은 이렇게 말한다. "이 밤을 여기서 유숙하여 그대의 마음을 즐겁게 하라"(19:6b). 그래서 이 레위인

---

37 이에 대해서는 Matthews, "Hospitality and Hostility in Judges 4," 13-21을 보라.

은 또 하룻밤을 그의 장인과 함께 보낸다(19:7). 이튿날 그가 떠날 채비를 할 때, 장인이 사위에게 하룻밤을 더 머물고 가라고 하는 장면이 다시 연출된다(19:7-8). 그래서 이 레위인은 식사를 한 후 해가 기울도록 머무른다(19:8b). 이 레위인이 또다시 길을 떠나려고 할 때 그의 장인의 과도한 환대는 그 레위인뿐만 아니라 독자에게도 역겨워진다. "보라! 이제 날이 저물어 가니 청하건대 이 밤도 유숙하라. 보라! 해가 기울었느니라. 그대는 여기서 유숙하여 그대의 마음을 즐겁게 하고 내일 일찍이 그대의 길을 가서 그대의 집으로 돌아가라"(19:9b). 이 장인의 환대는 너무 열정적이고 과도하며, 사위와 딸을 계속 붙잡아 두려는 그의 시도로 인해 그들이 이제 안전이 보장되지 않는 밤에 집으로 떠나야 하기 때문에 위험하고 취약한 상태에 놓이게 되는 역설적인 결과를 낳는다.[38]

집으로 가는 그들의 여정은 끔찍하다. 이 레위인은 여부스 사람의 성읍에 들어가 유숙하자는 종의 제안을 거절한다. "우리가 돌이켜 이스라엘 자손에게 속하지 아니한 이방 사람의 성읍으로 들어갈 것이 아니다"(19:12a). 이 레위인의 전제는 명확하다. 즉 그들은 오직 이스라엘 백성들로부터만 적절한 환대를 기대할 수 있다. 해가 질 때 그들은 이스라엘 족속의 기브아 성읍에 도달하지만 "그를 집으로 영접하여 유숙하게 하는 자가 없었다"(19:15b). 이 레위인의 기대는 좌절되었고, 창세기 19장에서와 같은 대우가 반복되는 점에 비추어볼 때 이스라엘이 환대에

---

38 여행객의 위험을 가리키는 밤이 계속 언급되는 점에 관해 Weston W. Fields, "The Motif 'Night as Danger' Associated with Three Biblical Destruction Narratives," *Sha'are Talmon': Studies in the Bible, Qumran, and the Ancient Near East Presented to Shemaryahu Talmon*, Michael Fishbane and Emmanuel Tov 편 (Winona Lake, IN: Eisenbrauns, 1992)에 실린 글, 17-32 중 21-25를 보라.

있어서 소돔보다 나은 점이 없음을 알 수 있다.[39] 그런데 그들이 성읍 광장에서 기다리고 동안 에브라임 출신의 한 노인이 그들에게 다가온다. 그는 롯의 경우와 마찬가지로 기브아에 살고 있는 거류민인데(19:16b), 그들에게 환영의 초대를 제공하기 **전에** 그들의 이름과 하는 일을 물어봄으로써 이내 환대 관례를 깨뜨린다(19:17).[40] 이 레위인은 베냐민 자손이 기브아 성읍에서 보여준 냉대를 증언한다. "우리는 유다 베들레헴에서 에브라임 산지 구석으로 가나이다.…**나를 자기 집으로 영접하는 사람이 없나이다**"(19:18b). 이 에브라임 사람은 롯이 그랬던 것처럼 그들을 간청하여 자기 집으로 데리고 가서 나귀들에게 먹이를 주고, 그들에게 음식과 음료 그리고 발 씻을 물을 제공한다(19:20-21). 여행객 일행이 이 노인의 집에서 환대받고 있을 때, 한 무리의 남성들이 이 노인의 집을 둘러싸고 에브라임 출신 거류민에게 자기들이 이 외인과 성교하고자 하니 그를 집밖으로 내보내라고 요구함으로써 창세기 19:1-11의 롯과 소돔 이야기가 재연된다(19:22. 창 19:5를 보라). 이 노인은 자신의 처녀 **딸과 자기 손님의 첩**을 군중에게 내어주고 군중이 "그들을 욕보이든지 너희 눈에 좋은 대로 행하게" 한다(19:24). 여기서의 명백한 함의는 이스라엘 역사의 이 시기에 환대의 위반과 부패가 일반적인 현상이었다는 것이다. 환대가 남성들을 보호할 수도 있지만, 취약한 여성들은 보호하지 않는다.[41] 손님들을 보호해야 할 책임이 있는 주인이 자기

---

39 이에 대해서는 특히 Daniel I. Block, "Echo Narrative Technique in Hebrew Literature: A Study in Judges 19," *WTJ* 52, no. 2 (Fall 1990): 325-41 중 336-41을 보라.

40 이 점을 잘 다루고 있는 Stuart Lasine, "Guest and Host in Judges 19: Lot's Hospitality in an Inverted World," *JSOT* 29 (June 1984): 37-59를 보라.

41 이 점에 대해서는 특히 Phyllis Trible, *Texts of Terror: Literary-Feminist Readings of Biblical*

손님의 첩을 폭도에게 내어주며 "그녀를 강간하라"고 제안하는 것은 기괴하고 어처구니없는 일이다. 이 이야기는 "그들이 그 여자와 관계하였고 밤새도록 그 여자를 능욕하다가 새벽 미명에 놓은지라"(19:25)라는 끔찍한 말로 마무리된다. 그녀는 손을 문지방에 올려놓고 노인의 집 문 앞에서 죽은 채로 발견되는데, 이는 궁극적으로 환대 관례의 위반을 보여준다(19:26-27).

사사 시대의 환대의 변질은 이스라엘의 죄와 악함을 보여주려는 저자의 보다 넓은 목적에 기여한다. 해설자는 독자에게 필요하고 명백한 결론을 내리도록 허용하는데, 우리의 목적에서 신학적·실천적 교훈은 명확하다. 즉 취약한 자들을 침해하는 사회는 타락하고 악한 사회다. 창세기 19장에 나오는 소돔의 냉대 이야기에 대한 암시는 환대의 변질을 통해서 이스라엘이 사악한 소돔보다 나을 바가 없음을 보여준다. 댄 블록은 다음과 같은 역설적인 경고를 명확히 진술했다. "이스라엘 백성이 거울을 들여다볼 때, 그들은 인종적으로는 원주민들과 구별되지만 도덕·윤리·사회적 가치 측면에서는 원주민들과 구별할 수 없는 민족을 보게 된다."[42]

Narratives, OBT 13 (Philadelphia: Fortress Press, 1984), 65-9 1을 보라.
42 Block, "Echo Narrative Technique in Hebrew Literature," 336.

고정관념 전복하기: 룻

배제와 냉대가 언제나 폭력·추방·불공정한 법률의 형태를 띠는 것은 아니다. 그보다는 배제는 종종 시민들 사이에 공포와 의심, 그리고 분노를 조성하는, 인간성을 말살하는 고정관념을 통해 매개된다. 캐럴 R. M. 대니얼은 히스패닉계 이민자들을 묘사하는 "홍수", "밀물", "떼" 그리고 "쇄도"와 같은 용어에 주목한다—이 용어들은 모두 시민들 사이에 이민자들에 대한 대중의 공포심을 증가시킨다.[43]

룻과 보아스 이야기는 이민자의 취약성과 하나님의 백성(여기서는 보아스)이 이민자에 관한 하나님의 율법에 순종할 때 하나님이 어떻게 그 외인을 돌보는지 보여준다. 독자에게 룻의 취약성은 명백하다. 왜냐하면 **이스라엘에 살고 있는 과부이면서 모압 출신 외국인인 룻의 삶 자체가 힘 있는 사람들의 보호에 의존하기 때문이다.**[44] 이 이야기는 그녀에게 성적 공격으로부터의 보호뿐만 아니라 음식과 음료의 공급도 필요함을 강조한다(2:8-23).

그러나 룻은 단순히 외국인이고 과부이기만 한 것이 아니다. 그녀는 특히 모압 여성이다. 하나님에 대한 이스라엘의 가장 큰 반역 행위 중 하나는 이스라엘 남성들이 모압 여성들과 성교하기 시작했을 때 발생했다(민 25장). 이 모압 여성들은 이스라엘 남성들을 유혹하여 우상숭배를 저지르고 바알브올에게 제사 지내게 했다(25:2-3. 신 23:3도 보라).

---

43 Carroll R., *Christians at the Borders*, 27.
44 Michael S. More, "Ruth: Resident Alien with a Face," *Christian Reflection* (2008): 20-25를 보라.

따라서 "사사들이 치리하던 때"에(룻 1:1a) 살았던 나오미에게 "모압 여인들을 아내로 맞이한"(1:4) 두 아들이 있었다고 말할 때, 독자는 이 이야기가 타락·부도덕·우상숭배의 소용돌이로 빠져드는 이스라엘의 또 다른 일화는 아닌지 합당한 의심을 하게 된다. 해설자가 이 이야기의 여주인공 룻을 계속 "모압 여인 룻"(1:22; 2:2, 21; 4:5, 10), "모압 소녀"(2:6), "이방 여인"(2:10)으로 부르고 있기 때문에, 해설자가 의도적으로 우상을 숭배하는 모압 여인이라는 고정관념을 환기시키고 있다고 보일 것이다. 그러나 룻은 간음하고 우상을 숭배하는 모압 요부라는 민족적 고정관념에 일치하지 않는다.[45] 사실 룻은 미덕과 신실함의 표본이다. 룻은 시어머니 나오미를 떠나지 않고 그녀와 이스라엘의 하나님, 그리고 이스라엘 백성에게 충실하겠다고 다짐한다(1:14-17). 룻은 야웨를 예배하기 위해 자기 민족의 신들을 떠나기 때문에 우상숭배자가 아니다(1:16-17. 출 6:7을 보라). 나중에 보아스는 룻이 시어머니 나오미와 머물면서 그녀를 돌본 충실함에 대해 룻을 칭찬한다(2:11). 룻은 가난한 자들에게 식량을 공급했던 이삭줍기 관례를 따름으로써 이스라엘의 율법을 준수한다(2:8-10, 17-23). 그리고 룻은 자기 기업을 무를 친족으로 올바르게 젊은 남성이 아닌 보아스를 택한다(3:6-13). 따라서 보아스는 독자가 이미 알고 있는 내용을 진술한다. "네가 현숙한 여자인 줄을 내 성읍 백성이 다 아느니라"(3:11b). 이제 해설자는 우상을 숭배하는 모압

---

45 룻의 이야기는 이스라엘이 이방 국가들의 우상숭배로부터 자신을 보호하려 했기 때문에 이스라엘과 이방 국가들의 관계가 종종 배타적이었음을 분명히 보여준다. 이에 대해서는 Daniel L. Smith-Christopher, "Between Ezra and Isaiah: Exclusion, Transformation, and Inclusion of the 'Foreigner' in Post-Exilic Biblical Theology," *Ethnicity and the Bible*, Mark Brett 편(Leiden: Brill, 2002) 117-42 중 120-30에 실린 글을 보라.

여인이라는 민족적 고정관념이 룻에게는 전혀 해당하지 않음을 보여준다. 캐럴 R.은 이를 다음과 같이 잘 진술한다. "그러므로 룻기는 나오미와 보아스에 대한 룻의 칭송할 만한 반응에 대한 이야기일 뿐만 아니라, **이민자로서** 그녀가 보여준 훌륭한 태도에 관한 증언이기도 하다."[46]

그러나 이 이야기는 취약한 외국인 과부가 어떻게 하나님의 율법을 통해 환대와 보호를 받는지 보여준다는 점에서도 중요하다. 다음 단락에서 이스라엘의 율법에서의 "환대법"에 대해 보다 자세히 살펴볼 것이다. 그러나 여기서는 보아스가 토라(Torah)의 이삭줍기 율법이 지켜지도록 만전을 기하고 있으며 이를 통해 룻에게 음식과 보호가 제공되고 있다는 점을 주목하라(2:8-10. 다음 구절들을 보라. 레 19:9-10; 신 24:19-22). 심지어 보아스는 룻에게 직접 음식과 음료를 제공한다(2:14). 그래서 이스라엘의 하나님은 보아스를 통해 외국인 과부에게 피난처와 안전, 그리고 환대를 제공한다(2:12).

토라에서의 환대법

지금까지는 구약성서에 나오는 환대 및 냉대에 관한 서술적인 묘사들만 살펴보았다. 그런데 하나님이 이스라엘에게 준 율법인 토라는 환대·냉대·외인에 대해 뭐라 말하는가? 우리는 환대에 대한 서술적 묘사가 실제로 하나님의 백성이 이스라엘 중에 정착한 이민자들을 어떻게 대

---

46   Carroll R., *Christians at the Border*, 75.

우해야 하는지에 대한 명령으로서 토라에 성문화되어 있음을 보게 될 것이다. 구약성서에서 "이방 나그네"(게르, ger)라는 용어는 일반적으로 이스라엘 안에 정착해 살고 있지만 토지, 가족, 또는 친구가 없는 비-이스라엘인에게 적용된다.[47] 과부 및 고아와 더불어, 이민자는 특히 경제적·사회적으로 취약한 존재였다. 또한 이민자는 문화, 출신지, 언어나 억양이 달라서 종종 두려움과 의심의 눈으로 보기도 했다. 아래의 권고들에서 이민자에게 정의와 환대를 보이라는 명령이 명백하지만, 이에 대한 동기를 부여하는 제재와 근거에도 면밀히 주의하라.[48]

너는 이방 나그네를 압제하지 말며 그들을 학대하지 말라. 너희도 애굽 땅에서 나그네였음이라(출 22:21).

너는 이방 나그네를 압제하지 말라. 너희가 애굽 땅에서 나그네 되었었은즉 나그네의 사정을 아느니라(출 23:9).

거류민이 너희의 땅에 거류하여 함께 있거든 너희는 그를 학대하지 말고 너희와 함께 있는 거류민을 너희 중에서 낳은 자 같이 여기며 자기 같이 사랑하라. 너희도 애굽 땅에서 거류민이 되었었느니라. 나는 너희의 하나

---

47 Carroll R., *Christians at the Border*, 102-4.
48 이 텍스트들에 관해서는 특히 Christian van Houten, *The Alien in Israelite Law*, JSOTSup 107 (Sheffield: Sheffield Academic Press, 1991)을 보라. 보다 간략하게는 Matthew Soerens and Jenny Hwang, *Welcoming the Stranger: Justice, Compassion & Truth in the Immigration Debate* (Downers Grove, IL: InterVarsity Press, 2009), 86-9 0을 보라.

님 여호와이니라(레 19:33-34).

너희의 하나님 여호와는 신 가운데 신이시며 주 가운데 주시요 크고 능하시며 두려우신 하나님이시라. 사람을 외모로 보지 아니하시며 뇌물을 받지 아니하시고 고아와 과부를 위하여 정의를 행하시며 나그네를 사랑하여 그에게 떡과 옷을 주시나니 너희는 나그네를 사랑하라. 전에 너희도 애굽 땅에서 나그네 되었음이니라(신 10:17-19).

객이나 고아나 과부의 송사를 억울하게 하는 자는 저주를 받을 것이라 할 것이요, 모든 백성은 아멘 할지니라(신 27:19).

암몬 사람과 모압 사람은 여호와의 총회에 들어오지 못하리니…그들은 너희가 애굽에서 나올 때에 떡과 물로 너희를 길에서 영접하지 아니하고…(신명기 23:3a, 4a).

아래와 같은 구절들은—여기서는 몇 가지 예만 제시한다—자기 백성에게 주신 취약한 이민자를 돌보라는 하나님의 명령을 확인한다.

너희는 진실한 재판을 행하며 서로 인애와 긍휼을 베풀며 과부와 고아와 나그네와 궁핍한 자를 압제하지 말며 서로 해하려고 마음에 도모하지 말라(슥 7:9b-10).

그들이 네 가운데서 부모를 업신여겼으며 네 가운데서 나그네를 학대하였으며 네 가운데서 고아와 과부를 해하였도다(겔 22:7).

이민자에 대한 정의와 평등 그리고 사랑을 추구하라는 하나님의 명령은 이스라엘에 관한 두 가지 중요한 사실에 입각한다. 첫째, 신명기 10장이 분명히 밝히는 바와 같이 하나님이 외인을 사랑하고 그들을 학대하지 못하도록 지키기 때문에 이스라엘은 외인을 환영해야 한다. 시편 저자는 하나님을 다음과 같이 묘사한다. "여호와께서 나그네들을 보호하시며 고아와 과부를 붙드시고 악인들의 길은 굽게 하시는도다"(시 146:9). 우리는 이미 창세기 18-19장, 사사기 4장과 19장을 통해 하나님이 친절한 자들을 총애하며 그들에게 상을 주지만, 불친절하거나 환대를 변질시키는 자들에게는 벌을 준다는 사실을 충분히 살펴보았다. 그럼에도 하나님이 외인을 사랑한다는 진술은 충격적이다. 이스라엘의 하나님은 취약한 외인인 이민자 편이다. 그러므로 이민자를 사랑하고 영접하는 것은 하나님을 본받는 것이다. 이스라엘 주변국들의 법률에서는 이민자에 관해 이에 필적할 만한 관심이 없기 때문에, 이민자를 보호하는 이스라엘의 율법의 중요성은 하나님의 백성을 구별하는 표지다.[49]

둘째, 이스라엘은 자신들을 400년간 노예로 부렸던 불친절한 이집트 사람들로부터 압제와 불의, 그리고 학대를 경험했기 때문에 이민자의 심정을 안다(창 15:13-14). 달리 말하자면 이스라엘은 **바로 하나님이 애초에 ─ 이민 백성인 ─ 자신들을 돌보고, 구원하고, 지켜주었기 때문**

49　특히 Donald E. Gowan, "Wealth and Poverty in the Old Testament: The Case of the Widow, the Orphan, and the Sojourner," *Interpretation* 41, no. 4 (October 1987): 341-53 중 343을 보라.

에 하나님이 외인을 사랑한다는 것을 안다. 더욱이 이스라엘은 경험을 통해 이민자의 삶을 따라다니는 취약성·가난·압제가 종종 자신의 행위의 결과가 아니라 **악한 자들이 이민자에게 가하는 행위**의 결과임을 안다.[50] 그래서 전형적인 야웨의 이스라엘 구원 사건의 중심에는 이집트 사람들에게 외인으로서 억압받던 이스라엘의 경험이 자리한다.[51] 다수의 텍스트들이 노예가 된 이스라엘 백성들을 이민자들 또는 이방 나그네들로 언급한다(예컨대 창 15:13-14; 신 23:7; 시 105:23; 사 52:4). 이후 유대 전통도 이스라엘이 이집트인들의 노예가 된 것을 하나님의 백성을 이집트인들이 냉대한 경험으로 기억했다. 「솔로몬의 지혜서」 저자에 의하면 하나님이 이집트인들을 심판한 이유는 바로 "그들이 외인들에게 보다 가혹한 증오를 보였기 때문이다. 다른 이들[즉, 소돔 사람들]은 외인들이 그들에게 왔을 때 이들을 영접하지 않았지만, 이집트인들은 자신들의 은인인 손님들을 노예로 삼아버렸다"(19:13-14). 필론은 이스라엘을 강력한 이집트인들에게서 안전과 보호를 구하는 취약한 손님 백성이라고 말한다. 대신에 바로는 이스라엘 백성들을 손님이 아닌 전쟁 포로로 취급했다. 이렇게 함으로써 바로는 "하나님 앞에서 수치심이나 두려움을 보이지 않았다. 그런데 하나님은 **이런 일들을 지켜보면서** 손님과 탄원자에게 자유와 환대, 정의를 베푸는 존재다(Philo, *Moses* 1.36).[52]

---

50 Gowan, "Wealth and Poverty in the Old Testament," 349.

51 이 점은 Patrick D. Miller, "Israel as Host to Strangers," *Israelite Religion and Biblical Theology: Collected Essays*, JSOTSup 267 (Sheffield: Sheffield Academic Press, 2000), 559-62에 실린 글에서 올바르게 강조되고 있다. E. W. Heaton, "Sojourners in Egypt," *Expository Times* 58 (1946): 80-82도 읽어볼 가치가 있다.

52 필론이 말하는 이집트인의 냉대라는 보다 광범위한 주제에 관해서는 Sarah J. K. Pearce,

따라서 "**너희는 이민자의 심정을 안다**"라는 반복어는 이스라엘로 하여금 동정심을 갖고 자신의 외인 시절의 경험을 기억하고, 힘과 특권을 사용해서 연약하고 취약한 자들을 착취하려는 유혹을 거절하라고 요구한다. 그렇게 하지 않는다면 그들은 하나님이 아닌 이집트를 본받는 자들이 될 것이다.

실제로 모세 오경을 피상적으로만 읽어도 이스라엘이 **이민 백성임**이 드러난다.[53] 이스라엘의 모든 족장들은 이민자들이었고, 아브라함이 하나님의 약속에 응답하여 본토와 가족을 떠났던 때부터(창 12:1-9) 종종 "이방 나그네들"로 언급된다. 아브라함이 이집트에서 바로를 만난 사건은 체류자로서 그의 취약성을 강조한다. "그 땅에 기근이 들었으므로 아브람이 애굽에 거류하려고 그리로 내려갔으니 이는 그 땅에 기근이 심하였음이라"(창 12:10). 아브람은 자신과 자기 아내의 목숨을 부지하기 위해 외국으로 이주하는데, 거기서 자신의 목숨을 보호하기 위해 거짓말을 해야 하는 애매한 상황에 몰리게 된다.[54] 창세기 20장과 26장에서 펼쳐지는 이와 유사한 이야기는 아브라함과 이삭이 그들의 막대한 부에도 불구하고 외국 땅에서 체류자로서 어떻게 취약한 상태에 있는지를 강조한다.

아브라함은 가나안(창 17:8), 그랄(20:1), 블레셋(21:34), 그리고 헤

The Land of the Body: Studies in Philo's Representation of Egypt, WUNT 1.208 (Tübingen: MohrSiebeck, 2007)을 보라.

53 R. J. D. Knauth, "Alien, Foreign Resident," *Dictionary of the Old Testament: Pentateuch*, T. Desmond Alexander and David W. Baker 편 (Downers Grove, IL: InterVarsity Press, 2003), 27-33에 실린 글; Soerens and Hwang, *Welcoming the Stranger*, 83-86.

54 Miller, "Israel as Host to Strangers," 553-54를 보라.

브론(35:27)에서 체류한다. 이삭과 야곱도 마찬가지로 가나안(35:6-7; 37:1)과 이집트(47:4-9; 시 105:23)에서 체류한다. 하나님은 이스라엘이 **가나안 땅에 들어간 뒤에도** 그들에게 이민자라는 정체성을 새겨 둔다. 예컨대 해마다 이스라엘이 첫 열매의 십일조를 드릴 때, 이스라엘은 하나님 앞에서 이 고백을 낭송한다.

> 내 조상은 방랑하는 아람 사람으로서 애굽에 내려가 거기에서 소수로 거류하였더니 거기에서 크고 강하고 번성한 민족이 되었는데 애굽 사람이 우리를 학대하며 우리를 괴롭히며 우리에게 중노동을 시키므로 우리가 우리 조상의 하나님 여호와께 부르짖었더니, 여호와께서 우리 음성을 들으시고 우리의 고통과 신고와 압제를 보시고 여호와께서 강한 손과 편 팔과 큰 위엄과 이적과 기사로 우리를 애굽에서 인도하여 내시고 이곳으로 인도하사 이 땅 곧 젖과 꿀이 흐르는 땅을 주셨나이다(신 26:5-9).

이 고백은 환대에 관한 구약성서의 신학적 비전을 멋지게 요약한다. 하나님은 외인인 이스라엘을 사랑했으며, 이스라엘이 고통 받을 때 압제자들을 심판하고 압제 당하는 외인을 신원해주었다. 그래서 이스라엘이 드리는 십일조는 이스라엘을 향한 하나님의 환대를 기억하는 기능이 있으며, **또한** "레위인과 객과 고아와 과부들이 먹을 수 있도록" 그들과 나눠야 하기 때문에(신 26:12b) 취약한 자들에 대한 가시적인 환대 행위다. 하나님의 백성은—예컨대 야웨가 광야에서 그들에게 음식과 음료를 줄 때(출 16:4, 15)—야웨를 자신의 친절한 주인으로 경험한다. "그들에게 만나를 비 같이 내려 먹이시며 하늘 양식을 그들에게 주셨나니 사람이 힘센 자의 떡을 먹었으며 그가 음식을 그들에게 충족히 주셨도다"(시 78:24-25). 이스라엘과 토지의 관계조차 하나님은 이스라엘의 주인이고 그들은 하나님의 손님임을 상기시켜준다. "토지를 영구히 팔지 말 것은 토지는 다 내 것임이니라. **너희는 거류민이요 동거하는 자로서 나와 함께 있느니라**"(레 25:23).[55] 하나님이 토지의 소유주이므로, 이스라엘에 대한 야웨의 음식과 음료 공급은 그들이 야웨의 손님이라는 사실을 지속적으로 상기시켜준다(시 104; 사 25:6-8; 욜 3:18; 암 9:13-15).[56] 이스라엘의 기도조차 이스라엘이 그들의 주인인 하나님 앞에서 이방 나그네요 외인임을 증언한다(예컨대 대상 29:15; 시 23:5-6; 39:12-13).

이민자에 대한 이스라엘의 친절한 대우는 가시적으로 어떤 모습일까? 구체적으로 그것은 다음과 같은 경제 정의로 보인다—공정하고 정의로운 판결(신 1:16-17), 노동에 대한 공정한 지불(신 24:14-15), 의도적인 경제적 지원 및 식량 지원(신 24:19-22; 레 19:9-10; 23:22), 안식일(신 5:14-15), 속죄일 (레 16:29), 그리고 유월절(출 12:48-49; 민 9:14) 등 이스라엘의 축제에 참여(신 16:11-14; 31:9-13). 요컨대 이민자 및 체류자는 시민 및 토박이와 동등하게 대우받고 동일한 권리가 부여되어야 한다(레 24:22; 민 15:15-16). 이는 시민과 이민자 모두에게 하나의 법이 적용되어야 한다는 토라의 빈번한 반복구에 요약되어 있다(예컨대 출 12:49;

---

55 Patrick D. Miller Jr., "The Gift of God: The Deuteronomic Theology of the Land," *Interpretation* 23 (1969): 454-65; Christopher J. H. Wright, *Old Testament Ethics for the People of God* (Downers Grove, IL: InterVarsity Press, 2004), 103-45.

56 Victor H. Matthews and Don C. Benjamin, *Social World of Ancient Israel: 1250-587 BCE* (Peabody, MA: Hendrickson, 1993), 83을 보라.

레 24:22).⁵⁷

마지막으로 외인에 대한 이스라엘의 친절한 대우는 하나님이 언젠가 모든 민족들을 자신의 백성으로 포함시킬 것이라는 사실에 기초하고 있는 듯하다. 하나님은 민족들이 처벌과 심판을 받는 대신 이스라엘에 합류할 것이라고 약속한다.⁵⁸

또 여호와와 연합하여 그를 섬기며 여호와의 이름을 사랑하며 그의 종이 되며 안식일을 지켜 더럽히지 아니하며 내 언약을 굳게 지키는 이방인마다 내가 곧 그들을 내 성산으로 인도하여 기도하는 내 집에서 그들을 기쁘게 할 것이며 그들의 번제와 희생을 내 제단에서 기꺼이 받게 되리니 이는 내 집은 만민이 기도하는 집이라 일컬음이 될 것임이라(사 56:6-7).

여호와께서 야곱을 긍휼히 여기시며 이스라엘을 다시 택하여 그들의 땅에 두시리니 나그네 된 자가 야곱 족속과 연합하여 그들에게 예속될 것이다(사 14:1).

그날에 많은 나라가 여호와께 속하여 내 백성이 될 것이요 나는 네 가운데에 머물리라. 네가 만군의 여호와께서 나를 네게 보내신 줄 알리라(슥 2:11a).

---

57 Gowan, "Wealth and Poverty in the Old Testament," 345.
58 이 텍스트들에 대해서는 Smith-Christopher, "Between Ezra and Isaiah," 137-40을 보라.

그날에 이스라엘이 애굽 및 앗수르와 더불어 셋이 세계 중에 복이 되리니 이는 만군의 여호와께서 복 주시며 이르시되 "내 백성 애굽이여, 내 손으로 지은 앗수르여, 내 기업 이스라엘이여, 복이 있을지어다" 하실 것임이라 (사 19:24-25).

물론 민족들의 심판 날을 고대하는 다른 텍스트들도 있지만, 많은 구절들이 하나님이 이스라엘을 회복할 때 민족들, 심지어 이스라엘의 원수들까지도 변화시켜서 그들이 이스라엘에 합류하여 이스라엘의 하나님을 예배하기를 고대한다. 대니얼 스미스-크리스토퍼가 제안한 바와 같이, 이러한 "평화적 공존과 외국인이 하나님의 백성에 포함될 가능성에 대한 비전들"은 우리가 어떻게 낯선 것을 불결하고 배제할 필요가 있는 존재로 간주하는 집착을 극복할 수 있는지에 대한 종말론적 증거를 제공한다.

이민자들과 난민들을 환영하기

다시 말하지만, 이 책의 기본 주장은 외인들에 대한 환대는 성서의 핵심이자 기독교 신앙의 핵심이라는 것이다. 외인을 환영하라는 하나님의 요구는 하나님 앞에서 손님, 외인 그리고 이민자라는 이스라엘의 정체성에 새겨져 있다. 크리스틴 폴이 말한 바와 같이, 이스라엘의 환대의 토대는 "의존과 감사라는 하나님에 대한 이스라엘의 특별한 관계와 밀접히 연관되어 있다."[59] 자기 소유가 아닌 땅에서 체류자로 살았던 이스라엘 족장들의 정체성, 이집트 사람들의 지배 가운데 냉대 받았던 이스라엘의 경험, 광야에서 방랑할 때 물·메추라기·만나를 제공받은 이스라엘의 하나님의 환대에 대한 경험, 취약한 자들에게 주어진 첫 열매의 십일조, 고결한 모압 여인 룻에 기원을 두고 있는 다윗 왕조, 그리고 하나님의 땅에서 하나님의 손님인 이스라엘과 하나님의 관계—이 모든 것들은 이스라엘이 자신을 하나님 앞에서 영원히 이주민·체류자·손님이며 또한 **하나님의 환대로 자신들의 존재가 유지되고 있는** 백성으로 정의하게 해준다. 하나님은 이민자를 사랑하기 **때문에** 이스라엘을 사랑한다. 위에서 다룬 성서 텍스트들은 끊임없이 외인을 향한 하나님의 사랑과 외인의 마음에 대한 이스라엘의 배려가 외인을 환영하는 근거라고 말한다.

명시적으로 기독교 단체라고 밝히는 많은 기관들이 이민자들과 관련하여 공포와 의심을 낳는 그릇된 많은 신화들의 오류를 밝혀주고, 적극적으로 난민들을 정착시키고, 이민자들에게 가시적인 돌봄을 제공하고, 이민 개혁을 옹호함으로써 종종 종교적 우파의 특징이 되고 있는 인기 있는 외국인 혐오적인 표현을 거부하고 있다는 점은 고무적이다. 이러한 여러 교파들과 기관들은 성서에 나타난 외인에 대한 환대 전통의 중요성을 재발견했기 때문에 이렇게 행동했다.

예컨대 미국복음주의협회는 2006년에 "이민 결의안"을 발표하고 다음과 같이 역설했다. "우리는 국가들이 자신의 국경을 통제할 권리

---

59   Pohl, *Making Room*, 29.

가 있음을 인정하지만, 우리는 이 책임이 관대함과 동정심의 정신 안에서(신 10:19; 레 19:34) 모든 인간 가족을 배려하면서 행사되어야 한다고 믿는다. 우리의 이웃을 우리 자신과 같이 사랑할 책임이 있는 복음주의자들로서(마 22:39), 우리는 우리나라에서 새로운 삶을 추구하는 사람들에게 개인적으로 및 집단적으로 환대를 베풀도록 요구된다." 이와 마찬가지로 연합그리스도교회(the United Church of Christ)도 이민자를 환영하고, 이민 개혁을 추구하고, 성서 교육에서 배타적 관행들을 거부하는 요구를 발표했다. "성경은 우리에게 우리나라에 살고 있는 외국인과 외인을 환영하고 그들을 우리 자신과 같이 사랑하라고 분명하게 요구한다. 이런 때에, 여전히 말씀하고 계시는 하나님의 음성에 귀를 기울이자. 그러면 우리는 우리 가운데서 살고 있는 이러한 새 형제자매들에게 어떻게 반응해야 할지 배우게 될 것이다."[60] 이런 예들을 더 많이 제공할 수 있다.[61]

평신도들도 이민자들에게 환대를 베풀 수 있는 매우 구체적이고 실제적인 조치들을 취할 수 있다. 이러한 조치들은 중요한 서적이나 논문, 그리고 실제로 이러한 조치를 취하고 있는 사람들의 증언들에 **훨씬 더 자세히** 설명되고 있지만, 나는 적어도 세 가지를 간략하게 강조하고자 한다. 첫째, 기독교인들은 개인의 경제적·민족적·인종적 이데올로

---

60 http://www.ucc.org/justice_immigration을 보라.
61 2008년에 미국 출입국관리국(ICE)이 아이오와주 포스트빌에서 삼백 명이 넘는 남미 이주민들을 단속한 데 대해 이민에 관한 미국 가톨릭 주교 협의회 회의에서 John C. Wester 주교가 비난한 발언을 보라. 이 발언은 Jean-Pierre Ruiz, *Readings from the Edges: The Bible and People on the Move, Studies in Latino/a Catholicism* (Maryknoll, NY: Orbis, 2011), 34-35에 수록되어 있다. Campese, "But I See That Somebody Is Missing," 72도 보라.

기가 아닌 성서가 이민자들에 대해 말하는 내용에 비추어 공직 출마자들의 정치적 발언과 후보자들을 평가해야 한다.[62] 사회의 병폐를 이민자들의 탓으로 떠넘기는 희생양 만들기 기법뿐 아니라 민족적·문화적 편견도 비기독교적인 행동으로 인식되어 거부되어야 한다. 이민에 관한 여러 대중적인 수사들은 명백히 허위일 뿐 아니라 감정적이기도 하다. 예컨대 이민자들이 시민들의 일자리를 가로채 간다는 대중적인 믿음에도 불구하고, 대부분의 사람들은 "세계의 이주 노동자들은 해당 국가 노동 시장의 인력 부족을 채우기 위해 받아들여지며…이주 노동자들은 좀처럼 해당 국가의 노동자들과 직접 경쟁하게 되는 상황에 놓이도록 권장되지 않는다"[63]는 데 동의한다. 코서는 계속해서 이민에 대한 학문적 연구와 정치적·대중적 수사 사이에는 중대한 차이가 있다고 설명한다. "학문 연구가 이민자들이 경제성장에 이바지하고, 일자리를 두고 경쟁하지 않고, 본토 시민들의 임금을 낮추지 않고, 비용-효용 측면에서 가치가 있다고 명확하게 지적해주는데도 불구하고, **현실에서 반드시 그렇게 여겨지는 것은 아니다**(강조는 덧붙인 것임).[64] 코서의 말에서 강

---

62 공화당 소속 사우스캐롤라이나 주지사 니키 헤일리가 오바마 대통령의 일반 교서 (2016년 1월)에 대한 반응으로 이민 개혁은 "적절하게 검증된 합법적인 이민자들을 그들의 인종이나 종교와 관계 없이 환영하는 것을 의미한다. 우리가 수 세기 동안 그렇게 해오고 있듯이 말이다"라고 말했을 때 공화당 지지자들이 그녀를 어떻게 대했는지 보라. 앤 커틀러의 트윗은 #DeportNikkiHaley(헤일리를 추방하라)라는 유명한 해시태그가 자리잡는 데 기여했다. 보다 자세한 내용은 http://www.npr.org/2016/01/16/463036044/-memeoftheweek-the-racial-politics-of-nikki-haley를 보라.

63 Koser, *International Migration*, 94. 보다 자세한 내용은 Stephen Castles and Mark J. Miller, *The Age of Migration: International Population Movements in the Modern World*, 4판 (New York: Palgrave Macmillan, 2009), 221-44를 보라.

64 Koser, *International Migration*, 97.

조된 부분은 2016년 대선에 출마한 특정 후보들의 수사를 듣는 이들에게는 너무 점잖게 보일 수도 있다. 캄피제는 이탈리아와 미국의 상황을 다음과 같이 진단했다. "이런 정치인들은 자국민들의 이해할 만한 공포와 의심에 대해 합리적인 논거를 갖고 주도적으로 반응하는 대신, 제한적이고 쓸모없는 법을 제정 및 시행함으로써 그리고 이민과 이민자들 침략, 전염병, 쥐새끼, 수상한 사람들, 불법 체류자들 등으로 묘사함으로써 그 공포심을 조장한다."[65]

둘째, 기독교인들은 국가 이민 정책에 관해 공정하고 공평한 입법을 옹호할 수 있도록 이민—이민 사유, 이민 법 등—에 관해 공부해야 한다.[66] 주지사·상원의원·지방의회의원·대통령 후보자들의 이민 정책에 대한 입장 파악은 교회들과 기독교인들이 이민자들을 향한 공정하고 공평한 입법을 추구할 때 취할 수 있는 가장 쉽고 우선시할 조치다. 기독교인은 하나님에 의해 세워진 시민 정부에 복종하라는 성경 구절들을 무시하지 말아야 하지만(예컨대 롬 13:1-7; 딛 3:1; 벧전 2:11-17), 동시에 세계화와 세계 경제의 최근 변화 양상을 고려해야 하며, 자국의 정책이 미래의 이민자들에게 가져올 매우 실제적인 결과들을 진지하게 받아들여야 한다.[67] 세계화된 경제에서 우리의 공공 정책뿐만 아니라 우

---

65 Campese, "'But I See That Somebody Is Missing,'" 72를 보라.
66 Soerens and Hwang, *Welcoming the Stranger*, 198-99를 보라.
67 그래서 나는 James R. Edwards Jr.의 다음과 같은 주장("A Biblical Perspective on Immigration Policy," Debating Immigration, Carol M. Swain 편 [Cambridge: Cambridge University Press, 2007], 56에 실린 글)은 세계화와 미국의 공공 정책이 다른 나라들에 미친 영향을 이해하지 못한다는 점에서 순진하다고 생각한다." 다른 나라 국민들은 미국보다는 자기 나라에서 벌어지고 있는 상황에 더 관심을 기울여야 하듯이, 우리 미국인들은 다른 나라에서의 복지와 삶의 질에 대해서보다 미국에서의 복지와 삶의 질에 관

리 자신의 생활방식과 소비자의 선택들이 어떻게 우리나라로 이민오려는 사람들에게 필요한 여건을 만들 수 있을지 깨닫기 위해서는 연구와 교육이 필요하다.

셋째, 교회들과 기독교인들은 월드릴리프(World Relief), 기독교세계봉사회(Church World Service), 가톨릭 법률이민네트워크(Catholic Legal Immigration Network) 등과 같은 프로그램에 자원 봉사함으로써 이민자들 및 난민들과 의미 있는 관계를 맺을 수 있다. 자주 가는 식당의 주인이나 종업원들, 거래은행 창구 직원, 빨래방 주인과 대화를 시작함으로써 보다 일상적이고 개인적인 수준에서 이민자들과의 교제를 추구할 수도 있다. 이민자를 자신의 교회, 가족 그리고 가정 안으로 영접하는 위험을 감수하려는 사람에게는 모든 종류의 사역 기회가 열려 있다. 미국에 오는 많은 이민자들은 예배 장소, 공동체, 우정을 찾고 있다. 사실 많은 이민자들이 예수 그리스도를 섬기는 동료 신자들이며, 따라서 그리스도 안에서 우리의 형제요 자매들이다. 북미의 많은 교회들이 남미의 독실한 형제자매들의 생생한 믿음으로부터 자신을 차단시키는 위험을 자초한다.[68] 소렌스와 황은 다음과 같이 말한다. "한때 사회의 '변두리'로 간주되었던 체류자 또는 외인이 이제 교회를 통하여 한몸으로서 예배의

심을 가져야 할 더 크고 더 직접적인 도덕적 의무가 있다.···우리 각자는 특정 공동체와 연결되어 있으며, 우리는 이러한 연결의 적법성을 인정해야 하고, 우리 각자의 바로 그 공동체의 복지에 우리의 즉각적인 관심을 기울일 이런 특수한 의무를 인정해야 한다."

68 이에 대해서는 다음 문헌들을 보라. Todd Hartch, *The Rebirth of Latin American Christianity* (Oxford: Oxford University Press, 2014); Carroll R, *Christians at the Border*, 56-62; Daniel G. Groody, "Jesus and the Undocumented Immigrant: A Spiritual Geography of a Crucified People," Theological Studies 70, no. 2 (June 2009): 298-316 전체에서 멕시코 이주민들의 영성과 믿음을 보라.

풍성함을 경험하도록 초대될 수 있다. 교회들은 그리스도의 다양한 몸을 통해 예배가 모든 부족과 언어, 민족과 나라에게 자신을 예배하게 한 하나님 자신을 기념하는 것임을 깨닫고 있다."[69] 이민자들을 영접한 교회들과 개인들은 자기들이 미국 밖에서 벌어지는 하나님의 세계적인 역사에 관한 이야기와 증언을 들을 때 그들 자신의 믿음이 풍성해지는 경험을 했다고 강력하게 증언한다.

---

69 Soerens and Hwang, *Welcoming the Stranger*, 160.

토론 문제

1. 최근 이민자들이나 난민들과 개인적인 교제나 관계를 맺고 있다면 이에 대해 설명해보라. 그들이 이곳에서 경험한 일에 대해 무엇을 알고 있는가?

2. 당신은 어떤 식으로 이민자 환영과 우리의 경제, 국가 안보, 국가 정체성에 미치는 결과들에 관한 공포나 우려를 목격했거나 개인적으로 경험했는가?

3. 환대와 이주민에 관한 구약성서의 가르침이 우리나라의 공공 정책에 대한 우리의 사고 방식에 영향을 줘야 하는가? 왜 영향을 줘야 (주지 않아야) 하는가? 성서는 이민 정책 및 이민 개혁 추구에 관한 우리의 사고방식에 어떻게 영향을 줘야 하는가?

4. 당신이(또는 당신의 교회가) 이민자에게 환대를 베풀라는 요구에 응답할 수 있는 실제적인 방법은 무엇인가?

6장

환대와 경제: 탐욕 극복하기

외국인 혐오와 종족주의에서 환대로 옮겨가는 여정을 시작한 사람들에게—개인 및 공동체 모두에게—다른 사람들과 나눌 재화와 자원이 부족하다는 도전이 남아 있다. 외인들에게 환대를 베푸는 일은 거의 언제나 자신의 재정 자원—음식·숙소·돈·시간 등—을 나누도록 요구하며, 부족하거나 충분히 갖고 있지 못하다는 두려움은 궁핍한 사람들에게 환대를 제공하는 일에 심각한 장애가 될 수 있다. 크리스틴 폴은 환대를 베푸는 사람들은 "충분하고 심지어 풍성한 하나님 나라에 대한 비전과, 문들이 닫혀 있고 잠겨 있으며 궁핍한 사람들이 외면되거나 문 밖에 남겨져 있는 냉혹한 현실 사이에서 산다"[1]고 말했다. 하나님의 경제에서 하나님의 백성은 음식·음료·의복에 대해 염려하며 마음 졸일 필요가 없다. 왜냐하면 하나님이 자기 백성에게 이러한 것들이 필요함을 알기

---

1   Christine D. Pohl, *Making Room: Recovering Hospitality as a Christian Tradition* (Grand Rapids: Eerdmans, 1999), 131.

때문이다(눅 12:22-32). 그들은 자신의 일상의 필요를 위해 자비롭고 관대한 아버지에게 기도하는 법을 배운다(마 6:11). 그리고 하나님은 가난한 자들을 배불리 먹이겠다고 약속한다(눅 1:52-53). 그런데 이런 진술들이 현실에 기반을 두고 있는가? 표면상으로는 세상이 돌아가는 방식과 완전히 동떨어진 것으로 보이는 하나님의 경제에 우리의 삶의 토대를 둘 수 있는가? 우리가 받아들이는(그리고 그에 기초해서 행동하는) 건전해 보이는 경제적 조언의 대부분은 하나님의 풍성함에 따라 작동하지 않고 희소성에 따라 작동한다. 결국 나는 내 자녀들에게(또는 누구의 자녀들에게라도!) 대학 등록금을 마련할 방안에 대해 생각할 때 경제적 희소성 따위는 없는 것처럼 행동하라고 조언하지 않을 것이다. 풍성함의 하나님 나라 경제와 희소성의 인간 경제 사이의 긴장은 너무도 실제적이다. 그러나 우리 자신을 위한 충분한 자원을 갖지 못할 것이라는 염려가 우리로 하여금 우리 눈앞에 놓여 있는 만연한 필요와 관계의 기회에 눈을 감게 한다. 그러니 환대를 실천하는 사람들이 한정된 자원과 경제적 희소성이라는 현실을 무시한다면 이는 어리석은 일이 될 것이다. 우리가 자신의 계획과 경제의 작동 원리에 맡겨진다면 경제적 희소성으로 인한 두려움은 우리의 소유를 나누지 못하도록 가로막는 강력한 장애물로 작용하기 쉽다. 나는 내 독자들 대부분이(어쩌면 전부가) 희소성이 아닌 풍성한 상황에서 살아간다고 생각한다. 그러나 폴의 말처럼, "우리는 종종 자원이 부족한 것처럼 행동한다. 우리는 심지어 우리의 소유를 나누기 시작하기도 전에 자원이 충분하지 않을 것이라고 두려워한다. 이 문제는 우리의 자원보다는 반응하려는 우리의 의향과 훨씬 더 많은 관계가 있을 수도 있다."² 폴은 여기서 타인에게 환대를 베푸는 데 주요 장애물 중 하나인 탐욕이라는 악덕을 묘사하고 있다. 달리 말하자면 "우리의 소유가 나누기에 충분하지 않은" 것이 아니라, 우리는 소비자 자본주의 경제에 의해 종종 주의를 빼앗기고 또 이에 참여하느라 너무 바쁜 나머지 우리가 나눌 수 있을 만큼 충분히 가지고 있다고 생각하지 않는다.

그렇다면 문제는 희소성에 대한 염려가 아니라, 우리가 우리의 소유(또는 새로운 소유에 대한 욕구)를 사랑한다는 점이다. 우리는 우리의 부가 제공하는 안전과 기회를 사랑한다. 우리는 물건 구매하기를 사랑한다(어쩌면 물건 자체가 아닌 구매와 소비의 끝없는 순환을 사랑하는 것일지도 모른다). 우리의 경제는 자원이 희소하다는 믿음과 만족함이 없는 인간의 욕구와 바람, 그리고 이기심이라는 인류학적 조건에 대한 **믿음**에 따라 작동한다.³ 그래서 자본주의 경제는 **개인의** 이기적 욕망과 바람을 악으로 보는 것이 아니라 이를 기반으로 우리의 경제가 작동하는 핵심적인 인류학적 조건으로 간주한다.⁴ 이러한 인류학적 인간 조건과 자유에 대한 특정 견해(시장을 통한 교환의 자유와 국가의 불간섭⁵으로 부정적으로 정의된다)가 결합된 결과, 오늘날 우리가 목도하고 있는 바와 같이 인간들은 욕구

---

2   Pohl, *Making Room*, 135.
3   Bernd Wannenwetsch, "The Desire of Desire: Commandment and Idolatry in Late Capitalist Societies," *Idolatry*, Stephen C. Barton 편 (New York: T&T Clark, 2007), 315-30에 실린 글 중 323-26을 보라.
4   문제가 있는, 지배적인 자본주의 전통의 "신학적 인류학"에 대해서는 D. Stephen Long, *Divine Economy: Theology and the Market* (London: Routledge, 2000), 9-80을 보라.
5   Milton and Rose Friedman, *Free to Choose* (New York: Avon Books, 1980)를 보라.

와 소비 그리고 분리(detachment)의 끝없는 순환에서 자신의 의미와 정체성을 찾는다.[6] 반드시 이런 결과로 귀결되는 것은 아니라고 주장하는 사람이 있을 수도 있다. 그러나 합의된 **공동의 목적이나 공익**이 없다면 개인의 이기심만 조장된다.[7] 18세에서 20세 청년을 대상으로 한 광범위한 인터뷰에서 크리스천 스미스는 새내기 성인의 "대량 소비주의 생활방식"을 떠받치는 세 가지 가정을 발견한다. 첫째, 그들은 개인들이 공정하게 돈을 벌었다고 믿는다. 둘째, 어떤 사회도 개인의 욕구에 간섭할 수 없고 간섭해서도 안 된다. 셋째, "사람들은 천성적으로 이기적인 획득 동기에 이끌리는데, 이러한 동기는 궁극적으로 부정되거나 저지될 수 없다."[8]

그러나 이기심이 언제나 부의 축적 또는 물건 모으기라는 단순한 형태를 취하는 것은 아니다. 실제로 북미에 살고 있는 우리는 끊임없이 사고 버리는 가운데 돈과 소유물로부터의 분리를 통해 우리의 탐욕을 보다 자주 드러낸다. 우리는 쉽사리 불만을 느끼고 더 새롭고, 더 크고, 더 나은 무언가를 갈구하기 때문에 우리가 소유물을 즐기고 이에 대해 애착을 느끼는 것은 좀처럼 오래 지속하지 않는다.[9] 우리 안에 새로운 욕구와 열정을 만들어 내려는 현대의 마케팅 전략은 종종 우리에게

---

6   Long, *Divine Economy*, 270: "우리에게 ~을 바라도록 가르치는 것, **이것**이 바로 오늘날의 시장의 역할이다."

7   Daniel M. Bell Jr., *The Economy of Desire: Christianity and Capitalism in a Postmodern World* (Grand Rapids: Baker, 2012), 99-102.

8   Christian Smith, *Lost in Transition: The Dark Side of Emerging Adulthood* (Oxford: Oxford University Press, 2011), 80.

9   분리에 대해서는 특히 William T. Cavanaugh, *Being Consumed: Economics and Christian Desire* (Grand Rapids: Eerdmans, 2008), 33-58을 보라.

보다 나아보이는 자기 정체성을 팔려는 시도를 통해 우리의 욕구를 촉진시킨다.[10] 우리의 소비자 자본주의 사회에서 "재화와 용역은 '가지기' 또는 모으기라는 의미에서의 소유라기보다는 언제나 그리고 끝없이 자신의 외모를 돋보이게 하기 위해 새로운 것을 획득하고 시장의 눈, 따라서 다른 사람들의 눈에 가치 있는 존재로 여겨지는 것을 획득하는 것과 더 관련이 있다."[11] 사실 우리의 경제는 우리가 현재 가지고 있는 것에 결코 만족하거나 이를 즐거워하지 않는 데 의존한다. 경제학자들과 신학자들은 모두 우리 사회의 자본주의 소비자 문화는 우리의 충성을 요구하고 우리는 이를 향해 우리의 욕구와 갈망을 지향하고 있는 종교 또는 예전(liturgy)과 같은 기능을 한다고 주장했다.[12] 소비 욕구는 윌리엄 카바노프의 말을 빌리자면 "일종의 영성이다.…소비 욕구는 의미와 정체성을 추구하는 방법이고 다른 사람들과 연결되는 방법이다."[13] 앞으로 살펴보겠지만 성서가 탐욕을 우상숭배, 즉 거짓된 예배로 묘사하는 점에 비춰볼 때, 경제를 "하나님"으로 착각하는 것도 놀라운 일이 아니다. 브라이언 로스너는 서구 사회의 경제와 하나님 사이의 유사성을 섬

---

10 이에 대해서는 특히 Wannenwetsch, "The Desire of Desire," 318-20을 보라.

11 Bell, *The Economy of Desire*, 120.

12 James K. A. Smith, *Desiring the Kingdom: Worship, Worldview, and Cultural Formation, Cultural Liturgies*, vol. 1(Grand Rapids: Baker, 2009), 93-103. Robert H. Nelson, Economics as Religion: From Samuelson to Chicago and Beyond (University Park: Pennsylvania State University Press, 2001), xv는 경제학자들이 그들의 경제적 사고에서 종교적·신학적 가정을 갖고서 활동한다고 주장한다. "경제학자들은 자기가 과학자라고 생각하지만, 이 책에서 내가 주장하고 있듯이, 그들은 신학자들에 더 가깝다." Robert H. Nelson, *The New Holy Wars: Economic Religion vs. Environmental Religion in Contemporary America* (University Park: Pennsylvania State University Press, 2010)도 보라.

13 Cavanaugh, *Being Consumed*, 36.

뜩하게 제시한다.

사람들은 경제가 마치 하나님처럼 사람들의 필요를 무제한으로 공급할 수 있다고 생각한다. 또한 경제는 하나님처럼 신비롭고, 알 수 없고, 타협하지 않는다. 경제에는 큰 힘이 있으며 경제와 관련된 성직자들의 최선의 경영 노력에도 불구하고 큰 위험도 있다. 경제는 마르지 않는 재화의 우물이며, 수명을 연장시켜주고 건강을 제공하고 삶을 풍요롭게 한다고 간주된다. 우리가 신뢰하는 돈과 우리가 숭배하는 광고는 경제의 제의들(rituals)이다. 경제에는 회사 로고, 제품 이름, 신용 카드 등 신성한 상징들도 있는데, 이 상징들은 불멸의 충성심을 불러일으킨다.[14]

탐욕과 과도한 소비를 우상숭배로 보는 성서의 비판은 경제가 사실상 우리의 존재의 모든 측면을 지배하는 오늘날 우리의 정황에서 매우 일리가 있다. 소비자 사회는 우리의 주의를 빼앗아서 우리로 하여금 외롭고, 배고프며, 사회로부터 소외된 사람들의 물리적·관계적 필요들에 눈감게 할 수 있다. 우리는 우리의 욕구를 만족시킬 만큼 "충분히 갖고 있다"고 생각하지 않기 때문에 우리의 자원·소유·삶을 다른 사람들과 나눌 수 없다. 더욱이 **개인의** 이기심이 유일한 목적인 (부정적으로 정의된) 자유와 결합하면 거의 필연적으로 가난한 자들에 대한 지배와 착취로 귀결된다. 자유 시장 교환과 모든 나라에 이익이 될 목적으로 진전

---

14 Brian Rosner, "Soul Idolatry: Greed as Idolatry in the Bible," *Ex Auditu* 15 (1999): 73-86 중 82.

된 세계화가 어떤 부문에서는 부를 증가시켰을 수도 있지만, 보컴이 주장한 바와 같이 이러한 성장은 종종 "가난한 자들의 희생을 담보로 한다. 이러한 성장은 또한 인간 삶의 다른 모든 가치들—서로 대면하는 공동체, 사회적 유대, 상업화되지 않은 문화적 다양성, 그리고 환경 보존—마저도 희생 시킨다."[15] 경쟁은 자본주의에 필요한 요소다. 왜냐하면 인간의 사회적 관계는 개인들이 자신의 이익을 극대화하려 할 때 발생하는 갈등에 따라 정리되기 때문이다.[16] 이에 따른 결과 하나는 인간의 삶을 포함한 사실상 모든 것이 "상품과 동일한 기준—시장성·수익성·소비가능성—에 의해" 평가될 수 있는 일종의 상품으로 변한다는 것이다.[17] 자본주의적 소비주의 이념은 개인이 어떻게 지출하고, 구매하고, 소비하고, 폐기하든—이 선택이 예컨대 그 개인이 소비하는 재화를 생산하는 노동자들에게 어떤 영향을 미치는지와 무관하게—그 개인의 사적인 선택에 특혜를 준다.[18] 그리고 우리의 경제에 참여할 수 없거나 참여하지 않는 사람들은 자신의 사회적 가치가 미미함을 어렵지 않게 인식할 수 있다.

나는 여기서 자본주의 경제·노동·생산·시장에 반대하는 논거를

15　Richard Bauckham, *The Bible in the Contemporary World: Hermeneutical Ventures* (Grand Rapids: Eerdmans, 2015), 67; Steven Bouma-Prediger and Brian J. Walsh, *Beyond Homelessness: Christian Faith in a Culture of Displacement* (Grand Rapids: Eerdmans, 2008), 94-97.

16　Michael Porter, *On Competition* (Cambridge, MA: Harvard University Press, 1998).

17　Bell, *The Economy of Desire*, 106. 이 점에 대해서는 Dotan Leshem, *The Origins of Neoliberalism: Modeling the Economy from Jesus to Foucault* (New York: Columbia University Press, 2016), 167-70, 177-81도 보라.

18　Cavanaugh, *Being Consumed*, 52-53.

나열하려는 것이 아니다. 달리 말하자면 나는 자본주의 교환이 본질적으로 악함을 증명하려는 것이 아니다. 내가 말하려는 요점은 자본주의 소비자 경제를 무비판적으로 수용하고 이에 무비판적으로 참여하면 환대를 베풀기 위해 우리의 자원·소유·시간을 다른 사람들과 나누는 데 중대한 장애가 초래될 수 있다는 것이다. 물론 우리 기독교인들은 우리가 그 안에서 살고 있는 인간 경제에 참여하고 이를 이용할 수밖에 없다. 그러나 우리는 우리의 몸과 마음 그리고 욕망이 자본주의 소비자 경제의 양상과 질서에 순응하게 되는 위험에 빠지지 않도록 지켜야 한다(롬 12:2을 보라). 하나님의 도성에는 우리에게 어떻게 우리의 자원과 소유를 다른 방식과 다른 목적으로 사용하는지를 가르쳐주는 자체의 경제가 있다고 말할 수 있을 것이다.[19] 더욱이 탐욕·경제·환대에 대한 성서의 가르침은 우리가 어떻게 우리의 자원을 자비·환대·연대를 위해 사용할 수 있는지에 대한 중요한 대안적 비전을 제시한다.[20] 하나님의 경제에 관한 신약성서의 가르침은 고대와 현대 세계의 "사물과 사람의 서열 정하기 및 교환 양상"에 강력한 도전을 제기한다.[21] 이어지는 내용에서 나는 신약성서의 몇몇 텍스트들과 이 텍스트들의 가르침이 시행

---

19 아우구스티누스의 『하나님의 도성』(*City of God*)이 이와 관련이 있다. William T. Cavanaugh, *Field Hospital: The Church's Engagement with a Wounded World* (Grand Rapids: Eerdmans, 2016), 140-56을 보라.

20 이에 대해서는 신학적 관점에서 기술된 Kathryn Tanner, *Economy of Grace* (Minneapolis: Fortress Press, 2005)를 보라.

21 이 어구의 출처는 다음과 같다. Stephen C. Barton, "Money Matters: Economic Relations and the Transformation of Value in Early Christianity," *Engaging Economics: New Testament Scenarios and Early Christian Reception*, Bruce W. Longenecker and Kelly D. Liebengood 편 (Grand Rapids: Eerdmans, 2009), 37-59에 실린 글 중 39.

되고 있는 사회에서 만나는 "하나님의 경제"를 검토하자고 제안한다. 이 검토는 다음과 같이 세 가지 주제로 나뉜다. a) 탐욕에서 자비로, b) 경쟁적 후원에서 상호 연대로, c) 구조적 공모에서 예언적 비평으로.

탐욕에서 자비로

성경은 탐욕이라는 악에 대한 경고들로 가득 차 있다. 해안 상업 도시를 향한 에스겔의 예언은 그 도시의 과도한 사치, 부, 교만으로 인해 그 도시에 대한 하나님의 심판을 약속한다(겔 26-28). 에베소서와 골로새서의 악덕 목록에서 바울은 탐욕을 우상숭배라고 말한다(엡 5:5, 골 3:5. 롬 1:29을 보라).[22] 바울은 로마 교회에게 "우리 주 그리스도를 섬기지 아니하고 다만 자기들의 배만 섬기는" 자신의 대적자들에 관해 경고하며(롬 16:18), 빌립보 교회에는 "그들의 배가 신인" 사람들에 대해 경고한다(빌 3:19). 마찬가지로 누가가 기록한 사도행전에서는 부정적인 등장인물이나 신앙의 대적자들이 자주 자신의 소유를 잘못 사용하는 탐욕스러운 인간으로 묘사된다. 선혈이 낭자한 유다의 최후는 그가 "불의의 삯을" 받았기 — 즉 예수에게 충성하기보다 돈을 더 좋아했기 — 때문이다(행 1:18). 아나니아와 삽비라는 자신들의 밭을 판 돈을 공동체와 나누는 대신에 그 값의 일부를 감춘다(행 5:1-11). 마술사 시몬은 돈으로 성령을

22　Brian S. Rosner, *Greed as Idolatry: The Origin and Meaning of a Pauline Metaphor* (Grand Rapids: Eerdmans, 2007).

사려 한다(8:14-25). 데메드리오가 여신 아르테미스에 헌신한 이유는 그가 은 신상을 만들어 이익을 낼 수 있었기 때문이다(19:23-27. 16:16-18도 보라). 벨릭스는 뇌물을 받기를 바라면서 바울을 계속 투옥해둔다 (24:24-26). 누가의 관심사 중 하나는 탐욕과 참 하나님에 대한 헌신의 결여 사이의 관계에 대하여 무언가를 말하는 일이었던 것 같다.[23] 탐욕, 사치, 부의 추구에 대한 성서의 경고 목록을 길게 늘릴 수 있는데, 성서는 왜 탐욕이 악행이라고 가차없이 주장하는가? 이어지는 내용에서는 바울과 예수의 몇몇 가르침들을 탐구함으로써 탐욕의 파괴적인 영향과 탐욕의 해독제를 살펴볼 것이다.

탐욕은 결국 생명·기쁨·안전이 하나님 안에서가 아닌 부와 소유의 축적에서 발견될 것이라고 생각하는 질병이자 무질서한 욕망의 증거다. 탐욕은 질병이지만 어리석은 짓이기도 하다. 왜냐하면 탐욕은 상황이 행복과 안전에 대한 우리의 욕구를 충족할 수 있다고 생각하기 때문이다. 디모데전서 6:6-19에서 바울은 부의 올바른 사용에 대한 신학적 관점을 제시하고, 부에 대한 사랑을 **인간의 욕망을 교란함으로써** 엄청난 피해를 주는 치명적인 질병이라고 묘사한다. 바울이 탐욕을 어떻게 욕망의 타락이라는 표현을 사용하여 묘사하는지 주목하라. 부하려 하는 자들은 "어리석고 해로운 욕심에 떨어지나니 곧 사람으로 파멸과 멸망에 빠지게"(6:9) 한다.[24] 탐욕 또는 **돈에 대한 사랑**(philargyria)은 사

---

23 이 주제는 Luke Timothy Johnson, *The Literary Function of Possessions in Luke-Acts*, SBLDS 39 (Missoula, MT: Scholars Press, 1977) 전반에 걸쳐 강조되고 있다..
24 바울(또는 바울 추종자라는 표현을 선호하는 이도 있을 것이다)이 보편적인 철학의 주제를 사용해서 탐욕을 영혼의 열정으로 묘사하고 있다는 주장에 대해서는 Abraham J. Malherbe의 뛰어난 논문 "Godliness, Self-Sufficiency, Greed, and the Enjoyment of

람들을 하나님으로부터 멀어지게 하고 "많은 근심으로써 자기를 찌르게" 되는 "갈망"으로 귀결된다(6:10). 바울이 사용하는 언어는 "탐욕"을 무언가 살아 있고 활동적인 것이라고 암시하는데, 그 이유는 탐욕이 보다 많은 부를 향한 만족할 줄 모르는 허기와 욕망을 만들어내기 때문이다. 그러나 탐욕은 사람들을 속이고 이를 통해 그들을 지배하기 때문에 어리석고 위험한 갈망이다. 따라서 탐욕은 그 희생자를 파멸에 "내던지고" 그들에게 엄청난 고통을 가하는 "유혹"이자 "덫"이다. 바울은 부자들이 그들의 돈이 이 세상에서 안전을 제공하거나 다음 세상에서의 종말론적 삶에 대한 안전장치 기능을 할 수 있다고 생각할 유혹을 받지 않도록(욥 31:24-26; 잠 11:28을 보라) 그들에게 "마음을 높이지 말고 정함이 없는 재물에 소망을 두지 말라"고 경고한다(6:17a). 바울이 앞에서 말한 것처럼 "우리가 이 세상에 아무것도 가지고 온 것이 없으매 또한 아무 것도 가지고 가지 못한다"(6:7).

그렇다면 이렇게 파괴적이고 치명적인 탐욕이라는 악에 대한 해독제는 무엇인가? 바울은 하나님이 자기 백성에게 준 소유에 대해 감사하며 누리기(6:17하. 4:4-5를 보라), 기본적인 음식과 의복 공급에 대한 만족(6:6-8), 그리고 "의와 경건과 믿음과 사랑과 인내와 온유"(6:11)라는 미덕의 추구를 지지한다. 달리 말하자면 바울은 하나님의 경제—그 안에서는 하나님이 자기 백성에게 모든 좋은 선물을 주는 유일한 공급자이고 하나님만이 미래에 대한 소망과 안전을 제공하는 영원하고, 주권적

Wealth: 1 Timothy 6:3-19," *Light from the Gentiles: Hellenistic Philosophy and Early Christianity: Collected Essays, 1959-2012, by Abraham J. Malherbe*, NovTSup 150, vol. 1 (Leiden: Brill, 2014), 507-57에 실린 글을 보라.

이며 불멸하는 통치자다—를 인정하는 것을 지지한다. 하나님이 "복되시고 유일하신 주권자이시며 만왕의 왕이시며 만주의 주시요 오직 그에게만 죽지 아니함이 있다"(딤전 6:15b-16a)는 묘사는 사람이 재물이 아니라 하나님을 신뢰해야 할 명백한 신학적 근거를 제공한다. 그러나 바울은 또한 하나님의 경제는 우리의 부와 물질적 자원을 더 잘 사용할 수 있는 방법을 제시한다고 주장한다. 간단히 말해서 데이비드 다운스가 최근에 주장한 바와 같이 소유 및 부를 탐욕스럽게 쌓아올리는 것은 "특히 관대하고 자선적인 부의 처분을 통해 선한 일을 수행하기 위한 용도로 물질적 자원을 사용하는 것"[25]과 배치된다. 바울은 부자들이 불안정한 부를 신뢰하지 말고 **이런 식으로** 그들의 부를 즐겨야 한다고 말한다—"선을 행하고 선한 사업을 많이 하고 나누어 주기를 좋아하며 너그러운 자가 되게 하라"(6:18). 이것을 자선 기부, 구제 또는 자비의 행위 등 뭐라고 부르든 간에 바울은 하나님의 경제는 다른 사람들의 유익을 위해 자신의 소유를 관대하게 사용하는 데서 발견되는 부의 즐거움을 지지한다고 제안한다.[26] 자신의 부를 이런 식으로 사용하는 사람들은 "장래에 자기를 위하여 좋은 터를 쌓아 참된 생명을 취한다"(6:19). 만약 하나님만이 영원한 주권자인 왕이라면, 하나님은 자기의 부와 소유물을 다른 사람들과 나눔으로써 종말론적 보물을 쌓은 사람들에게 영생으로 갚아줄 수 있다(마 6:19-21을 보라). 요컨대 탐욕의 해독제는

---

25 David J. Downs, *Alms: Charity, Reward, and Atonement in Early Christianity* (Waco, TX: Baylor University Press, 2016), 157.

26 나는 6:18에 나오는 세 개의 부정사를 6:17b의 "누리게 하시는"에 대한 보충 해설이라고 생각한다. 이러한 번역을 옹호하는 견해는 Malherbe, "Godliness, Self-Sufficiency, Greed," 550을 보라.

하나님의 경제에서는 하나님이 모든 부와 물질적 자원의 제공자이고, 부는 선행과 관대한 나눔을 통해 향유되어야 하며, 하나님은 자기의 자원을 나누는 사람들에게 보상으로 종말론적 생명을 줄 것이라는 점을 인식하는 것이다.[27]

누가복음은 로마 지배하의 팔레스타인에서 작동하고 있는 착취적이고 무자비한 인간 경제에 대한 예수의 비판과 구제와 자선 행위, 하나님이 공급해 줄 것이라는 감사의 신뢰를 통해 하나님의 경제에 참여하라는 요구로 가득 차 있다. 예수의 가르침과 비유들은 고대 경제에 대한 연구가 우리에게 가르쳐준 바—당시의 경제는 주로 자급 농업을 중심으로 이루어졌고, 도시는 생산의 장소가 아니라 소비의 장소였으며, 부는 토지와 밀접하게 연결되어 있었다[28]—를 반영한다. 이러한 현실의 몇 가지를 반영하고 있는 긴 구절(눅 12:13-34)을 살펴보자. 당신은 아마도 예수에게 토지 상속에 관한 형제 사이의 분쟁에 대해 중재자 역할을 해달라고 요청하는 사람의 이야기를 기억할 것이다(눅 12:13-15). 우리가 알기로는 예수에게 나아온 사람은 동생일 가능성이 높은데 그에게는 불평할 만한 정당한 근거가 있었다. 우리는 그 동생의 경제적 관심사에 관여하기를 완전히 거부하는 것으로 보이는 예수의 반응에 놀랄 수도 있다. "누가 나를 너희의 재판장이나 물건 나누는 자로 세웠느냐?"(12:14) 많은 사람들이 그의 몫이 되는 것이 합당하다고 말할 수도 있는 토지를 상속받으려는 이 사람의 땅에 대한 욕망을 강조하면서, 예

---

27 Downs, *Alms*, 160.
28 고대 경제에 관한 표준적인 연구는 Moses I. Finley, *The Ancient Economy* (Berkeley: University of California Press, 1999)다.

수는 탐욕의 죄를 지적한다. "삼가 모든 탐심(pleonexias)을 물리치라. 사람의 생명이 그 소유의 넉넉한 데 있지 아니하니라"(12:15). 달리 말하자면 예수는 그 사람의 과도한 잉여 소유 욕망을 겨냥하고 있다.[29] 탐욕이라는 악은 흔히 부에 대한 만족할 줄 모르는 욕망과 사회적 신분 상승에 대한 갈망을 결합하는데, 지주들에게는 언제나 높은 지위가 부여되었음을 감안할 때 이러한 지적은 일리가 있다. 예수가 "생명"과 "소유"를 대조하는 점을 주목하라(12:15b).

이 동생에 대한 예수의 엄한 질책과 탐욕에 대한 경고는 곧바로 어리석은 부자 지주에 관한 비유로 이어진다(12:16-21). 아마도 이 비유에 나오는 부자는 소유를 축적함으로써 자신의 **생명**(이 부자가 자기 **영혼**에 대해 언급하는 점에 주목하라, 19, 20절)을 안전하게 지킬 수 있다고 생각하고 있는 듯하다.[30] 누가는 아래로부터의 관점, 즉 소작농 경제의 관점을 취해서 이 부자를 흉년이 들면 상당한 이익을 남길 수 있는 부유하고, 무자비하며 소비적이고 착취적인 지주들의 상징으로 본다.[31] 이 부자가 자기의 풍성한 수확물과 관련하여 자신에게 던진 "내가 어찌할까?"(12:16, 17)라는 질문에 어떤 답을 할 수 있을지 상상해본다면, 우리는 예수가(또는 바울이) "가진 것을 모두 나누어 주어라"라는 답을 쓸 것

---

29 Malherbe, "The Christianization of a Topos (Luke 12:13-34)," *Light from the Gentiles*, 339-51에 실린 글 중 348.

30 이 비유 및 죽음에 직면해서 소유를 올바로 사용하기라는 보다 넓은 주제에 대해서는 Matthew S. Rindge, *Jesus' Parable of the Rich Fool: Luke 12:13-34 among Ancient Conversation on Death and Possessions*, Early Christianity and Its Literature, vol. 6 (Atlanta: Society of Biblical Literature, 2011)을 보라.

31 Halvor Moxnes, *The Economy of the Kingdom: Social Conflict and Economic Relations in Luke's Gospel* (Philadelphia: Fortress Press, 1988), 88-89.

이라고 쉽게 상상할 수 있다. 가난한 사람들이 근근이 살아가는 소작농들로 가득한 경제에서 자신의 소유를 축적하기로 한 이 부자의 결정은 자기 주위의 가난한 사람들의 필요를 완전히 망각한 처사다. 셋째, 비유의 결론에 기초하면 (아마도 이 점이 가장 중요한데) 이 부자는 **하나님**을 궁극적인 기준점으로 고려하지 않는 방식으로 자신의 소유를 사용하고, 축적하고, 계획을 세웠다. "자기를 위하여 재물을 쌓아 두고 하나님께 대하여 부요하지 못한 자가 이와 같으니라"(21절).[32] 이런 이유로 이 부자는 전형적으로 "어리석은 자"가 된다. 이 점이 바로 이 부자가 마치 하나님이 멀리 떨어져 계셔서 악에 대해 신경을 쓰지 않거나 심판하지 않는 것처럼 계획을 세우고 행동하는, 시편에 나오는 어리석은 자(예컨대 시 14:1)를 상기시키는 전형적인 "어리석은 자"인 이유다.

당시의 경제 관행에 대한 예수의 비판은 몇 가지 가능한 대안들을 암시하는데, 다행히도 누가복음 12:22-34에서 예수는 당시의 경제에 대해 비판하고 나서 하나님의 경제를 제시하는 것으로 이동한다. 예수는 하나님의 경제를 다음과 같이 제안한다. 1) 자원이 **부족하므로** 우리의 생명을 위해 자원이 확보되고 축적되어야 한다는 믿음을 거절하고, 하나님은 자기 백성과 모든 피조물에게 필요를 공급해주는 풍성한 하나님임을 신뢰한다(12:24-31). 2) 전적으로 하나님과 하나님 나라를 지향하면 그 결과 생필품이 공급될 것이다(12:31-32). 3) 부와 소유에 대

---

32   이 점에 대해서는 Luke Timothy Johnson, *Sharing Possessions: What Faith Demands*, 2판. (Grand Rapids: Eerdmans, 2011)의 주요 주제 중 하나, 곧 우리가 우리의 소유를 갖고 다른 사람들에게 반응하는 방식이 바로 우리가 하나님께 반응하는 방식이라는 주제를 보라.

한 근심과 예속으로부터 자유롭게 해주는 하나의 수단으로서 기부와 관대함의 습관을 함양한다(12:31). 4) 하나님에게 영원히 보상받도록 자신의 소유를 궁핍한 자들과 철저하게 나누고 공유한다(12:33-34). 누가복음 12:33에서 누가는 다음과 같은 세 가지 명령을 통해 자신을 위해 탐욕스럽게 소유를 축적하는 자들에 대한 해결책으로써 예수가 구제를 옹호한 것을 강조한다. "너희 소유를 **팔아라**", "**구제하라**", 그리고 "**낡아지지 아니하는 배낭을 만들라.**" 이 부자의 어리석음은 자신의 부를 가난한 자들과 나누어 자신을 위해 가치가 감소하지 않는 하늘의 보물을 확보하는 대신, 자신의 엄청난 부를 자신의 유익을 위해 축적한 데 있다(12:21).[33]

탐욕의 해독제로서 구제를 실천하라는 예수의 명령은 예수가 식사 전에 손을 씻지 않는 데 놀란 바리새인들에 대한 예수의 반응에서도 발견된다(눅 11:37-41). 예수는 바리새인들이 잔의 겉은 꼼꼼하게 닦지만 속은 "탐욕(*arpagēs*)과 악독"으로 가득 차 있다고 비난한다(11:39b). 그리고 이렇게 말한다. "안에 있는 것과 관련하여 구제하라. 그러면 모든 것이 너희에게 깨끗할 것이다"(11:41. 저자의 번역).[34] 여기서도 예수는 자비

---

33 Downs, *Alms*, 129. "…구제는 눅 12:16-21의 어리석은 부자 비유에 예시된 바와 같이 자신을 위해 보물을 쌓아두고 하나님에 대해서는 부요하지 못한 사람들이 경험하는 처벌에 대한 해독제다." 신약성서 전반에 걸쳐(그리고 구약성서도 마찬가지다) 가난한 자들에 대한 자비의 행위는 이 선물을 보고, 받고, 갚아주는 하나님에게 수직적인 초점을 맞추고 있다. Gary A. Anderson, *Charity: The Place of the Poor in the Biblical Tradition* (New Haven: Yale University Press, 2013) 전체를 보라.

34 이에 대해서는 Christopher M. Hays, *Luke's Wealth Ethics: A Study in Their Coherence and Character*, WUNT 2.275 (Tübingen: Mohr-Siebeck, 2010), 120-23을 보라. 내 번역은 *ta enonta*가 관계의 목적격이라는 Hays의 주장을 반영한다.

를 바리새인들의 탐욕에 대한 속죄 수단으로 제시한다.[35] 그들이 구제와 자선을 실천한다면, 그들은 "공의와 하나님께 대한 사랑"을 저버렸다는 예수의 비난을 받지 않을 것이다(11:42). 이 일화의 명백한 함의는 하나님에 대한 사랑이 타인에 대한 자비의 행위를 통해 표명된다는 것이다. 이는 소위 선한 사마리아인 비유에서 예수가 가르친 바와 다르지 않다(10:25-37).

위에서 간단히 살펴본 바울과 누가, 그리고 예수의 가르침은 하나님의 경제에 있어 첫 단계는 탐욕에서 자비로 옮겨가는 것이라고 제안한다. 반복되는 성경의 경고가 분명히 보여주듯이 탐욕의 교묘하고 기만적인 힘은 인식하기 어렵다. 탐욕은 유일하게 안전을 제공할 수 있고, 유일하게 음식과 의복의 선물을 주며, **다른 사람들과 나눔으로써** 즐길 수 있는 자원을 주는 존재인 하나님으로부터 우리의 마음을 멀어지게 하는 병든 사랑 또는 욕망이다. 탐욕은 바로 우리 눈앞에 있는 이웃의 **필요를 보거나 인식하지** 못하게 만들 수 있다. 예수와 바울은 탐욕 대신 구제, 자비, 그리고 자신의 풍요를 다른 사람들과 나누는 것을 지지한다. 타인을 향한 자비는 하나님을 본받는 것이고, 정의와 하나님에 대한 사랑을 지향하는 삶을 입증하며, 심지어 부와 소유를 축적하려는 우리의 성향을 속죄하거나 정화할 수 있다.

---

35   Downs, *Alms*, 127.

경쟁적 후원에서 경제적 연대로

특히 고대 로마 경제는 가족, 손님-친구, (황제와 같은) 정치 구조, 그리고 엄격하게 계층적인 사회적 지위와 같은 중요한 사회 제도들 안에 체화되었다.[36] 따라서 사회 제도가 경제적 행위와 개인의 부 획득 능력에 막대한 영향을 미쳤기 때문에 돈은 유일한 (또는 아마도 주된) 경제적 교환 형태가 아니었다. 고대 경제에 체화된 매우 중요한 고대 사회 제도 중 하나는 후견 제도 즉 호의와 선물의 상호 교환이다.[37] 헬렌 리는 "후견인-피후견인 관계는 기본적이고, 비공식적이고, 다양한 사회관계에 편재한 그리스-로마의 호혜주의 윤리에 기초하면서 동시에 이 호혜주의 윤리의 일부를 형성했다"고 말한다.[38] 다양한 후원 범주 중, 호의의 교환은 대개 사회 계층 면에서 지위가 다른 "친구들" 사이에서 발생했다.[39] 이 관계들의 특징은 "강력한 불평등과 힘의 차이라는 요소"였다.[40] 약간의 음식, 돈, 법적 보호, 대출, 식사의 대가로 피후견인들은 자신의 후견

---

36 "체화된" 경제 개념에 대해서는 Karl Polanyi, *The Great Transformation: The Political and Economic Origins of Our Time* (Boston: Beacon Press, 1957)을 보라.

37 이후에 설명될 내용에 대해서는 특히 Peter Garnsey and Richard Saller, *The Roman Empire: Economy, Society and Culture*, 2판 (Berkeley: University of California Press, 2015), 173-84를 보라. Richard P. Saller, *Personal Patronage under the Early Empire* (Cambridge: Cambridge University Press, 1982), 1은 후원에는 다음과 같은 세 가지 요소가 포함된다고 주장한다. 1) 자원과 서비스 상호 교환, 2) 연대 또는 개인적 충성 요소, 3) 비대칭적인 사회적 지위

38 Helen Rhee, *Loving the Poor, Saving the Rich: Wealth, Poverty, and Early Christian Formation* (Grand Rapids: Baker, 2012), 14.

39 세네카의 「은전에 관하여」(*On Benefits*)는 이 주제에 할애된 가장 유명한 고대의 논문이다. 이에 대해서는 Miriam T. Griffin, *Seneca on Society: A Guide to* De Beneficiis (Oxford: Oxford University Press, 2013)를 보라.

40 Moxnes, *The Economy of the Kingdom*, 42.

인의 사회적 지위에 기여할 수 있는 공개적인 행동에 관여하도록 기대되었다.[41] 후견인들은 종종 자신의 피후견인들을 위해 연회를 열었는데, 종종 더 좋은 음식과 상석을 배정함으로써 식사를 가장 귀한 피후견인들을 구별하는 기회로 삼았다. 받은 선물에 대해 보답하지 않거나 시혜자의 관대함을 광고하지 않는 것은 배은망덕으로 간주되었고 후견인과 피후견인 사이에 적대감을 초래할 수도 있었다. 사회적 교환이 후견 제도의 핵심이었기 때문에, 후견인들은 자신들의 사회적 지위에 부정적인 영향을 주거나 자신의 사회적 지위에 기여하지 않는 사람들과 후견 관계를 맺지 않았다.[42] 주는 것은 매우 계산적이었다.

후견 제도의 핵심은 **호혜주의**와 **경쟁**이다. 자원—명예·지위·음식·돈·권력—이 부족했기 때문에 후견 제도는 이러한 자원에 대한 치열한 상호 경쟁 체계를 취했다.[43] 후견인은 지속적인 선물 제공을 통해 끊임없이 자신의 지위를 개선하려 하고, 피후견인은 자신의 후견인에게 빚을 지고 후견인에 대한 숨 막히는 의무의 그물에 사로잡혀 좀처럼 여기서 벗어날 수 없다. 이러한 이유로 인해, 그리고 특히 후견 제도가 비대칭적 관계와 관련이 있다는 사실에 비추어 볼 때, "후견인-피후견인 관계가 착취적 관계가 될 내재적인 가능성이 있다"는 다운스의 주장은 옳다.[44]

---

41 Garnsey and Saller, *The Roman Empire*, 176.
42 Garnsey and Saller, *The Roman Empire*, 180-81.
43 Rhee, *Loving the Poor, Saving the Rich*, 15.
44 David J. Downs, "Is God Paul's Patron? The Economy of Patronage in Pauline Theology," *Engaging Economics*, 129-56에 실린 글 중 137.

후견 제도와 관련된 중요한 관행 중 하나는 공익 기부 행위 즉 도시의 이익을 위한 기부금 증여였다.⁴⁵ 공익 기부는 대중목욕탕·극장·회당과 같은 건축 프로젝트, 게임·오락·돈·식사의 제공 또는 식량 제공의 형태를 취할 수 있었다. 후견인들은 종종 식량이 부족할 때 그들의 시민들을 위한 곡물 배급 자금을 대도록 요구되었지만, 일반적으로 시민보다 낮은 사회 계층에는 그들의 호의가 제공되지 않았다. 그들의 도시 사랑에 대한 대가로 후견인들은 공개적인 감사 표시와 명예를 얻었다.⁴⁶ 그러나 가난한 사람들은 호의에 보답할 수 없었고 유력한 계급이 아니었기 때문에 (비록 때로는 가난한 사람들에게 간접적으로 어느 정도 이익이 되기는 했지만) 기부는 가난한 사람, 노예, 외국인에게 유익을 주기 위한 목적이 아니었다.⁴⁷ 달리 말하자면 후견 제도에 참여하려면 뭔가 제공할 것이 있어야 했는데 가난한 사람들은 제공할 것이 없었다.⁴⁸ 후견인들은 주로 명예를 쌓는 수단으로 기부했고, 이로 인해 그들이 제공하는 선물은 기존 사회 계층을 강화시켰다.⁴⁹ 예컨대 우리는 이미 식사가 자신의

---

45 특히 Paul Veyne, *Bread and Circuses: Historical Sociology and Political Pluralism* (London: Allen Lane, 1990)을 보라. 후견 제도와 공익 기부를 **구분되지만 관련이 있는** 경제적 교환 개념으로 보는 데 대해서는 Stephen Joubert, "One Form of Social Exchange or Two? 'Euergetism,' Patronage, and Testament Studies," *BTB* 31 (2001): 17-25를 보라.

46 키케로는 『의무에 관하여』(*On Duties*) 1.44에서 (도덕이나 가난한 사람들에 대한 동정이 아닌) 명예가 기부의 동기라고 말한다.

47 이에 대해서는 Peter Brown, *Poverty and Leadership in the Later Roman Empire* (Hanover, NH: University Press of New England, 2002), 4-5를 보라. 괄호 안의 내용에 대해서는 Anneliese Parkin, "'You Do Him No Service': An Exploration of Pagan Almsgiving," *Poverty in the Roman World*, Margaret Atkins and Robin Osborne 편 (Cambridge: Cambridge University Press, 2006), 60-82에 실린 글을 보라.

48 Longenecker, *Remember the Poor*, 71-73을 보라.

49 Hays, *Luke's Wealth Ethics*, 61-63.

사회적 지위를 홍보하는 기회로 사용된 방식을 보았다.[50] 그리스-로마 사회에서는 가난한 사람들의 빈곤을 경감시키려는 어떤 체계적 시도나 구조적 접근도 없었다.[51]

호혜주의가 착취와 불평등으로 이어지는 경향이 있어서 구약성서와 고대 유대교는 호혜주의에 기초한 사회 제도들에 관하여 놀랄 만큼 양면적인 태도를 보임을 감안할 때,[52] 예수와 바울이 호혜주의, 경쟁, 그리고 강력한 사회적 계급의식을 특징으로 하는 경제적 교환 관계에 노골적으로 반대한다 해도 놀랄 일이 아니다. 대신에 우리는 예수와 바울 모두 가난한 사람들이 주목받고 돌봄을 받고, 부는 지위상의 계층으로 귀결되지 않고, 선물이 대가 없이 제공되고 자선 행위가 **하나님으로부터**의 보응과 보상을 기대하면서 동정적인 연대 가운데 수행되는 대안 경제를 옹호하고 있음을 발견한다.[53]

예수는 그의 평지 설교(눅 6:17-49)에서 고대 경제에서 중요한 역할을 하지 않았을 사람들 즉 가난하고 배고픈 자들에게 축복을 선언함

---

50 예컨대 Peter Garnsey, *Food and Society in Classical Antiquity, Key Themes in Ancient History* (Cambridge: Cambridge University Press, 1999), 113-27을 보라.

51 Finley, *The Ancient Economy*, 39-40. 그러나 구걸과 빈곤을 제거하기 위한 수단으로 초기 랍비들에 의해 발전된 *tamhui*(무료 급식소)와 *quppa*(자선 기금)를 보라. 이에 대해서는 Gregg E. Gardner, *The Origins of Organized Charity in Rabbinic Judaism* (Cambridge: Cambridge University Press, 2015)을 보라.

52 이에 대해서는 중요한 연구 Seth Schwartz, *Were the Jews a Mediterranean Society? Reciprocity and Solidarity in Ancient Judaism* (Princeton, NJ: Princeton University Press, 2010), 168을 보라. "나는 벤 시라, 요세푸스의 저술들, 그리고 탈무드의 어느 구절에서…호혜주의가 사회의 결속을 다지는 접착제 역할을 한다고 치하하거나, 이에 기초한 관계들이 필연적으로 빠져 들게 되는 억압·착취·불의를 무시할 정도로 호혜주의를 이상화시키는 내용을 본 적이 없다."

53 이에 대해서는 John M. G. Barclay, *Paul and the Gift* (Grand Rapids: Eerdmans, 2015), 39-45를 보라. 『바울과 선물』(새물결플러스 역간).

으로써(6:20-22) 사회 질서를 전복하고, 부유하고 배부른 자들에게 화를 선언한다(6:24-25). "너희 원수를 사랑하며 너희를 미워하는 자를 선대하라"(6:27)는 명령에서 호혜주의 윤리에 대한 예수의 반감을 분명히 볼 수 있다.[54] 이는 고대 세계에 만연해 있던 정의 개념, 곧 친구를 이롭게 하고 적을 해롭게 하라는 개념[55]에 거의 정면으로 반대되는 개념이다. 예수는 심지어 자기 제자들이 "부정적 호혜주의"—저주, 뺨 때리기, 옷 빼앗기—에 선물로 반응하라고 요구한다.[56] "네게 구하는 자에게 주라"(6:30a)는 예수의 명령은 누구에게 선물과 호의를 베풀어야 할지 계산하고 구별해야 한다는 기존의 지혜를 배척한다.[57] 모든 형태의 호혜주의 윤리에 대한 예수의 거부는 6:32-35a에 언급된 예수의 명령에 가장 명확히 드러나 있다.

> 너희가 만일 너희를 사랑하는 자만을 사랑하면 칭찬 받을 것이 무엇이냐? 죄인들도 [자기를] 사랑하는 자는 사랑하느니라. 너희가 만일 선대하는 자만을 선대하면 칭찬 받을 것이 무엇이냐? 죄인들도 이렇게 하느니라. 너희가 받기를 바라고 사람들에게 꾸어 주면 칭찬 받을 것이 무엇이냐? 죄인들

---

54 이에 대해서는 특히 예수의 사랑 명령에 대한 유용한 논문인 Alan Kirk, "'Love Your Enemies,' the Golden Rule, and Ancient Reciprocity (Luke 6:27-35)," *JBL* 122 (2003): 667-86을 보라.
55 예컨대, Hesiod, *Works and Days* (342, 354 행): "친구를 잔치에 초대하고 적은 초대하지 말라. …네게 주는 자에게 주고, 주지 않는 자에게는 주지 말라."
56 부정적 호혜주의에 대해서는 Marshall Sahlins, *Stone Age Economics* (London: Tavistock, 1974), 195-96을 보라.
57 Joel B. Green, *The Theology of the Gospel of Luke* (Cambridge: University of Cambridge Press, 1995), 114-15.

도 그만큼 받고자 하여 죄인에게 꾸어 주느니라. 오직 너희는 원수를 사랑하고 선대하며 아무 것도 바라지 말고 꾸어 주라.

"죄인들도 이렇게 하느니라"라는 예수의 반복구는 예수의 경제와 세상의 경제의 자원 교환 방식에 현격한 차이가 있음을 가리킨다. 인간 경제는 좋은 보상을 받으리라는 계산된 기대가 선행의 동기가 되는 토대임을 암시한다. 예수가 호혜주의 윤리를 거부하고, 모두를 사랑하고 모든 사람에게 주고 선을 행하라고 명령하는 근거는 자비로운 하나님의 성품과 하나님에게 보상을 받으리라는 기대임이 암시된다. 예수의 제자들이 하나님을 본받아 은혜를 모르는 자와 악한 자들에게 자비와 은혜를 베풀면 그들은 "지극히 높으신 이의 아들들"이 될 것이다(6:35b). "너희 아버지의 자비로우심 같이 너희도 자비로운 자가 되라"(6:36).[58] 이는 비호혜주의적·비계약적·비계산적인 재화와 자원의 교환 형태다. 참으로 중요한 것은 하나님 앞에서의 '공로'이기 때문에 우리는 선의와 선물에 대해 동료 인간들로부터 "공로"를 인정받는 경제를 거부하도록 동기가 부여된다. 누가는 [인간으로부터의] 보상을 바라고 주는 것이 아니라, 하나님에게 "공로"를 인정받기 위해 주는 것을 지지한다.[59] 더욱이 하나님의 자비, 그리고 이를 본받으라는 요구는 우리가 자비와 동정심을 보여야 할 이유일 뿐 아니라 다른 사람들에 대해

---

58 Kirk, "'Love Your Enemies,' the Golden Rule, and Ancient Reciprocity (Luke 6:27-35)," 683.

59 Jonathan Marshall, *Jesus, Patrons, and Benefactors: Roman Palestine and the Gospel of Luke*, WUNT 2.259 (Tübingen: Mohr-Siebeck, 2009), 216: "보답할 수 없는 타인들에 대한 관대함은 하나님의 풍성함으로부터 보상된다."

판단하지 않아야 할 이유다(37-38). 예수가 제시하는 하나님의 경제는 후원과 기부의 경쟁적이고, 계급 지향적이며, 지배적인 경향을 띤 후원과 기부를 거부하고 대신에 사람들로 하여금 모든 사람에게 자비롭고 동정적으로 주는 하나님 아버지를 닮도록 요구한다. 이러한 하나님의 경제를 들여다보는 창을 제공하는 예수의 세 가지 비유를 살펴보자.

소위 선한 사마리아인 비유에서 우리는 예수의 제자가 되려는 사람들에게 요구되는 환대와 자비 행위의 본질에 대한 예수의 가장 명확한 가르침들을 발견한다(10:25-37). "내가 무엇을 하여야 영생을 얻으리이까?"라는 어떤 율법교사의 질문(10:25)에 대한 대답으로 예수는 그 율법교사에게 토라를 어떻게 해석하는지 질문함으로써 성서 논쟁을 벌인다(10:26). 이 율법교사는 토라의 요약으로 '하나님을 사랑하고 또한 네 이웃을 네 자신 같이 사랑하라'고 답변한다(10:26-27. 신 6:5; 레 19:18도 보라). 예수는 이 답변을 긍정한다. "이를 행하라. 그러면 살리라"(10:28a). 그러나 "내 이웃이 누구니이까?"라는 율법교사의 후속 질문은 "자기를 옳게 보이려는" 그의 욕망을 드러낸다. "자기를 옳게 보이려는"이라는 누가의 표현은 그가 지위에 관심이 있음을 보여준다(다음 구절들을 보라. 7:29-30; 16:14-15; 18:9). 마찬가지로 그는 예수가 자신의 범주에 들어맞는 "이웃"의 정의를 확립해 줌으로써 자신을 옹호하리라고 기대한다. 더욱이 그의 질문은 레위기 19:18에 등장하는 "이웃"의 모호함을 이용하고 있다. 예수의 반응은 이 비유를 사용해서 레위기 19:18을 외인들에 대한 포괄적 사랑으로 해석하는 것이었다. 따라서 예수는 이웃을 사랑하라는 토라의 명령을 확대하여 외인들을 사랑하라는 명령을 포함시킨다(레 19:33-34). 왜냐하면 레위기 19:33-34의 텍스트는 이스라엘에게 "[외인들을] 자기 같이 사랑하라"고 요구하기 때문이다. 그러므로 외인들은 "이웃"의 지시 대상에 속하며 환대는 토라의 이행이다.[60]

예수는 환대를 죄인 및 소외된 자를 경계 짓는 정결 규례에 대비시키는 것이 아니라 그보다 **위에** 둔다.[61] 어느 민족인지 알 수 없는 거의 죽은 사람(10:30)을 본 제사장과 레위인은 해석학적인 곤경에 처한다.[62] 그들이 그 사람에게 환대를 베풂으로써 부정하게 되는 위험을 감수할지(레 21:1-3, 10-11; 민 19:11-19) 아니면 이웃에게 자비를 보이지 않지만 제의적 정결을 유지할지(레 19:18, 33-34; 호 6:6; 미 6:6-8)가 문제다.[63] 이 이야기는 곤경에 처한 외인에 대한 자비의 행위에 구현된 사랑 계명(레 19:33-34)을 제의적 정결보다 우선시한다. 외인에 대한 환대는 "연민"(10:33)과 "자비"(10:37)의 표현이다. 반대로, 정결 규례를 엄격하게 시행하면 제사장과 레위인은 특권층이 되고 소외계층은 배제되는 계급 체계를 형성한다.

예수는 "내 이웃이 누구이니까?"(10:29)라는 율법교사의 질문을 "누가 이웃이 **되겠느냐?**"(10:36)라는 질문으로 바꾼다. 예수의 질문은 "자비를 베푼 자니이다"(10:37a)라는 반응을 이끌어내기 때문에 기발한 수사의문이다. 이 답변은 외인에 대한 환대를 **정결보다** 우선시하

---

60 Green, *The Gospel of Luke*, 425는 이 이야기는 "해석학적인 기능을 수행한다. 이 이야기는 율법 전문가에 의해 제시된 율법의 요약을 해석한다"고 올바로 지적한다.

61 다음 구절들을 보라. 레 21:17-23; 1QM 7.4-6; 눅 11:37-44.

62 Richard Bauckham, "The Scrupulous Priest and the Good Samaritan: Jesus' Parabolic Interpretation of the Law of Moses," *NTS* 44, no. 4 (1985): 475-89를 보라.

63 Kenneth E. Bailey, *Through Peasant Eyes* (Grand Rapids: Eerdmans, 1980), 44-46.

고, **제사장과 레위인보다** 친절한 사마리아인을 생명의 상속자로 높이고, 사마리아인과 외인 사이의 환대 실행이 외인들 사이의 가족 관계 또는 우정 관계를 형성한다는 점을 보여준다.[64] 율법 교사가 어쩔 수 없이 "자비를 베푼 자니이다"라고 한 대답은 이제 그에게 자신이 양립할 수 없다고 생각한 두 개념 곧 "사마리아인"과 "이웃"을 결합하도록 요구한다. 예수의 답변은 율법에 대한 순종의 관점에서 레위기 19:34의 외인들을 사랑하라는 요구를 사용하여 레위기 19:18b의 사랑 계명을 해석한다. 자기의 재화를 다 빼앗긴 채 죽어가는 사람은 사마리아인과 교환하거나 또는 그에게 줄 것이 전혀 없기 때문에 사마리아인의 환대는 비호혜주의적이며, 이 사마리아인은 이렇게 보답을 기대하지 않고 선하고 자비로운 행동을 하라는 예수의 요구(6:27-36; 14:12-24)에 대한 본보기("가서 너도 이와 같이 하라", 10:37)로 기능한다.

다른 식사 장면(눅 14:1-14)에서 손님 중 한 명이 예수의 가르침에 끼어들며 "무릇 하나님의 나라에서 떡을 먹는 자는 복되도다"(14:15b)라고 참견하자, 예수는 "의인들의 부활"시에 누가 신적 환대를 향유할지 명확히 하기 위해 비유 하나를 말한다.[65] 예수가 이 땅에 와서 "하나님 나라"를 선포하고 먹는 것과 마시는 것을 통해 하나님 나라를 구현했음에 비추어볼 때, 독자는 이 비유를 예수 자신의 사역에 대한 설명이

---

64 예수 당시의 유대인과 사마리아인 사이의 관계에 대해서는 J. Massyngbaerde Ford, *My Enemy Is My Guest: Jesus and Violence in Luke* (Maryknoll, NY: Orbis, 1984), 79-83을 보라.

65 눅 13:23-30과 14:16-24에 등장하는 두 비유 모두 종말론적 연회를 떠오르게 한다 (다음 구절들을 보라. 사 2:2-4; 25:6-9; 65:13-14; 슥 8:7-8, 19-23). 또한 Dennis E. Smith, *From Symposium to Eucharist: The Banquet in the Early Christian World* (Minneapolis: Fortress, 2003), 166-71도 보라.

자 또한 보답할 수 없는 사람들에게 환대를 베풀어야 한다는 자신의 가르침에 대한 본보기로 간주해야 한다(14:12-14. 15:1-2를 보라).[66] 이 비유에서 주인은 "큰 잔치"를 베풀고 "많은 사람을 초대했다"(14:16). 주인이 종을 보내 손님들에게 "오소서, 모든 것이 준비되었나이다"(14:17b)라고 말할 때, 독자는 이 진술에서 예수가 모든 사람에게 환대를 확장하고 있는 것을 보게 된다. 바로 **지금**이 **하나님의 환영**과 메시아의 잔치의 때이지만 비극적이게도 손님들은 주의 환대를 거절한다. (밭, 소, 결혼과 같은) 소유와 지위 획득이 그들로 하여금 주의 환대를 받지 못하도록 방해한다(14:18-20).

첫 번째 초대받은 무리는 초대를 거부하고, 주인은 그의 환대를 초대에 보답할 수 없는 자들, 곧 사회적 지위와 소유가 없는 자들에게 베푼다. 그리고 "그는 가난한 자들과 몸 불편한 자들과 맹인들과 저는 자들을 데려온다"(14:21b).[67] 이 손님 목록은 누가복음 4:18-19을 환기시키며(사 61:1; 35:5-6을 보라), **또한 "주의 환영의 해"를 가난한 자들에게 확장시키는 예수의 사역에 동참하라는 요구다.**[68] 예수가 바리새인들에

---

66 그래서 David P. Moessner, *Lord of the Banquet: The Literary and Theological Significance of the Lukan Travel Narrative* (Minneapolis: Fortress, 1989), 158은 "14:21-22에서 초대된 소외계층이 15:1-2에서 예수와 함께 '잔치'에 오는 사람이기 때문에 14:15-24의 위대한 반전은 이미 실현되고 있다"고 진술한다. 마찬가지로 다음 문헌들을 보라. Robert C. Tannehill, *The Narrative Unity of Luke-Acts*, vol. 1 (Minneapolis: Fortress Press, 1986), 184; Smith, *From Symposium to Eucharist*, 270-71.

67 이에 대해서는 Moxnes, *The Economy of the Kingdom*, 129-34를 보라.

68 Hays, *Luke's Wealth Ethics*, 130: "이 언급은 중요한데 그 이유는 여기서 언급되고 있는 사회적으로 소외된 자들이 바로 누가복음에서 예수가 구원하러 온 부류의 사람들이며 예수가 부자들로 하여금 그들에게 유사한 자비를 보이라고 요구하기 때문이다." Smith, *From Symposium to Eucharist*, 269도 보라.

게 가난한 자들과 소외된 자들을 환대하라고 하신 요구는 가난한 자들을 가족 및 친구, 곧 그들의 사회 집단의 일원으로 인정하고 대우하라는 요구다. "벗이나 형제나 친척이나 부한 이웃"을 초청하지 말라는 예수의 요구(14:12)는 친족 관계를 확장하는 환대의 역할을 강조한다. 가난한 자들과 소외된 자들을 초대하는 것은 그들을 가족으로 대우하고 그들을 자신이 속한 사회 관계망 안으로 받아들이는 것을 의미한다.[69] 그들 모두가 신의 환영 및 은혜를 받은 사람들임을 깨닫는 자들만 최후의 메시아의 잔치에서 먹을 것이다(14:14). 주인은 그의 종에게 "길과 산울타리로 나가서" 더 많은 손님들을 찾아 "사람을 강권하여 데려다가 내 집을 채우라"고 두 번째로 명한다(14:23b). 예수의 청중들이 주의 잔치를 맛보기 위해서는 그의 초대를 받아들이고 **또한** 그가 주인으로서 가난한 자들과 소외된 자들에게 보여주는 환대 윤리를 본받아야 한다(14:24).[70]

앞 장에서 우리는 예수의 식사 관행은 사회적으로 소외된 자들이 생명을 주는 예수의 임재와 하나님 나라를 경험할 수 있는 친절한 환대 장소를 제공함으로써 신적 환대 경제를 구현한다는 것을 보았다. 제자들에 대한 고별 설교(눅 22:14-38)에서 예수는 자기 제자들에게 자신의 식사 관행을 계속하라고 위임하고, 제자들이 주인으로서 어떻게 자신들을 위한 예수의 희생 죽음을 구현하는 방식으로 처신할 수 있을지 가르친다(22:15-20). 주의 식탁의 적절한 청지기직은 제자들로 하여

69　Moxnes, *The Economy of the Kingdom*, 130-34는 이 점에 대해서도 관련이 있다.
70　Marshall, *Jesus, Patrons, and Benefactors*, 272, 279.

금 자선 관행에 만연해 있는 호혜주의와 지위 추구를 거절하도록 요구한다(22:25). 리더로서 식탁을 주재하는 것은 "큰 자"가 되기 위한 기회가 아니고(22:24) 왕·주·권력자, 또는 은인의 착취적 권위를 갖고 행동하기 위한 기회도 아니다.[71] 표준적인 환대와 식사 관행은 종종 높은 지위와 권력을 과시할 기회로 사용되었다. 그러나 예수는 "너희는 그렇지 않다"고 선언한다(22:26). 대신에 식사 자리는 "가장 젊은 자"와 "[음식을] 대접하는 자"가 되는 규칙이 표명되는 자리여야 한다(22:26b). 따라서 예수는 "앉아서 먹는 자가 크냐, 섬기는 자가 크냐?"(22:27a)라고 물을 때 그들 사이에 누가 가장 크냐는 제자들의 경쟁적 논쟁을 암시하고 그들에게 "나는 섬기는 자로 너희 중에 있노라"고 상기시킨다(22:27b). 이 진술은 예수가 대접하는 식사 자리에서 자신의 희생의 살과 피를 제자들의 음식과 음료로 제공한(22:14-20) 식사를 상기시킨다. 예수는 식탁 섬김을 통해 자기가 "크다는 것"을 보여주었다. 예수를 "기념하여" 이 식사가 반복되어야 함을 감안할 때 (22:19b), 우리는 음식에 대한 사도들의 청지기직은 이 식탁에 참여하는 사람들에게 주를 드러낸다고 확신할 수 있다.

신약성서의 다른 부분들도 초기 교회가 "경제적 상부상조" 형태를 실행하고 교회의 모든 구성원들과 자원을 공유함으로써 후견 제도와 자선 행위의 경쟁적이고 종종 착취적인 경제 관행에 저항하려 했음을 암시한다.[72] 우리는 이미 고린도 교회 교인들이 주의 만찬을 후견 제도

---

71 "고대 세계에서 음식은 권력이었다"는 Garnsey, *Food and Society in Classical Antiquity*, 33의 간결한 논평을 보라.
72 "경제적 상호부조"에 대해서는 Justin J. Meggitt, *Paul, Poverty and Survival*, Studies of

관행과 일치하는 방식으로 실행함으로써 가난한 사람들의 빈곤과 낮은 사회적 지위를 강조하는 것에 대한 바울의 비판을 살펴보았다(고전 11:17-34). 바울은 그 대신 고린도 교회가 주의 만찬을 식사의 참된 주인인 주님의 애정 어리고, 다른 사람을 존중하고, 희생적인 죽음과 일치하는 방식으로 기념하라고 요구한다. 이러한 기념은 주의 만찬이 가난한 사람들이 **보다 부유한 자들과 함께 먹고 마시는** 기회로 사용될 때에만 발생할 것이다. 갈라디아서에서 바울은 자신이 세운 이방인 교회들이 가난한 자들을 기억하도록 열심히 가르친다고 확언한다(갈 2:10).[73] 마찬가지로 우리는 사도행전이 어떻게 예루살렘 교회가 그들의 소유를 팔아 "각 사람의 필요를 따라" 나눠주었으며(2:45) 그 결과 교회 안에 가난한 사람이 없었다(4:34)고 말하는지 보았다. 바나바는 토지를 보유하고 있음에도 자기 토지를 팔아 자원을 교회의 상호 경제적 유익을 위해 사용함으로써 호혜주의와 자선 체계를 거부한 초기 기독교인들의 대표적인 모델 역할을 한다.

바울은 종종 가난한 자들을 별로 존중하지 않았다고 **오해**받아왔지만 그의 많은 권면들은 지역 교회들이 가난이나 결핍이 없도록 서로 자원을 나눌 것이라고 가정한다.[74] 이러한 경제적 상부상조 개념 또는 모든 사람과 자원을 나누는 것으로 귀결되는 집단적 연대는 데살

---

the New Testament and Its World (Edinburgh: T&T Clark, 1998), 157-59를 보라.
73 예루살렘 교회를 돕기 위한 헌금이 아닌 보다 광범위한 바울의 일반적 선교 관행에 대한 이 언급에 대해서는 다음 문헌들을 보라. Longenecker, *Remember the Poor*, 157-219; David G. Horrell, *Solidarity and Difference: A Contemporary Reading of Paul's Ethics*, 2판 (London: Bloomsbury T&T Clark, 2016), 256.
74 이에 대해서는 특히 Longenecker, *Remember the Poor*, 135-56을 보라.

로니가 교인들에 대한 "누구든지 일하기 싫어하거든 먹지도 말게 하라"(살후 3:10b)는 바울의 경고와 각자 "조용히 일하여 자기 양식을 먹으라"(3:12b)는 명령에서도 명백해 보인다. 바울의 권면들은 교회 안에서 일할 수 있고 스스로 부양할 수 있는 사람 중 일부가 이 교회의 (너무도) 무차별적인 자원 공유를 악용하고 있었음을 암시한다.[75] 바울은 자신이 세운 교회들에게 다음과 같은 기대를 갖는다.

- "짐을 서로 지고"(갈6:2), "선을 행하되 낙심하지 말고", "모든 이에게 착한 일을 한다(갈 6:9-10).

- 믿는 과부들의 필요에 대해 재정적 지원을 제공한다(딤전 5:3-16).

- "힘이 없는 자들을 붙들어 주고", "서로 대하든지 모든 사람을 대하든지 항상 선을 따른다"(살전 5:14, 15b).

- "성도들의 쓸 것을 공급하며 손 대접하기를 힘쓴다"(롬 12:13).

- "무익하지 않도록 큰 필요가 있는 곳에서 착한 행동에 열심을 낸다"(딛 3:14. 3:8도 보라. 개역개정을 사용하지 아니함).

바울의 진술들이 더 많이 추가될 수 있지만, 이 권면들은 바울이 자

75　Meggitt, *Paul, Poverty and Survival*, 162.

기 교회들이 그들의 자원을 필요가 있는 모든 사람들과 나눔으로써 서로에게 선행을 베풀 것으로 기대했음을 암시한다. 그러나 바울이 세운 교회들의 경제적 복지에 대한 그의 관심은 바울이 "예루살렘 성도 중 가난한 자들을 위하여" 마게도냐·갈라디아·아가야 지역에 있는 교회들에서 수행한 모금(롬 15:26)에서 가장 분명하게 드러난다. 바울의 모금은 바울 신학에서 매우 중요한 (그리고 논란이 많은) 주제이지만, 여기서 나는 주로 고린도후서 8-9장을 통해 바울의 모금이 어떻게 후견 제도와 기부 행위의 핵심인 호혜주의 양상에 저항했으며, 궁핍한 자들과의 자원 공유를 통해 바울의 교회의 상호 연대에 기여했는지 보여주고자 한다.

첫째, 이 모금은 유대인 기독교인들과 이방인 기독교인들 사이의 연합의 표지 기능을 하지만 이 모금의 주요 목적은 명백히 예루살렘에서 고통 중에 있는 성도들에게 경제적 구호와 지원을 제공하는 것이다(고후 8:13-15).[76] 빈번한 기근으로 인한 유대 지역의 경제적 어려움은 "생명을 위협하는 빈곤이 다른 지역뿐만 아니라 예루살렘의 많은 하층민들에게 영향을 미쳤을 가능성이 있음을 확인해준다."[77]

둘째, 바울은 자기의 모든 교회들이 이 모금에 기여하기를 기대하고 있으며, 마게도냐 교회들이 자신의 빈곤 중에서도 자발적으로 관대하게 헌금한 것을 지지한다(고후 8:1-4). 바울이 모금에 대한 자기 교회들의 기여를 묘사할 때 사용하는 용어들에 **나눔, 파트너십, 친교** 개념

---

76 이 모금의 목적에 대해서는 Horrell, *Solidarity and Difference*, 257-60을 보라.
77 Horrell, *Solidarity and Difference*, 259.

이 스며들어 있다(예컨대 빌 4:14-19; 롬 15:26; 고후 8:4; 9:13).[78]

셋째, 바울은 이 모금의 목표를 "균등"(*isotēs*, 8:14)이라고 주장한다. 달리 말해서, 예루살렘 교회는 현재 경제적으로 큰 어려움을 겪고 있고 바울의 교회들은 현재 자기들이 가진 것을 사용하여 예루살렘 교회 성도들의 필요를 채울 수 있다(고후 8:13-15). 이 균등은 이방 교회들이 유대 교회의 "결핍"을 치유하기 위해 자신들의 부의 "잉여/풍성함"을 재분배한 결과다(고후 8:14). 예루살렘 교회의 "넉넉한 것으로 우리의 부족한 것이 채워질"(8:14b) 때가 올 것이라는 바울의 언급에서 자기 교회들에게 연대 의식과 상부상조 의식을 주입하고자 하는 바울의 노력을 더 발견할 수 있다. 바울은 출애굽기 16:18을 사용하여 상부상조와 균등에 대한 자신의 주장을 지지한다. "많이 거둔 자도 남지 아니하였고 적게 거둔 자도 모자라지 아니하였느니라"(고후 8:15). 달리 말해서 고린도 교회 교인들의 자원 나눔은 하나님이 아무도 너무 많이 남지 않고 아무도 너무 모자라지 않도록 공급하는 방식이다. 이는 "덜 가진 자들 사이에서 다소 수평적인 자원 교환을 수반하는" 일종의 경제적 상부상조다.[79]

넷째, 고린도 교회 교인들이 이 모금에 자신들의 자원을 내준 것은 하나님의 경제에 대한 참여이며, 따라서 그들이 명예, 감사, 사회적 입지나 지위를 받을 기회가 아니다.[80] 고린도 교회 교인들의 헌금이 하나

---

78 Julien M. Ogereau, "Paul's κοινωνία with the Philippians: *Societas* as a Missionary Funding Strategy," *NTS* 60 (2014): 360-78을 보라.

79 Downs, *Alms*, 169.

80 제의적 예배 행위로서의 헌금에 대해서는 David J. Downs, *The Offering of the Gentiles: Paul's Collection for Jerusalem in Its Chronological, Cultural, and Cultic Contexts*, WUNT

님의 **선물/은혜**에 대한 참여라는 바울의 반복되는 주장을 통해 이 점이 확고해진다(예컨대 8:1, 4, 6, 7, 9). 바울의 교회들이 헌금을 낼 때, 그들의 행동은 "부요하신 이로서 너희를 위하여 가난하게 되심은 그의 가난함으로 말미암아 너희를 부요하게 하려 하신 분"(고후 8:9)의 헌신적인 행동에 기초한다. 아마도 이것이 마게도냐 교인들이 "그들의 극심한 가난" 가운데서 넘치는 부를 제공할 수 있는 이유일 것이다(고후 8:2). 인간의 기부는 "말할 수 없는 하나님의 은사"(고후 9:15)인 그리스도의 선물이라는 하나님의 경제에 기초한다. 마찬가지로 하나님은 고린도 교회 교인들이 이 모금에 참여할 수 있도록 그들에게 씨앗을 풍성하게 주시는 분이다(고후 9:6-10).[81] 그래서 바울은 고린도 교회 교인들의 선물이 **감사와 사회적 지위 또는 명예 향상의 형태로 보답될 것**이라는 어떤 암시도 주지 않는다. 바울은 하나님이 계속 그들의 필요를 공급하고 "너희 의의 열매를 더하게 하시리라"고 약속하는데(9:10b), 이는 하나님과의 올바른 관계라는 보상을 가리킬 가능성이 있다.[82] 그러나 바울은 그들이 그들의 선물에 대한 보답으로 감사나 명예를 받게 될 것이라고 암시하지 않는다.[83] 오히려 그들의 관대함과 자원의 공유는 **하나님께** 영광을 돌리는 예배행위다(고후 9:13. 고전 16:1-2을 보라). 하나님은 고린도 교회 교인들에게 후하게 베풀 수 있는 기회를 "풍성하게 제공하

    2,248 (Tübingen: Mohr-Siebeck, 2008), 120-60을 보라.

81 이 점에 대해 더 자세한 내용은 Nathan Eubank, "Justice Endures Forever: Paul's Grammar of Generosity," *JSPL* 5, no. 2 (2015): 169-87 중 179-80을 보라.

82 Downs, *Alms*, 172.

83 Eubank, "Justice Endures Forever," 181-82.

며" 이는 우리의 기대와 달리 고린도 교회에 대한 감사로 귀결되지 않고 "우리로 말미암아 하나님께 감사하게 하는 것"(9:11)으로 귀결된다. 이런 식으로 고린도 교회가 수평적으로 "성도들의 부족한 것을 보충"할 때, 이 행위는 "하나님께 드리는 많은 감사로 넘치게" 된다(9:12).

바울과 (누가복음에 묘사되는) 예수는 하나님의 경제에 참여하려면 자원을 경쟁적으로 지위·명예·특권 획득 수단으로 사용하는 것으로부터 자신을 분리해야 함을 보여준다. 우리가 하나님의 백성으로서 그리스도의 몸에 속해 있고(롬 12장, 고전 12장), 같은 성령을 공유하며(고전 12:13, 엡 4:4-6), 신적 환대를 경험했음(눅 14:16-24; 22:15-20)을 감안할 때, 우리는 우리의 자원을 값없이 후하게 선물을 주는 데 사용하는 일종의 상호 연대로 부름 받았다. 우리는 모든 사람에게 좋은 선물을 주고, 우리에게 풍성히 나눌 것을 후하게 공급하고, 궁극적으로는 인간의 궁핍 가운데서 신적 선물이 나오는 그런 경제를 존재하게 하는 우리의 자비로운 하나님을 본받아 이렇게 한다.

구조적 공모에서 예언적 비평으로

마지막으로, 고대 경제의 야비한 측면에 무비판적으로 참여하고, 다른 사람들을 착취하고 억압함으로써 합법적이지만 부당하게 이익을 보는 부자들에게 예언적 경고를 제공하는 세 텍스트를 간단히 살펴보자. 첫 번째 텍스트는 누가복음 16:19-31의 부자와 나사로에 관한 예수의 비유다. 이 비유는 가난한 자들을 환대하거나 자비의 자선을 베풀지 않을 뿐만 아니라 심지어 가난한 자들의 존재도 인식하지 못하는 부자들의 사치스러운 탐욕에 대한 신랄한 비판 기능을 수행한다. 이 비유는 예수가 돈에 대한 사랑을 경고하는 맥락에서 나온다. "집 하인이 두 주인을 섬길 수 없나니 혹 이를 미워하고 저를 사랑하거나 혹 이를 중히 여기고 저를 경히 여길 것임이니라. 너희는 하나님과 재물을 겸하여 섬길 수 없느니라"(16:13). 탐욕은 사람들로 하여금 돈을 삶의 목표로 삼게 하는 강력한 영향력을 행사할 수 있기 때문에 예수는 마치 돈이 "주인"이나 "주군"인 것처럼 의인화한다. 누가가 "돈을 좋아하는 자들"이라고 말하는 바리새인들은(16:14) 물질적 이득에 대한 예수의 급진적인 비판을 비웃고 조롱했다. 예수의 경제적 신념은 누가가 보기에는 아마도 하나님에 대한 부요가 물질적 부와 쉽게 양립할 수 있고 물질적 부가 종종 하나님 앞에서의 의로움을 확인해준다고 생각한 바리새인들에게는 너무 극단적이었다. 그들의 경제는 그렇게 엄격하지 않았고 부와 하나님 사이에 극심한 이원론적 대립을 요구하지도 않았다. 사실 예수의 입장은 너무 분리적이어서 예수는 바리새인들을 가리켜 부를 하나님의 호의의 표지로 보고 어쩌면 이로 인해 "사람 앞에서 스스로 옳다 하는"(15절) "돈을 사랑하는 자들"로 규정한다.

이 부자는 "자색 옷과 고운 베옷을 입고 날마다 호화롭게 즐기지만"(16:19b) 나사로는 "그 부자의 대문 앞에 버려진 채" 고생한다(16:20).[84] 이 부자는 소작농들의 노동을 통해 이익을 보는 부유한 지주

---

84 누가가 16:19에서 이 부자에 대해 묘사하는 특징의 의미에 대해서는 Dennis E. Smith, "Table-Fellowship as a Literary Motif in the Gospel of Luke," *JBL* 106 (1987): 613-38 중 623-26을 보라.

들의 상징 역할을 한다.[85] 적어도 이 부자에게는 "그의 대문 앞에 누워 있는" 이 외인에게 환대를 보여줘야 할 의무가 있었다—이는 율법에 익숙한 자에게 명백한 의무다.[86] 그러나 나사로는 고대 팔레스타인의 가장 낮은 빈곤층을 대표한다. "절대 빈곤층"은 "굶주리고 목마르며, 걸칠 것이라고는 누더기밖에 없고 묵을 곳이나 희망이 없는" 사람들이다. 그들은 생필품을 예컨대 구걸을 통해 다른 사람들의 도움에 의존한다."[87] 더욱이 영양실조는 예나 지금이나 늘 신체적 질병 및 결핍과 연결된다.[88] 이러한 빈곤층에 속하는 상처 투성이의 나사로는 "그 부자의 상에서 떨어지는 것으로 배불리려" 하지만(16:21. 15:16을 보라), 나사로에게는 상에서 떨어진 부스러기조차 허락되지 않는다. 심지어 우리는 나사로가 그 부자에게 발견되거나 인식되었다는 말조차 듣지 못한다.[89] 이 두 사람이 죽을 때, 나사로는 "천사들"에게 받들려(16:22. 15:10을 보라) "아브라함의 품"에 안기는 반면 부자는 음부에 떨어져(16:22b-23) 거기서 "멀리 아브라함과 그의 품에 있는 나사로를 본다"(16:23b).

이 부자가 벌을 받는 이유는 명백하다. 이는 그가 부자여서가 아니라, 그가 사치스럽게 소비하면서 자기 집 대문 앞에 있던 가난한 외인과

---

85 Moxnes, *The Economy of the Kingdom*, 89-90.
86 특히 신명기 14:28-29; 15:1-8을 보라.
87 Ekkehard W. Stegemann and Wolfgang Stegemann, *The Jesus Movement: A Social History of Its First Century* (Minneapolis: Fortress Press, 1999), 92.
88 영양실조와 이에 동반되는 질병에 대해서는 Garnsey, *Food and Society in Classical Antiquity*, 43-61을 보라.
89 Longenecker, *Remember the Poor: Paul, Poverty, and the Greco-Roman World*, 81: "예수의 이 비유는 '위급한 빈곤'이라는 현실이 보호막에 둘러 싸여 있는 부자들의 세계에 아무런 영향을 미치지 못하는 시나리오를 제시한다."

나누기를 거절했기 때문이다!⁹⁰ 아브라함이 환대의 전형으로 정평이 나 있는 점에 비춰볼 때 예수가 "아브라함"을 이 비유에 등장시키면서 "아브라함의 품"을 메시아적 잔치의 이미지로 사용하는 것은 우연이 아니다. 만일 이 부자가 아브라함의 자손이었다면 그는 자기 대문 앞에 누워 있던 외인에게 환대를 베풀었을 것이다.⁹¹ 이 불친절한 부자는 아브라함과 혈통이나 유산을 공유하지 않기 때문에(눅 3:8, 13:26-29를 보라) 이 부자가 친절한 아브라함과의 잔치에 참여하지 못하는 것은 적절하다. 메시아가 환영한 사람들에게 환대를 베풀지 않는 자들은 메시아의 잔치에 참여할 수 없을 것이다. 더욱이 나사로를 자기 집에 보내 가족들에게 경고해 달라는 이 부자의 요청에 대해 아브라함은 그 부자에게 "그들에게 모세와 선지자들이 있으니 그들에게 들을지니라"고 두 번 말한다(16:29, 16:31도 보라). 예수에 의하면 이 부자는 율법을 어기고 선지자에게 거역한 자다. 왜냐하면 이 성서들은 가난한 자들에 대한 환대와 이웃 사랑, 가난한 자들에게 소유를 나눠주기를 가르치기 때문이다(11:37-54을 보라).⁹²

---

90 많은 해석자들은 이 부자가 단지 부유하다는 이유로 벌을 받는다고 잘못 가정한다. 예컨대 James A. Metzger, *Consumption and Wealth in Luke's Travel Narrative*, BIS 88 (Leiden: Brill, 2007), 146-55를 보라. Hays, *Luke's Wealth Ethics*, 153-59는 더 나은 설명이다.

91 따라서 이 부자가 아브라함을 세 번 "아버지"로 부르는 것은 (16:24, 27, 30) 생물학적 친족 관계가 아무런 의미가 없음을 보여준다. John O. York, *The Last Shall Be First: The Rhetoric of Reversal in Luke*, JSNTSup 46 (Sheffield: JSOT Press, 1991), 68-69를 보라.

92 예수가 인용한 구약성서 텍스트들(예컨대, 눅 4:18-19의 사 61:1과 58:6 인용 및 눅 10:26-29의 레 19:16, 18, 그리고 33 인용)을 보라. Christopher J. H. Wright, *Old Testament Ethics for the People of God* (Downers Grove, IL: InterVarsity Press, 2004), 146-81, 253-80을 보라.

부자들에게 예언자적으로 경고하는 두 번째 텍스트인 야고보서는 토지와 부를 지닌 자들이 가난한 자들을 경제적으로 억압하는 것을 비판한다. 이 서신의 두 단락이 특별히 이와 관련이 있다. 야고보서 2:1-7에서 야고보서 저자는 두 사람이 회당에 들어오는 시나리오를 상정한다. 한 사람은 금 가락지를 끼고 좋은 옷을 입고 있고, 다른 사람은 남루한 옷을 입고 있다(2:2). 만일 회중이 부자를 편애하고 가난한 사람을 무시한다면, 즉 회중이 부자에게 명예를 부여함으로써 일반적인 사회 관습에 따라 처신한다면 이 회중은 "편애"(2:1)라는 범죄를 저지르는 것이며 그들의 그릇된 차별을 통해 "악한 생각으로 판단하는 자가 된다"(2:4).[93] 야고보는 하나님이 "믿음에 부요하게 하시고 또 자기를 사랑하는 자들에게 약속하신 나라를 상속받도록" 택한 사람들(2:5)을 사회 법정을 이용해서 억압하고 착취하는 사람들이 바로 부자들이라는 점(2:6)에 비추어 이런 행위를 책망한다. 하나님이 가난한 자들을 선택한 것은 자의적으로 보일 수도 있지만, 야고보는 한결같이 하나님을 겸손한 자를 높이고 교만한 자를 낮추는 분으로 묘사한다(1:9-10, 4:6).[94] 야고보는 그 이유를 다음과 같이 직설적으로 말한다. "부자는 자기가 추구하는 바와 함께 사그라질 것이다"(1:11, 4:13-17을 보라). 하나님의 경제에서 영예를 얻는 자는 가난한 자들인데(2:5), 이 회중은 "가난한 사람에게 치욕을 줌으로써" 자기가 하나님이 아닌 세상의 친구임을 보여

---

[93] Roy Bowen Ward, "Partiality in the Assembly: James 2:2-4," *HTR* 62, no. 1 (January 1969): 87-97을 보라.

[94] Mariam Kamell, "The Economics of Humility: The Rich and the Humble in James," *Engaging Economics*, 157-75에 실린 글을 보라.

주었다(4:4-6을 보라).

스티븐 프리슨은 "이 단락은 두 개의 대안이 있음을 단언하는데, 하나는 세상의 체계이고 다른 하나는 하나님 나라의 체계다."[95]라고 올바로 지적한다. 야고보는 여기서 그리 미묘하게 말하지 않고, 가난한 자들에 대한 불평등과 착취로 이어지는 고대 경제와 사법 체계의 일반적인 작동에 무비판적으로 참여하는 것을 신랄하게 비난한다. 야고보는 부유한 지주들의 덕을 칭찬하는 대신 사치, 부, 지위 추구를 탐욕과 시기 그리고 폭력 및 억압으로 귀결되는 획득 갈망으로 본다(4:1-2).[96] 부유한 지주들은 사치하는 삶(5:2-3, 5), 자신의 소비를 위한 보물과 부의 축적(5:3), 자기 밭에서 일하는 사람들에 대한 착취와 정당한 대가의 미지급(5:4), 그리고 의인들에 대한 압제(5:6)에 대한 책임이 있다. 우리는 이미 토지 소유가 부를 창출하는 주요 수단 중 하나였고, 지주들(그리고 도시들)은 주로 소비자들이었으며, 소작농들과 농업 노동자들은 근근이 살았음을 살펴보았다. 그래서 야고보는 고대 경제의 특징 중 하나인 부자들이 가난한 자들의 희생하에 부와 자본을 축적할 수 있게 해주는 방식을 비난한다. 또한 야고보는 부자들이 그들의 잉여를 낭비적이고 사치스러운 생활방식에 사용한다고 비난한다. 야고보는 "지주들이 노동자들을 착취하고, 부자들이 사법 체계를 조종하고, 부자들이 자신들의

---

95 Steven J. Friesen, "Injustice or God's Will? Early Christian Explanations of Poverty," *Wealth and Poverty in Early Church and Society*, Susan R. Holman 편, Holy Cross Studies in Patristic Theology and History (Grand Rapids: Baker, 2008), 17-36에 실린 글 중 25.

96 탐욕과 시기라는 주제에 대해서는 Luke Timothy Johnson, "James 3:13-4:10 and the Topos περὶ φθόνου," *NovT* 25 (1983): 327-47을 보라.

부도덕한 이익을 방탕하게 허비하기 때문에 사회에서 자원이 불균등하게 배분된다"고 주장한다.⁹⁷

우리가 살펴볼 세 번째이자 마지막 텍스트인 요한계시록 17-18장에서 예언자는 "음녀 바벨론" 즉 사탄에 의해 통제되는 로마 제국의 경제 체계의 멸망을 축하한다(18:2). 로마의 경제 체계는 다음과 같은 이유들로 책망 받았다. a) 과도한 사치와 소모적인 탐욕(18:3, 7, 9, 11-14),⁹⁸ b) 대다수의 희생하에 지역 및 제국의 소수 엘리트들에게 유익을 줌(18:15-19), c) "종들과 사람의 영혼들"을 팔고 사는 노예제도와 관련된 착취(18:13), d) 부를 숭배하는 우상숭배(18:7), e) 의인들과 로마의 경제적·정치적·군사적 우상숭배를 비판하는 사람들을 난폭하게 살해함(18:20-24). "나는 여왕으로 앉은 자요 과부가 아니라, 결단코 애통함을 당하지 아니하리라"(18:7b)는 창녀의 자랑은 이 경제의 우상숭배적 자기 신격화를 드러내고, 다른 사람들의 이익을 희생시켜가면서까지 누리는 사치·소비·갈취가 인간의 가장 깊은 욕망을 성취할 것이라는 믿음을 보여준다.⁹⁹ 요한계시록 저자는 전체 경제의 경제적 불의로부터 전

---

97 Friesen, "Injustice or God's Will?," 26. Kamell, "The Economics of Humility"는 부자들이 부유하다는 사실 자체로 잘못이 있는 것은 아니라고 빈번하게 주장한다. 오히려 그는 "그[즉 2:2-3의 부자]에게 현저하게 아첨하는 보통 사람들"을 비판한다(173). 그러나 이 주장은 야고보가 2:6-7 및 5:1-6에서 부자에 관해 말하고 있는 내용을 무시하는 처사이며, 야고보가 묘사하고 있는 것처럼 부자들이 당시의 경제 체계로부터 취하는 부당한 이익이 얼마나 심각한지 과소평가하는 것이다.

98 이에 대해서는 특히 Richard Bauckham, "The Economic Critique of Rome in Revelation 18," *Images of Empire*, Loveday Alexander 편, JSOTSup 12 (Sheffield: Sheffield Academic Press, 1991), 47-90에 실린 글을 보라. 사치 규제법을 통해 사치와 과도한 소비를 규제하려 했던 로마의 시도에 대해서는 Andrew Wallace-Hadrill, *Rome's Cultural Revolution* (Cambridge: Cambridge University Press, 2008), 315-55를 보라.

99 마찬가지로 다음 문헌들을 보라. Richard Bauckham, *The Bible in the Contemporary*

면적으로 철수하라고 급진적으로 권고한다. "내 백성아, 거기서 나와 그의 죄에 참여하지 말고 그가 받을 재앙들을 받지 말라"(18:4). 그것이 순교나 재산 박탈을 의미할지라도, 예언자는 우상숭배와 로마의 경제 체계의 악에서 전면 철수하라고 요구한다. 왜냐하면 하나님께서 창녀 바벨론을 멸하시고 **또한** 의로운 자들을 신원해주실 것이기 때문이다.[100]

하나님의 경제에 참여하기

앞에서 피상적으로 살펴보았듯이 신약성서는 부와 인간의 경제에 관하여 할 말이 많다. 나는 환대를 베풀기 원하는 기독교인들이 어떻게 반응하고 하나님의 경제에 참여할 수 있는지에 대해 다음과 같은 세 가지 간략한 제안들을 제시하고자 한다(이 제안들에는 추가로 고려해야 할 미묘한 사항들이 있으며, 지역 상황에 따른 실제적/목회적 지혜가 필요하다).

첫 번째 필요한 반응은 **다른 사람들의 필요를 보고 이에 수반하여 동정심을 보이는 것**이다. 누가복음 16장의 부자는 나사로를 **보지도 못**했던 반면, 선한 사마리아인은 폭행당해 거의 죽은 상태에 있는 사람을 보았을 뿐만 아니라 "그를 보고 불쌍히 여겼다"(10:33). 이는 다른 사람의 고통과 필요 속으로 들어가는 공감 반응이며 이러한 연민은 또한 다른 동료 인간의 필요를 경험한 데 대한 비통 및 슬픔, 또는 분노와 연결

World, 60; Rosner, *Greed as Idolatry*, 92-94; J. S. Perry, "Critiquing the Excess of Empire: A Synkrisis of John of Patmos and Dio of Prusa," *JSNT* 29 (2007): 437-96.
100 Friesen, "Injustice or God's Will?," 23.

될 수도 있다. 수전 홀맨은 이를 "필요 감지"(sensing need)라고 부르는데, 이는 "특정 관심사에 반응하여 우리의 신경을 '건드리는' 외인들을 인지하게 하는 과정이다."[101] 성서는 외인을 위해 우리의 소유를 의미 있게 사용할 수 있기 위해 먼저 자신의 품꾼들을 억압하는 자들에 대한 야고보의 분노(약 5:1-6), 나사로의 무기력함과 **굶주림**(눅 16:19-31), 그리고 사마리아인의 동정심과 자비(눅 10:29-37)를 느끼도록 제안한다.

두 번째 반응으로, **모든 시대**의 기독교인들은 하나님의 경제와 반대되는 욕망과 행동 양상을 만들어낼 수도 있는 인간 경제의 방식들을 알 필요가 있다. 인간의 어떤 경제 행위도 가치와 무관하지 않으며 각각의 경제 체계는 궁극적 실재에 대한 비전, 잘못된 세상에 대한 설명, 경제에 올바르게 참여하기 위해 필요한 인간의 덕목, 그리고 좋은 삶에 대한 비전을 제시한다.[102] 그렇다고 내가 기독교인들이 인간의 경제 활동으로부터 전면적으로 철수해야 한다고 제안하는 것은 아니다. 마치 그렇게 하는 것이 가능하기라도 하다는 듯이 말이다. 성서는 확실히 노동·생산·재화 및 자원 또는 돈의 순환에 반대하지 않는다. 그러나 나는 기독교인들이 어떤 인간 경제도 신성화하지 말고, 그 경제의 질서를 무비판적으로 수용할 경우 이로 인해 우리가 하나님의 경제에 참여하기가 실질적으로 불가능해질 수도 있는 방식에 주의를 기울여야 한다고 주장한다.[103] **또한** 우리는 우리의 경제 제도가 어떻게 구속되고 하나님

---

101 Susan R. Holman, *God Knows There's Need: Christian Responses to Poverty* (Oxford: Oxford University Press, 2009), 16.

102 Nelson, *Economics as Religion; Cavanaugh*, Field Hospital, 56-73.

103 새로운 형태의 탐욕과 관련된 우리의 경제의 작동을 읽고 분별할 신학적 필요에 관해서는 Wannenwetsch, "The Desire of Desire: Commandment and Idolatry in Late Capitalist

에 대한 사랑과 갈망, 그리고 타인에 대한 사랑을 향하여 정렬될 수 있는지 숙고해야 한다.[104] 시장 경제의 필수 요소인 **자율적인 개인의 경제적 자기 이익**을 찬성하는 어떤 논거를 주장하기 원하든, 하나님의 경제는 한결같이 (개인이 아닌) 집단 공동체, (자급자족이나 자율성이 아닌) 연대, (결핍이 아닌) 풍성함, (경쟁이나 계산된 투자가 아닌) 계산되지 않은 관대함을 옹호한다.[105] 특히 누가복음은 하나님의 경제의 덕과 질서, 그리고 인간의 경제 양상의 덕과 질서 사이의 부조화에 대한 중요한 예들을 제공한다(눅 12:13-21; 14:7-14; 16:15-31).

나는 이미 소비자주의 및 자본주의 이념에 무비판적으로 참여하면 우리로 하여금 다른 사람들의 진정한 필요를 망각하게 하는 끝없는 소비의 고리에 빨려 들어갈 수 있다고 말했다.[106] 오늘날 탐욕이라는 우상은 사치스러운 재화와 서비스를 소비하고 획득하려는 끝없는 욕망에 놓여 있는 경향이 있다. 우리는 탐욕이 매우 위험하고 심지어 우상숭배로 정죄당하는 것을 보았다. 왜냐하면 부를 사랑할 경우 우리는 하나님이 아닌 재무적 번영을 바라고, 숭배하고, 갈망하는 사람들로 변할 수 있기 때문이다. 탐욕이라는 악이 우리 시대에 취하고 있는 형태들과, 탐욕이 우리를 속여 하나님이 아닌 것을 신뢰하고 숭배하도록 만드는 방

Societies," 316-17을 보라.
104 Bell, *The Economy of Desire*, 191; Long, *Divine Economy*, 235.
105 다시금 Bell, *The Economy of Desire*; Long, *Divine Economy*; Tanner, *Economy of Grace*를 보라.
106 Cavanaugh, *Being Consumed*, 91. "여러 이유들로 인해, 소비 사회에서의 욕망은 우리로 하여금 굶주림을 생명을 위협하는 궁핍으로 경험하고 있는 진정으로 굶주리고 있는 사람들의 욕구를 보지 못하게 만든다."

식을 분별할 수 없다면, 우리는 우상숭배와 배교의 위험에 처하게 된다(딤전 6:9-10). 나는 성서가 인간의 욕망에 대해 깊이 이해하기 때문에 성서 텍스트들이 하나님의 경제에 참여하는 동기부여 요소이자 자신의 부를 나누는 동기로서의 **자기 이익을 거부하지 않는다**고 제안한다. 오히려 성서 저자들은 인간의 자기 이익에 호소한다(예컨대, "너희를 위하여 보물을 하늘에 쌓아 두라"; 딤전 6:18-19; 마 6:19-21; 눅 12:31-34; 14:12-14; 고후 9:8-15; 빌 4:14-19). 그러나 성서 저자들은 자신의 자원을 다른 사람들과 관대하게 나눔으로써 **하나님으로부터** 보상을 기대할 수 있음을 명확히 한다. 따라서 우리의 부와 소유를 **궁핍한 타인들과** 나눌 때 우리는 하나님을 예배하는 것이며 이를 통해 **하나님을 올바르게 원하는** 것이다.

성서는 우리로 하여금 인간 경제가 취약한 사람들을 착취하고 지배하며 억압하는 방식들에 주의를 기울이도록 제안한다. 우리는 이 점을 위에서 논의한 세 번째 텍스트에서 보았는데, 그 텍스트에서 예언자는 우리에게 "내 백성아, 거기서 나와 그의 죄에 참여하지 말라"(계 18:4)는 권면을 듣도록 요구한다. 구조적인 경제적 불의는 우리의 문화에서 다양한 형태를 취할 수 있는데, 여기에는 성의 상품화와 젊은 여성(종종 아동도 포함한다)에 대한 착취, 많은 아프리카계 미국인들과 그들의 이웃 및 학교를 가난하게 만든 법률 및 제도상의 부동산 관행,[107] 소수

---

107 Beryl Satter, *Family Properties: How the Struggle over Race and Real Estate Transformed Chicago and Urban America* (New York: Picador, 2010); Robert J. Sampson, *Great American City: Chicago and the Enduring Neighborhood Effect* (Chicago: University of Chicago Press, 2013).

집단의 대량 투옥을 통한 해당 지역의 경제적 부당 이익 취하기,[108] 그리고 불법 체류 노동자들에 대한 저임금과 이에 동반되는 위험한 작업 환경[109]이 포함된다. 나는 이렇듯 심히 골치 아픈 현실에 대해 심오한 조언이나 간단한 해결책은 갖고 있지 않지만, 나는 기독교인들이 다음과 같이 요구받는다고 믿는다. a) 우리의 경제 체계가 취약한 자들을 착취하는 체계적이고 구조적인 방식들을 **보고 인식한다**. b) 구조적인 경제적 불의에 반대하고 노예가 된 사람들을 구출하기 위해 노력한다. c) 경제가 모든 사람, 특히 가난하고 소외된 자들에게 유익을 줄 수 있는 방법을 모색한다.

교회의 여러 분야에서 발생하는 세 번째 반응은 집단적 관대함, 자선 행위, 경제적 상호 연대에 대한 헌신을 부활시키는 것이다. 그리고 이는 좋은 일이다. 나는 이 책 전체에서 외인에 대한 환대와 자선 행위가 단순히 기독교 신앙에 덧붙여지는 추가물이나 부수물이 아니라고 주장했다. 오히려 자선 행위를 통해 우리는 하나님을 본받을 뿐 아니라 죽은 자들이 부활할 때 하나님으로부터 갚아주심을 받는다. 자신의 재산을 관대하게 선물로 내주는 사람들은 모든 사람에게 친절하고 자비하신 하나님을 본받는다(눅 6:35-36). 우리는 우리를 부요하게 하려고 가난해진 그리스도와 연합했기 때문에 필연적으로 심지어 빈곤한 중에

---

108 Elizabeth Hinton, *From the War on Poverty to the War on Crime: The Making of Mass Incarceration in America* (Cambridge, MA: Harvard University Press, 2016); Michelle Alexander, *The New Jim Crow: Mass Incarceration in the Age of Colorblindness* (New York: The New Press, 2012); Nicole Gonzalez Van Cleve, *Crook County: Racism and Injustice in America's Largest Criminal Court* (Stanford, CA: Stanford University Press, 2016).

109 환대와 이민자에 관한 5장을 보라.

서도 우리의 자원을 나누도록 요구된다(고후 8:9; 9:11-13). 주린 자를 먹이고, 목마른 자에게 마실 것을 주고, 헐벗은 자에게 옷을 입히고, 집이 없는 자에게 집을 제공하고, 병든 자를 돌보며 투옥된 자들을 면회하는 것은 가난한 자들에 대한 그리스도의 사랑에 대한 깊은 믿음에서 나온다(마 25:31-46). 하나님의 경제에 대한 초기 교회의 헌신이 가난한 자들을 돌볼 책임이 감독들에게 맡겨지는 기관들, 병든 자들을 돌보는 병원들, 고아들을 돌보는 일에 전념하는 집들, 그리고 유기된 유아들을 유아 살해로부터 구조하는 방법들을 만들어냈다.[110] 교회가 취약한 자들을 향한 자선 행위, 관대한 기부, 궁핍한 자들을 위한 자원의 순환, 소외된 자들과의 친교와 연대가 규범이 되도록 삶의 방향을 정렬하면 교회는 하나님의 경제를 구현하고 하나님이 자신의 목적을 위해 자원을 어떻게 관리하시는지 증언할 수 있다.

---

110 Rhee, *Loving the Poor, Saving the Rich* 전체를 보라. John Chrysostom의 설교들도 이에 관한 훌륭한 자료다. 예컨대 Rudolf Brändle, "The Sweetest Passage: Matthew 25:31-46 and Assistance to the Poor in the Homilies of John Chrysostom," *Wealth and Poverty in Early Church and Society*, Susan R. Holman 편 (Grand Rapids: Baker Academic), 127-39에 실린 글을 보라.

토론 문제

1. 당신은 자신의 소유 및 자원에 만족하는가? 왜 그렇게 생각하는가? 만족하지 못한다면, 만족하기 위해서는 무엇이 필요하겠는가?

2. 브라이언 로스너 등은 서구 사회의 경제와 하나님의 경제 사이에 심오한 유사점이 있다고 주장했다. 당신은 이 주장에 어느 정도로 동의하는가? 또는 어느 정도로 동의하지 않는가?

3. 부, 소유, 경제적 관행에 관한 성서의 가르침은 미국의 소비자주의, 자본주의 경제와 어떻게 대립하는가? 또는 어떻게 대립하지 않는가?

4. 구조적인 경제적 불의를 목격한 사례를 설명해보라. 예수를 따르는 사람들은 경제적 착취로 인해 인간의 삶이 파괴되고 학대당할 때, 이러한 사례들에 어떻게 예언자적으로 대응할 수 있는가?

5. 당신은 어떤 방식으로 관대함과 자선 행위를 통해 탐욕과 싸우고 있는가? 싸우고 있지 않다면 그 이유는 무엇인가?

맺는 말

외인들에 대한 환대에 관한 성서의 가르침에 대한 내 연구에서 간단하지만 심오한 주제가 드러났다. 그것은 바로 우리를 향한 하나님의 환대가 필연적으로 타인을 향한 환대로 귀결되고 타인에 대한 환대를 만들어낸다는 것이다. 신적 환대는 인간의 환대를 이끌어 낸다. 우리의 정체성의 유일한 토대는 그리스도 안에서 우리에게 환영과 환대, 그리고 교제를 베푸시는 하나님의 행동이다. 우리의 개인적 또는 집단적 가치 또는 공로와 상관없이 우리에게 주어지는 이러한 신적 환영은 우리를 하나님의 생명으로 이끌고 우리를 하나님의 가족과 친구로 만든다. 하나님의 환영은 일반적으로 버려진 자, 소외된 자, 또는 가치가 적거나 가치가 없는 자들로 여겨지는 사람들이 포함되기 때문에 하나님의 환영은 우리의 사회적 기대와 종교적 기대의 경계 및 한계를 초월해서, 하나님의 백성은 세상의 기준으로는 "낙인찍히는" 정체성을 지니게 된다. 달리 말하자면 하나님의 환대는 그 사회적 구성에 있어서 **그리고** 우리 사회에서 외인, 소외된 자, 취약한 자, 우리가 습관적으로 백안시 하는 자들에게 하나님의 환대를 베풀기를 끊임없이 모색하는 관행에 있어서 이 환대를 구현하는 공동체를 형성한다.

나는 성서가 우리가 그것을 읽고, 듣고, 그 말씀에 복종할 때 우리를 다루는 하나님의 말씀이라고 믿기 때문에 이 책에서 단순히 성서 텍스트를 설명하는 데 그치지 않고 어떻게 이 텍스트들이 우리의 맥락에서 우리, 우리의 문제, 우리의 질문, 그리고 우리의 필요를 다루는지 보여주려 했다. 텍스트와 삶을 통합하려는 내 시도가 설득력이 있다고 생각하는 사람도 있고 그렇지 않은 사람도 있을 것이다. 그러나 나는 오늘날 북미 교회의 회중들과 개인들이 외인에 대한 환대―신적 환대와 인간의 환대 모두―가 우리 신앙의 핵심이자 예수를 따른다고 주장하는 모든 사람에게 **필수적인** 실천 사항이라는 성서의 가르침을 발견 또는 재발견하기를 희망하며 그러기를 기도한다.

참고 문헌

Aasgaard, Reidar. *"My Beloved Brothers and Sisters!": Christian Siblingship in Paul*. ECCon265. New York: T&T Clark, 2004.

Alexander, Michelle. *The New Jim Crow: Mass Incarceration in the Age of Colorblindness*. New York: The New Press, 2012.

Alexander, T. Desmond. "Lot's Hospitality: A Clue to His Righteousness." *JBL* 104, no. 2 (June 1985): 289-91.

Allison, Dale C., Jr. *The Jesus Tradition in Q*. Harrisburg, PA: Trinity Press International, 1997.

Allison, Dick. "Spiritual Friendship: Portrait of a Prison Ministry." In *Prison: Christian Reflection*, edited by Robert B. Kruschwitz, 62-66. Waco, TX: Baylor University Press, 2012.

Anderson, Gary A. *Charity: The Place of the Poor in the Biblical Tradition*. New Haven, CT: Yale University Press, 2013.

Arterbury, Andrew E. "Breaking the Betrothal Bonds: Hospitality in John 4." *CBQ* 72, no. 1 (January 2010): 63-83.

____. *Entertaining Angels: Early Christian Hospitality in Its Mediterranean Setting*. NTMon 8. Sheffield: Sheffield Phoenix Press, 2005.

Ashton, John. *Understanding the Fourth Gospel*. 2nd ed. Oxford: Oxford University Press, 2007.

Avalos, Hector. *Health Care and the Rise of Christianity*. Peabody, MA: Hendrickson, 1999.

Bailey, Kenneth E. *Through Peasant Eyes*. Grand Rapids: Eerdmans, 1980.

Barclay, John M. G. "'Do We Undermine the Law?': A Study of Romans 14:1-15:6." In *Paul and the Mosaic Law*, edited by James D. G. Dunn, 287-308. Tübingen: Mohr-Siebeck, 1996.

____. *Paul and the Gift*. Grand Rapids: Eerdmans, 2015.

Barth, Markus. *Rediscovering the Lord's Supper: Communion with Israel, with Christ, and among the Guests*. Atlanta: John Knox Press, 1988.

Barton, Stephen C. "Money Matters: Economic Relations and the Transformation of Value in Early Christianity." In *Engaging Economics: New Testament Scenarios and Early Christian Reception*, edited by Bruce W. Longenecker and Kelly D. Liebengood, 37-59. Grand Rapids: Eerdmans, 2009.

Bates, Matthew W. *The Hermeneutics of the Apostolic Proclamation: The Center of Paul's Method of Scriptural Interpretation*. Waco, TX: Baylor University Press, 2012.

Bauckham, Richard. *The Bible in the Contemporary World: Hermeneutical Ventures*. Grand

Rapids: Eerdmans, 2015.

_____. "The Economic Critique of Rome in Revelation 18." In *Images of Empire*, edited by Loveday Alexander, 47-90. JSOTSup 12. Sheffield: Sheffield Academic Press, 1991.

_____. "The Scrupulous Priest and the Good Samaritan: Jesus' Parabolic Interpretation of the Law of Moses." *NTS* 44, no. 4 (1985): 475-89.

_____. *The Testimony of the Beloved Disciple: Narrative, History, and Theology in the Gospel of John*. Grand Rapids: Baker, 2007.

Beck, Richard. *Unclean: Meditations on Purity, Hospitality, and Mortality*. Eugene, OR: Cascade, 2011.

Bell, Daniel M., Jr. *The Economy of Desire: Christianity and Capitalism in a Postmodern World*. Grand Rapids: Baker, 2012.

Bellah, Robert N., Richard Madsen, William M. Sullivan, Ann Swidler, and Steven M. Tipton. *Habits of the Heart: Individualism and Commitment in American Life*. Rev. ed. Berkeley: University of California Press, 2008.

Block, Daniel I. "Echo Narrative Technique in Hebrew Literature: A Study in Judges 19." *WTJ* 52, no. 2 (Fall 1990): 325-41.

Blomberg, Craig L. *Contagious Holiness: Jesus' Meal with Sinners*. Vol. 19, *New Studies in Biblical Theology*. Downers Grove, IL: InterVarsity Press, 2005.

Bouma-Prediger, Steven, and Brian J. Walsh. *Beyond Homelessness: Christian Faith in a Culture of Displacement*. Grand Rapids: Eerdmans, 2008.

Boyle, Gregory. *Tattoos on the Heart: The Power of Boundless Compassion*. New York: Free Press, 2010.

Brändle, Rudolf. "The Sweetest Passage: Matthew 25:31-46 and Assistance to the Poor in the Homilies of John Chrysostom." In *Wealth and Poverty in Early Church and Society*, edited by Susan R. Holman, 127-39. Grand Rapids: Baker Academic, 2008.

Brink, Laurie. *Soldiers in Luke-Acts: Engaging, Contradicting, and Transcending the Stereotypes*. WUNT 2.362. Tübingen: Mohr-Siebeck, 2014.

Brown, Peter. *The Body and Society: Men, Women, and Sexual Renunciation in Early Christianity*. New York: Columbia University Press, 1988.

_____. *Poverty and Leadership in the Later Roman Empire*. The Menahem Stern Jerusalem Lectures. Hanover, NH: University Press of New England, 2002.

Bryon, Gay L. *Symbolic Blackness and Ethnic Difference in Early Christian Literature*. London: Routledge, 2002.

Burridge, Richard A. *Imitating Jesus: An Inclusive Approach to New Testament Ethics*. Grand Rapids: Eerdmans, 2007.

Bushway, Shawn, and Raymond Paternoster. "The Impact of Prison on Crime." In *Do Prisons Make Us Safer? The Benefits and Cost of the Prison Boom*, edited by Steven Raphael and Michael Stoll, 119-50. New York: Russell Sage Foundation, 2009.

Byars, Ronald P. *The Sacraments in Biblical Perspective*. Interpretation. Louisville: Westminster John Knox Press, 2011.

Byrne, Brendan. *The Hospitality of God: A Reading of Luke's Gospel*. Collegeville, MN: The Liturgical Press, 2000.

Cacioppo, John T., and William Patrick. *Loneliness: Human Nature and the Need for Social Connection*. New York: W. W. Norton & Company, 2008.

Campbell, Douglas A. "Participation and Faith in Paul." Pages 37-60 in *"In Christ" in Paul: Explorations in Paul's Theology of Union and Participation*, edited by Michael J. Thate, Kevin J. Vanhoozer, and Constantine R. Campbell. WUNT 2.384. Tübingen: Mohr-Siebeck, 2014.

Campese, Gioacchinno. "'But I See That Somebody Is Missing.'" In *Ecclesiology and Exclusion: Boundaries of Being and Belonging in Postmodern Times*, edited by Dennis Doyle, Pascal D. Bazzell, and Timothy J. Furry, 71-91. Maryknoll, NY: Orbis, 2012. Carey, Greg. *Sinners: Jesus and His Earliest Followers*. Waco, TX: Baylor University Press, 2009.

Carroll R., M. Daniel. *Christians at the Border: Immigration, the Church, and the Bible*. Grand Rapids: Baker Academic, 2008.

Castles, Stephen, and Mark J. Miller. *The Age of Migration: International Population Movements in the Modern World*. 4th ed. New York: Palgrave Macmillan, 2009.

Cavanaugh, William T. *Being Consumed: Economics and Christian Desire*. Grand Rapids: Eerdmans, 2008.

_____. *Field Hospital: The Church's Engagement with a Wounded World*. Grand Rapids: Eerdmans, 2016.

_____. *The Myth of Religious Violence*. New York: Oxford University Press, 2009. Chadwick, Henry. *The Early Church*. Harmondsworth, UK: Penguin, 1967.

_____. "Justification by Faith and Hospitality." StPatr 4 (1961): 281-5.

Cleveland, Christina. *Disunity in Christ: Uncovering the Hidden Forces That Keep Us Apart*. Downers Grove, IL: InterVarsity Press, 2013.

_____. "A Liberation Theology for Single People." April 11, 2016. Accessed September 1, 2016. http://www.christenacleveland.com/blog/2016/4/a-liberation-theology-for-single-people.

Coloe, Mary L. "Welcome into the Household of God: The Foot Washing in John 13." *CBQ* 66:3 (July 2004): 400-15.

Crossan, John Dominic. *In Parables: The Challenge of the Historical Jesus*. New York: Harper and Row, 1975.

Culy, Martin M. *Echoes of Friendship in the Gospel of John*. NTMon 30. Sheffield: Sheffield Phoenix Press, 2010.

Danker, Frederick W. *Jesus and the New Age according to St. Luke: A Commentary on the Third Gospel*. St. Louis: Clayton Publishing House, 1972.

DeFranza, Megan K. *Sex Difference in Christian Theology: Male, Female, and Intersex in the*

Image of God. Grand Rapids: Eerdmans, 2015.
de Jonge, Marius. *Jesus, Stranger from Heaven and Son of God: Jesus Christ and the Chris- tians in Johannine Perspective*. Missoula, MT: Scholars Press, 1977.
de la Torre, Miguel. *Trails of Terror and Hope: Testimonies on Immigration*. Maryknoll, NY: Orbis, 2009.
DeYoung, Curtiss Paul, Michael O. Emerson, George Yancey, and Karen Chai Kim. *United by Faith: The Multiracial Congregation as an Answer to the Problem of Race*. New York: Oxford University Press, 2003.
Dorrien, Gary. *Social Ethics in the Making: Interpreting an American Tradition*. Malden, MA: Wiley-Blackwell, 2011.
Downs, David J. *Alms: Charity, Reward, and Atonement in Early Christianity*. Waco, TX: Baylor University Press, 2016.
_____. "Is God Paul's Patron? The Economy of Patronage in Pauline Theology." In *Engaging Economics: New Testament Scenarios and Early Christian Reception*, edited by Bruce W. Longenecker and Kelly D. Liebengood, 129-56. Grand Rapids: Eerdmans, 2009.
_____. *The Offering of the Gentiles: Paul's Collection for Jerusalem in Its Chronological, Cultural, and Cultic Contexts*. WUNT 2:248. Tübingen: Mohr-Siebeck, 2008.
Duin, Julia. *Quitting Church: Why the Faithful Are Fleeing and What to Do about It*. Grand Rapids: Baker, 2009.
Dying to Get In: Undocumented Immigration at the US-Mexican Border. Directed by Brett Tolley. Mooncusser Films, 2007.
Dying to Live: A Migrant's Journey. Directed by Bill Groody. Groody River Films, 2005.
Edwards, James R., Jr. "A Biblical Perspective on Immigration Policy." In *Debating Immigration*, edited by Carol M. Swain, 46-62. Cambridge: Cambridge University Press, 2007.
Edwards, Korie L. *The Elusive Dream: The Power of Race in Interracial Churches*. Oxford: Oxford University Press, 2008.
Edwards, Ruth B. "The Christological Basis of the Johannine Footwashing." In *Jesus of Nazareth: Lord and Christ: Essays on the Historical Jesus and New Testament Christology*, edited by Joel B. Green and Max Turner, 367-83. Grand Rapids: Eerdmans, 1994.
Emerson, Michael O., and Christian Smith. *Divided by Faith: Evangelical Religion and the Problem of Race in America*. New York: Oxford University Press, 2000.
Eubank, Nathan. "Justice Endures Forever: Paul's Grammar of Generosity." *JSPL* 5, no. 2 (Fall 2015): 169-87.
Ferngren, Gary B. *Medicine and Health Care in Early Christianity*. Baltimore: The Johns Hopkins University Press, 2009.
Fields, Weston W. "The Motif 'Night as Danger' Associated with Three Biblical Destruc- tion Narratives." In *'Sha'are Talmon': Studies in the Bible, Qumran, and the Ancient Near East Presented to Shemaryahu Talmon*, edited by Michael Fishbane and Em- manuel Tov, 17-32. Winona Lake, IN: Eisenbrauns, 1992.

_____. *Sodom and Gomorrah: History and Motif in Biblical Narrative*. JSOTSup 231. Sheffield: Sheffield Academic Press, 1997.

Finger, Reta Halteman. *Of Widows and Meals: Communal Meals in the Book of Acts*. Grand Rapids: Eerdmans, 2007.

Finley, Moses I. *The Ancient Economy*. Berkeley: University of California Press, 1999.

Fitzgerald, John T. "Christian Friendship: John, Paul, and the Philippians." *Interpretation* 61, no. 3 (July 2007): 284-96.

_____. "Paul and Friendship." In *Paul in the Greco-Roman World: A Handbook*, edited by J. Paul Sampley, 319-43. Harrisburg, PA: Trinity Press, International, 2003.

Flemming, Dean. *Why Mission? Reframing New Testament Theology*. Nashville: Abingdon, 2015.

Flett, John G. *Apostolicity: The Ecumenical Question in World Christian Perspective*. Downers Grove, IL: InterVarsity Press, 2016.

Ford, J. Massyngbaerde. *My Enemy Is My Guest: Jesus and Violence in Luke*. Maryknoll, NY: Orbis, 1984.

Fowl, Stephen E. *Philippians*. THC. Grand Rapids: Eerdmans, 2005.

Friedman, Milton, and Rose Friedman. *Free to Choose*. New York: Avon Books, 1980.

Friesen, Steven J. "Injustice or God's Will? Early Christian Explanations of Poverty." In *Wealth and Poverty in Early Church and Society*, edited by Susan R. Holman, 17-36. Holy Cross Studies in Patristic Theology and History. Grand Rapids: Baker, 2008.

Gardner, Gregg E. *The Origins of Organized Charity in Rabbinic Judaism*. Cambridge: Cambridge University Press, 2015.

Garnsey, Peter. *Food and Society in Classical Antiquity*. Key Themes in Ancient History. Cambridge: Cambridge University Press, 1999.

Garnsey, Peter, and Richard Saller. *The Roman Empire: Economy, Society and Culture*. 2nd ed. Berkeley: University of California Press, 2015.

Garrett, Susan. *The Demise of the Devil: Magic and the Demonic in Luke's Writings*. Minneapolis: Fortress Press, 1989.

Gaventa, Beverly Roberts. *From Darkness to Light: Aspects of Conversion in the New Testament*. OBT. Philadelphia: Fortress, 1986.

_____. "'You Proclaim the Lord's Death': 1 Corinthians 11:26 and Paul's Understanding of Worship." *Review and Expositor* 80, no. 3 (Summer 1983): 377-87.

Gill, David. "*Trapezomata*: A Neglected Aspect of Greek Sacrifice." *HTR* 67, no. 2 (April 1974): 117-37.

Gittins, Anthony J. *Gifts and Strangers: Meeting the Challenge of Inculturation*. New York: Paulist Press, 1988.

Goffman, Erving. *Stigma: Note on the Management of Spoiled Identity*. London: Simon and Schuster, 1963.

Gooch, Peter D. *Dangerous Food: 1 Corinthians 8-10 in Its Context*. Waterloo, Ontario: Wilfrid Laurier University Press, 1993.

Gorman, Michael J. *Becoming the Gospel: Paul, Participation, and Mission.* Grand Rapids: Eerdmans, 2015.

Gowan, Donald E. "Wealth and Poverty in the Old Testament: The Case of the Widow, the Orphan, and the Sojourner." *Interpretation* 41, no. 4 (October 1987): 341-53.

Green, Joel B. *Conversion in Luke-Acts: Divine Action, Human Cognition, and the People of God.* Grand Rapids: Baker, 2015.

_____. *The Theology of the Gospel of Luke.* Cambridge: University of Cambridge Press, 1995.

Greene-McCreight, Kathryn. *Darkness Is My Only Companion: A Christian Response to Mental Illness.* Rev. ed. Grand Rapids: Brazos Press, 2015.

Greer, Rowan A. *Broken Lights and Mended Lives: Theology and Common Life in the Early Church.* University Park: The Pennsylvania State University Press, 1986.

Griffin, Miriam T. *Seneca on Society: A Guide to* De Beneficiis. Oxford: Oxford University Press, 2013.

Groody, Daniel G. "Jesus and the Undocumented Immigrant: A Spiritual Geography of a Crucified People." *Theological Studies* 70, no. 2 (July 2009): 298-316.

Hahn, Scott W. *Kinship by Covenant: A Canonical Approach to the Fulfillment of God's Saving Promises.* ABRL. New Haven, CT: Yale University Press, 2009.

Hartch, Todd. *The Rebirth of Latin American Christianity.* Oxford: Oxford University Press, 2014.

Harvey, Jennifer. *Dear White Christians: For Those Still Longing for Racial Reconciliation.* Grand Rapids: Eerdmans, 2015.

Hays, Christopher M. *Luke's Wealth Ethics: A Study in Their Coherence and Character.* WUNT 2.275. Tübingen: Mohr-Siebeck, 2010.

Hays, Richard B. *1 Corinthians.* Interpretation. Louisville: Westminster John Knox Press, 1997.

_____. *Echoes of Scripture in the Gospels.* Waco, TX: Baylor University Press, 2016.

_____. *The Moral Vision of the New Testament: A Contemporary Introduction to New Testament Ethics.* San Francisco: HarperCollins, 1997.

Heaton, E. W. "Sojourners in Egypt." *Expository Times* 58 (1946): 80-82.

Heil, J. P. *The Meal Scenes in Luke Acts: An Audience-Oriented Approach.* Atlanta: SBL Publications, 1999.

Hellerman, Joseph H. *When the Church Was a Family: Recapturing Jesus' Vision for Authentic Christian Community.* Nashville: B&H Publishing, 2009.

Henderson, Suzanne Watts. "'If Anyone Hungers . . .': An Integrated Reading of 1 Cor 1.17-34." *NTS* 48, no. 2 (April 2002): 195-208.

Heuertz, Christopher L., and Christine D. Pohl. *Friendship at the Margins: Discovering Mutuality in Service and Mission.* Downers Grove, IL: InterVarsity Press, 2010.

Heyer, Kristin E. *Kinship across Borders: A Christian Ethic of Immigration.* Washington, DC: Georgetown University Press, 2012.

Hill, Wesley. *Spiritual Friendship: Finding Love in the Church as a Celibate Gay Christian.*

Grand Rapids: Brazos Press, 2015.

Hinton, Elizabeth. *From the War on Poverty to the War on Crime: The Making of Mass Incarceration in America*. Cambridge, MA: Harvard University Press, 2016.

Hock, Ronald F. *The Social Context of Paul's Ministry: Testimony and Apostleship*. Philadelphia: Fortress Press, 1980.

Holman, Susan R. *God Knows There's Need: Christian Responses to Poverty*. Oxford: Oxford University Press, 2009.

Hooker, Morna. "Interchange in Christ." In *From Adam to Christ: Essays on Paul*, 13-25. Cambridge: Cambridge University Press, 1990.

Horrell, David G. *Solidarity and Difference: A Contemporary Reading of Paul's Ethics*. 2nd ed. London: Bloomsbury T&T Clark, 2015.

_____. "Theological Principle or Christological Praxis? Pauline Ethics in 1 Corinthians 8.1-11.1." *JSNT* 67 (September 1997): 83-114.

Hultgren, Arland J. "The Johannine Footwashing (13.1-11) as Symbol of Eschatological Hospitality." *NTS* 28, no. 4 (October 1982): 539-46.

Hume, Douglas A. *The Early Christian Community: A Narrative Analysis of Acts 2:41-47 and 4:32-35*. WUNT 2.298. Tübingen: Mohr-Siebeck, 2011.

Huntington, Samuel. *Who Are We? The Challenges to America's National Identity*. New York: Simon and Schuster, 2004.

Hurtado, Larry W. *Lord Jesus Christ: Devotion to Jesus in Earliest Christianity*. Grand Rapids: Eerdmans, 2003.

Hütter, Reinhard. "Hospitality and Truth: The Disclosure of Practices in Worship and Doctrine." In *Practicing Theology: Beliefs and Practices in Christian Life*, edited by Miroslav Volf and Dorothy C. Bass, 206-27. Grand Rapids: Eerdmans, 2002.

Jefford, Clayton N. *Reading the Apostolic Fathers: An Introduction*. Peabody, MA: Hendrickson, 1996.

Jenkins, Philip. *The Next Christendom: The Coming of Global Christianity*. Oxford: Oxford University Press, 2002.

Jipp, Joshua W. "The Beginnings of a Theology of Luke-Acts: Divine Activity and Human Response." *JTI* 8, no. 1 (Spring 2014): 23-44.

_____. *Christ Is King: Paul's Royal Ideology*. Minneapolis: Fortress, 2015.

_____. *Divine Visitations and Hospitality t Strangers in Luke-Acts: An Interpretation of the Malta Episode in Acts 28:1-10*. NovTSup 153. Leiden: Brill, 2013.

_____. "Hospitable Barbarians: Luke's Ethnic Reasoning in Acts 28:1-10." *JTS* (2017): forthcoming.

_____. "Paul's Areopagus Speech of Acts 17:16-34 as *Both* Critique *and* Propaganda." *JBL* 131, no. 3 (2012): 567-88.

_____. "Philanthropy, Hospitality, and Friendship." *Christian Reflection* (2015): 65-72.

Johnson,Luke Timothy. *Among the Gentiles: Greco-Roman Religion and Christianity*. AYBRL. New Haven, CT: Yale University Press, 2009.

_____. "The Body in Question: The Social Complexities of Resurrection in 1 Corinthians." In *Contested Issues in Christian Origins and the New Testament*, 295–315. NovTSup 146. Leiden: Brill, 2013.

_____. *Brother of Jesus, Friend of God: Studies in the Letter of James*. Grand Rapids: Eerdmans, 2004.

_____. "Imagining the World Scripture Imagines." *Modern Theology* 14, no. 2 (April 1998): 165–80.

_____. "James 3:13–4:10 and the Topos περὶ φθόνου." *NovT* 25, no. 4 (October 1983): 327–47.

_____. *The Literary Function of Possessions in Luke-Acts*. SBLDS 39. Missoula, MT: Scholars Press, 1977.

_____. *Religious Experience in Earliest Christianity*. Minneapolis: Fortress Press, 1998.

_____. *Sharing Possessions: What Faith Demands*. 2nd ed. Grand Rapids: Eerdmans, 2011.

Jones, Robert P. *The End of White Christian America*. New York: Simon and Schuster, 2016.

Joubert, Stephen. "One Form of Social Exchange or Two? 'Euergetism,' Patronage, and Testament Studies." *BTB* 31, no. 1 (2001): 17–25.

Just, Arthur A. *The Ongoing Feast: Table Fellowship and Eschatology at Emmaus*. Collegeville, MN: The Liturgical Press, 1993.

Kamell, Mariam. "The Economics of Humility: The Rich and the Humble in James." In *Engaging Economics: New Testament Scenarios and Early Christian Reception*, edited by Bruce W. Longenecker and Kelly D. Liebengood, 157–75. Grand Rapids: Eerdmans, 2009.

Karris, Robert J. *Eating Your Way through Luke's Gospel*. Collegeville, MN: Liturgical Press, 2006.

Keifert, Patrick R. *Welcoming the Stranger: A Public Theology of Worship and Evangelism*. Minneapolis: Fortress, 1992.

Kennedy, Rebecca F., C. Sydnor Roy, and Max L. Goldman, eds. and trans. *Race and Ethnicity in the Classical World: An Anthology of Primary Sources in Translation*. Indianapolis: Hackett Publishing, 2013.

Kim, Seyoon. "*Imitatio Christi* (1 Corinthians 11:1): How Paul Imitates Jesus Christ in Dealing with Idol Food." *BBR* 13, no. 2 (2003): 193–226.

Kirk, Alan. "'Love Your Enemies,' the Golden Rule, and Ancient Reciprocity (Luke 6:27–35)." *JBL* 122, no. 4 (Winter 2003): 667–86.

Knauth, R. J. D. "Alien, Foreign Resident." In *Dictionary of the Old Testament: Pentateuch*, edited by T. Desmond Alexander and David W. Baker, 27–33. Downers Grove, IL: InterVarsity Press, 2003.

Koenig, John. *New Testament Hospitality: Partnership with Strangers as Promise and Mission*. Eugene, OR: Wipf and Stock, 2001.

Koester, Craig R. *Symbolism in the Fourth Gospel: Meaning, Mystery, Community*. 2nd ed. Minneapolis: Fortress Press, 2003.

_____. *The Word of Life: A Theology of John's Gospel*. Grand Rapids: Eerdmans, 2008.

Konstan, David. *Friendship in the Classical World*. Cambridge: Cambridge University Press, 1997.

Koser, Khalid. *International Migration: A Very Short Introduction*. Oxford: Oxford University Press, 2007.

Köstenberger, Andreas J. *The Missions of Jesus and the Disciples according to the Fourth Gospel: With Implications for the Fourth Gospel's Purpose and the Mission of the Contemporary Church*. Grand Rapids: Eerdmans, 1998.

Labberton, Mark. *The Dangerous Act of Worship: Living God's Call to Justice*. Downers Grove, IL: InterVarsity Press, 2012.

Lampe, Peter. "The Eucharist: Identifying with Christ on the Cross." *Interpretation* 48, no. 1 (January 1994): 36-49.

Lane, William L. "Unexpected Light on Hebrews 13:1-6 from a Second Century Source." *Perspectives in Religious Studies* 9, no. 3 (Fall 1982): 267-74.

Lasine, Stuart. "Guest and Host in Judges 19: Lot's Hospitality in an Inverted World." *JSOT* 29 (June 1984): 37-59.

LaVerdiere, Eugene. *Dining the Kingdom of God: The Origins of the Eucharist according to Luke*. Chicago: Liturgy Training Publications, 1994.

Lee, Dorothy. "The Gospel of John and the Five Senses." *JBL* 129, no. 1 (Spring 2010): 115-27.

Leithart, Peter J. *Delivered from the Elements of the World: Atonement, Justification, Mission*. Downers Grove, IL: InterVarsity Press, 2016.

Leshem, Dotan. *The Origins of Neoliberalism: Modeling the Economy from Jesus to Foucault*. New York: Columbia University Press, 2016.

Levitt, Peggy. *God Needs No Passport: Immigrants and the Changing American Religious Landscape*. New York: The New Press, 2007.

Logan, James Samuel. *Good Punishment? Christian Moral Practice and US Imprisonment*. Grand Rapids: Eerdmans, 2008.

Long, D. Stephen. *Divine Economy: Theology and the Market*. London: Routledge, 2000.

Lyons, William John. *Canon and Exegesis: Canonical Praxis and the Sodom Narrative*. JSOTSup 352. Sheffield: Sheffield Academic Press, 2002.

Macaskill, Grant. *Union with Christ in the New Testament*. Oxford: Oxford University Press, 2013.

Malherbe, Abraham J. "The Christianization of a *Topos* (Luke 12:13-34)." In *Light from the Gentiles: Hellenistic Philosophy and Early Christianity: Collected Essays, 1959-2012*, by Abraham J. Malherbe, 339-51. NovTSup 150. Leiden: Brill, 2013.

_____. "Godliness, Self-Sufficiency, Greed, and the Enjoyment of Wealth: 1 Timothy 6:3-19." In *Light from the Gentiles: Hellenistic Philosophy and Early Christianity: Collected Essays, 1959-2012*, by Abraham J. Malherbe, 507-57. NovTSup 150. Leiden: Brill, 2013.

Marshall, Christopher D. *Beyond Retribution: A New Testament Vision for Justice, Crime, and Punishment*. Grand Rapids: Eerdmans, 2001.
Marshall, Jonathan. *Jesus, Patrons, and Benefactors: Roman Palestine and the Gospel of Luke*. WUNT 2.259. Tübingen: Mohr-Siebeck, 2009.
Marshall, Peter. *Enmity in Corinth: Social Conventions in Paul's Relations with the Corinthians*. WUNT 2.23. Tübingen: Mohr-Siebeck, 1987.
Martin, Clarice J. "A Chamberlain's Journey and the Challenge of Interpretation for Liberation." *Semeia* 47 (1989): 105-35.
Martin, Dale B. *Slavery as Salvation: The Metaphor of Slavery in Pauline Christianity*. New Haven, CT: Yale University Press, 1990.
Marty, Martin E. *The Public Church: Mainline-Evangelical-Catholic*. New York: Crossroad, 1981.
_____. *When Faiths Collide*. Blackwell Manifestos. Malden, MA: Blackwell, 2005.
Matson, David Lertis. *Household Conversion Narratives in Acts: Pattern and Interpretation*. JSNTSup 123. Sheffield: Sheffield Academic Press, 1996.
Matthews, Victor. "Hospitality and Hostility in Genesis 19 and Judges 19." *BTB* 22, no. 1 (Spring 1992): 3-11.
Matthews, Victor H., and Don C. Benjamin. *Social World of Ancient Israel: 1250-587 BCE*. Peabody, MA: Hendrickson, 1993.
McDermott, Gerald, and Harold A. Netland. *A Trinitarian Theology of Religions*. New York: Oxford University Press, 2014.
McGowan, Andrew B. *Ancient Christian Worship: Early Church Practices in Social, Historical, and Theological Perspective*. Grand Rapids: Baker, 2014.
Meeks, Wayne A. *The First Urban Christians: The Social World of the Apostle Paul*. New Haven, CT: Yale University Press, 1983.
_____. "The Man from Heaven in Johannine Sectarianism." In *The Interpretation of John*, edited by John Ashton, 169-206. Philadelphia: Fortress Press, 1986.
_____. "The Man from Heaven in Paul's Letter to the Philippians." In *The Future of Early Christianity: Essays in Honor of Helmut Koester*, edited by Birger Pearson, 329-36. Minneapolis: Fortress, 1991.
Meggitt, Justin J. *Paul, Poverty and Survival*. Studies of the New Testament and Its World. Edinburgh: T&T Clark, 1998.
Meilaender, Gilbert C. *Friendship: A Study in Theological Ethics*. Notre Dame, IN: University of Notre Dame Press, 1981.
Metzger, James A. *Consumption and Wealth in Luke's Travel Narrative*. BIS 88. Leiden: Brill, 2007.
Michaels, J. Ramsey. *The Gospel of John*. NICNT. Grand Rapids: Eerdmans, 2010.
Miller, Patrick D., Jr. "The Gift of God: The Deuteronomic Theology of the Land." *Interpretation* 23, no. 4 (October 1969): 454-65.
_____. "Israel as Host to Strangers." In *Israelite Religion and Biblical Theology: Collected Essays*,

559-62. JSOTSup 267. Sheffield: Sheffield Academic Press, 2000.

Mitchell, Alan C. "The Social Function of Friendship in Acts 2:44-47 and 4:32-37." *JBL* 111, no. 2 (Summer 1992): 255-72.

Mitchell, Margaret M. *Paul and the Rhetoric of Reconciliation: An Exegetical Investigation of the Language and Composition of 1 Corinthians*. Louisville: Westminster John Knox Press, 1992.

_____. "Pauline Accommodation and 'Condescension' (συγκατάβασις): 1 Cor 9:19-23 and the History of Influence." In *Paul beyond the Judaism/Hellenism Divide*, edited by Troels Engberg-Pedersen, pp. 197-214. Louisville: Westminster John Knox Press, 2001.

Moessner, David P. *Lord of the Banquet: The Literary and Theological Significance of the Lukan Travel Narrative*. Minneapolis: Fortress Press, 1989.

Moloney, Francis J. *A Body Broken for a Broken People*. San Francisco: HarperCollins, 1997.

_____. *Love in the Gospel of John: An Exegetical, Theological, and Literary Study*. Grand Rapids: Baker, 2013.

Moltmann, Jürgen. "Open Friendship: Aristotelian and Christian Concepts of Friendship." In *The Changing Face of Friendship*, edited by Leroy S. Rouner, 29-42. Notre Dame, IN: University of Notre Dame Press, 1994.

More, Michael S. "Ruth: Resident Alien with a Face," *Christian Reflection* (2008): 20-25.

Moxnes, Halvor. *The Economy of the Kingdom: Social Conflict and Economic Relations in Luke's Gospel*. Philadelphia: Fortress Press, 1988.

Murphy-O'Connor, Jerome. *1 Corinthians*. NTM. Wilmington, DE: Michael Glazier, 1979.

Nelson, Peter K. "Luke 22:29-30 and the Time Frame for Ruling and Dining," *Tyndale Bulletin* 44, no. 2 (November 1993): 355-57.

Nelson, Robert H. *Economics as Religion: From Samuelson to Chicago and Beyond*. University Park: Pennsylvania State University Press, 2001.

_____. *The New Holy Wars: Economic Religion vs. Environmental Religion in Contemporary America*. University Park: Pennsylvania State University Press, 2010.

Netland, Harold A. *Christianity and Religious Diversity: Clarifying Christian Commitments in a Globalizing Age*. Grand Rapids: Baker Academic, 2015.

Newbigin, Leslie. *The Gospel in a Pluralist Society*. Grand Rapids: Eerdmans, 1989.

Nicholson, G. C. *Death as Departure: The Johannine Descent-Ascent Schema*. Chico, CA: Scholars Press, 1983.

Nouwen, Henri J. M. *Reaching Out: The Three Movements of the Spiritual Life*. New York: Doubleday, 1975.

O'Day, Gail R. "I Have Called You Friends," *Christian Reflection* (2008): 20-27.

Oden, Amy G. *And You Welcomed Me: A Sourcebook on Hospitality in Early Christianity*. Nashville: Abingdon, 2001.

_____. *God's Welcome: Hospitality for a Gospel-Hungry World*. Cleveland: The Pilgrim Press,

2008.

Ogereau, Julien M. "Paul's κοινωνία with the Philippians: *Societas* as a Missionary Funding Strategy." *NTS* 60, no. 3 (July 2014): 360-78.

Pao, David W. *Acts and the Isaianic New Exodus*. Grand Rapids: Baker Academic Press, 2000.

_____. "Waiters or Preachers: Acts 6:1-7 and the Lukan Table Fellowship Motif." *JBL* 130, no. 1 (Spring 2011): 127-44.

Parkin, Anneliese. " 'You Do Him No Service': An Exploration of Pagan Almsgiving." In *Poverty in the Roman World*, edited by Margaret Atkins and Robin Osborne, 60-82. Cambridge: Cambridge University Press, 2006.

Parsons, Mikeal C. *Acts*. PCNT. Grand Rapids: Baker Academic Press, 2008.

Pearce, J. K. *The Land of the Body: Studies in Philo's Representation of Egypt*. WUNT 1.208. Tübingen: Mohr-Siebeck, 2007.

Penner, Todd. *In Praise of Christian Origins: Stephen and the Hellenists in Lukan Apologetic Historiography*. ESEC. New York: T&T Clark, 2004.

Perry, J. S. "Critiquing the Excess of Empire: A Synkrisis of John of Patmos and Dio of Prusa." *JSNT* 29, no. 4 (June 2007): 437-96.

Pervo, Richard I. *Acts*. Hermeneia. Minneapolis: Fortress Press, 2009.

Pitre, Brant. *Jesus and the Jewish Roots of the Eucharist: Unlocking the Secrets of the Last Supper*. New York: Doubleday, 2011.

_____. *Jesus and the Last Supper*. Grand Rapids: Eerdmans, 2015.

Placher, William. "Visiting Prisoners." In *The Blackwell Companion to Postmodern Theology*, edited by Graham Ward, 177-91. Oxford: Blackwell Publishing, 2007.

Pohl, Christine D. *Making Room: Recovering Hospitality as a Christian Tradition*. Grand Rapids: Eerdmans, 1999.

Polanyi, Karl. *The Great Transformation: The Political and Economic Origins of Our Time*. Boston: Beacon Press, 1957.

Porter, Michael. *On Competition*. Cambridge, MA: Harvard University Press, 1998.

Porterfield, Amanda. *Healing in the History of Christianity*. Oxford: Oxford University Press, 2005.

Praeder, Susan M. "Acts 27:1-28:16: Sea Voyages in Ancient Literature and the Theology of Luke-Acts." *CBQ* 46, no. 4 (October 1984): 683-706.

Radner, Ephraim. *A Time to Keep: Theology, Mortality, and the Shape of a Human Life*. Waco, TX: Baylor University Press, 2016.

Rah, Soong-Chan. *Many Colors: Cultural Intelligence for a Changing Church*. Chicago: Moody Publishers, 2010.

_____. *The Next Evangelicalism: Freeing the Church from Western Cultural Captivity*. Downers Grove, IL: InterVarsity Press, 2009.

Raphael, Steven, and Michael Stoll. "Introduction." *Do Prisons Make Us Safer? The Benefits and Cost of the Prison Boom*, edited by Steven Raphael and Michael Stoll, 1-24. New

York: Russell Sage Foundation, 2009.
Reasoner, Mark. *The Strong and the Weak: Romans 14:1 – 15:13 in Context*. SNTSMS 103. Cambridge: Cambridge University Press, 1999.
Reinders, Hans S. *Receiving the Gift of Friendship: Profound Disability, Theological Anthropology, and Ethics*. Grand Rapids: Eerdmans, 2008.
Rhee, Helen. *Loving the Poor, Saving the Rich: Wealth, Poverty, and Early Christian Formation*. Grand Rapids: Baker Academic Press, 2012.
Rice, Joshua. *Paul and Patronage: The Dynamics of Power in 1 Corinthians*. Eugene, OR: Pickwick Publications, 2013.
Ricoeur, Paul. *Oneself as Another*. Chicago: The University of Chicago Press, 1992.
Rindge, Matthew S. *Jesus' Parable of the Rich Fool: Luke 12:13-34 among Ancient Conversation on Death and Possessions*. Early Christianity and Its Literature. Vol. 6. Atlanta: Society of Biblical Literature, 2011.
Robinson, B. P. "The Place of the Emmaus Story in Luke-Acts." *NTS* 30, no. 4 (October 1984): 481-97.
Rosner, Brian S. *Greed as Idolatry: The Origin and Meaning of a Pauline Metaphor*. Grand Rapids: Eerdmans, 2007.
_____. "Soul Idolatry: Greed as Idolatry in the Bible." *Ex Auditu* 15 (1999): 73-86.
Rowe, C. Kavin. *Early Narrative Christology: The Lord in the Gospel of Luke*. Berlin: Walter de Gruyter GmbH & Co. KG, 2006.
_____. "The Grammar of Life: The Areopagus Speech and Pagan Tradition." *NTS* 57, no. 1 (January 2011): 31-50.
Rudolph, David J. *A Jew to the Jews: Jewish Contours of Pauline Flexibility in 1 Corinthians 9:19-23*. WUNT 2.304. Tübingen: Mohr-Siebeck, 2011.
Ruiz, Jean-Pierre. *Readings from the Edges: The Bible and People on the Move*. Studies in Latino/a Catholicism. Maryknoll, NY: Orbis, 2011.
Safe Families for Children, "Safe Families for children—the beginning" (flash video). Posted December 9, 2015. Accessed September 4, 2016. https://vimeo.com/148396998.
Sahlins, Marshall. *Stone Age Economics*. London: Tavistock, 1974.
Saller, Richard P. *Personal Patronage under the Early Empire*. Cambridge: Cambridge University Press, 1982.
Sampson, Robert J. *Great American City: Chicago and the Enduring Neighborhood Effect*. Chicago: The University of Chicago Press, 2013.
Sanneh, Lamin. *Disciples of All Nations*. Pillars of World Christianity. Oxford: Oxford University Press, 2008.
_____. *Translating the Message: The Missionary Impact on Culture*. 2nd ed. Maryknoll, NY: Orbis, 2009.
Satter, Beryl. *Family Properties: How the Struggle over Race and Real Estate Transformed Chicago and Urban America*. New York: Picador, 2010.

Schlosser, Eric. "The Prison Industrial Complex." *Atlantic Monthly*, December 1998.

Schnabel, Eckhard J. *Early Christian Mission*. 2 vols. Downers Grove, IL: InterVarsity Press, 2004.

Schottroff, Luise. "Holiness and Justice: Exegetical Comments on 1 Corinthians 11.17-34." *JSNT* 23, no. 79 (January 2001): 51-60.

Schreck, Christopher J. "The Nazareth Pericope: Luke 4:16-30 in Recent Study." In *L'évangile de Luc—The Gospel of Luke*, 2nd ed. Edited by Frans Neirynck. Leuven: Leuven University Press, 1989.

Schwartz, Seth. *Were the Jews a Mediterranean Society? Reciprocity and Solidarity in Ancient Judaism*. Princeton, NJ: Princeton University Press, 2010.

Skinner, Christopher W. *Reading John*. Cascade Companions. Eugene, OR: Cascade Books, 2015.

Skinner, Matthew L. *Intrusive God, Disruptive Gospel: Encountering the Divine in the Book of Acts*. Grand Rapids: Brazos, 2015.

Slade, Peter. *Open Friendship in a Closed Society: Mission Mississippi and a Theology of Friendship*. New York: Oxford University Press, 2009.

Smith, Christian. *Lost in Transition: The Dark Side of Emerging Adulthood*. Oxford: Oxford University Press, 2011.

Smith, Dennis E. *From Symposium to Eucharist: The Banquet in the Early Christian World*. Minneapolis: Fortress Press, 2003.

_____. "Table-Fellowship as a Literary Motif in the Gospel of Luke." *JBL* 106, no. 4 (December 1987): 613-38.

Smith, James K. A. *Desiring the Kingdom: Worship, Worldview, and Cultural Formation*. Vol. 1, Cultural Liturgies. Grand Rapids: Baker, 2009.

_____. *You Are What You Love: The Spiritual Power of Habit*. Grand Rapids: Brazos, 2016.

Smith-Christopher, Daniel L. "Between Ezra and Isaiah: Exclusion, Transformation, and Inclusion of the 'Foreigner' in Post-Exilic Biblical Theology." In *Ethnicity and the Bible*, edited by Mark Brett, 117-42. Leiden: Brill, 2002.

Snyder, Susannah. "Fright: The Dynamics of Fear within Established Populations." In *Asylum-Seeking: Migration and Church*, 85-126. Explorations in Practical, Pastoral and Empirical Theology. London: Ashgate, 2012.

Soerens, Matthew, and Jenny Hwang. *Welcoming the Stranger: Justice, Compassion & Truth in the Immigration Debate*. Downers Grove, IL: InterVarsity Press, 2009.

Spencer, F. Scott. "Neglected Widows in Acts 6:1-7." *CBQ* 56, no. 4 (October 1994): 715-33. Stapleford, John E. *Bulls, Bears and Golden Calves*. 2nd ed. Downers Grove, IL: InterVarsity Press, 2009.

Stark, Rodney. "Epidemics, Networks, and the Rise of Christianity." *Semeia* 56 (1992): 159-75.

Stegemann, Ekkehard W., and Wolfgang Stegemann. *The Jesus Movement: A Social History of Its First Century*. Minneapolis: Fortress Press, 1999.

Stowers, Stanley K. *A Rereading of Romans: Justice, Jews, and Gentiles*. New Haven, CT: Yale University Press, 1994.

Strawn, Brent, ed. *The Bible and the Pursuit of Happiness: What the Old and New Testaments Teach Us about the Good Life*. Oxford: Oxford University Press, 2012.

Sturdevant, Jason S. "The Centrality of Discipleship in the Johannine Portrayal of Peter." In *Peter in Early Christianity*, edited by Helen K. Bond and Larry W. Hurtado, 109-20. Grand Rapids: Eerdmans, 2015.

Swartley, Willard M. *Health, Healing and the Church's Mission: Biblical and Moral Priorities*. Downers Grove, IL: InterVarsity Press, 2012.

Tannehill, Robert C. *The Narrative Unity of Luke-Acts*. Vol. 1. Minneapolis: Fortress Press, 1986.

Tanner, Kathryn. *Economy of Grace*. Minneapolis: Fortress Press, 2005.

Taylor, Charles. *A Secular Age*. Cambridge, MA: Harvard University Press, 2007.

Taylor, Mark Lewis. *The Executed God: The Way of the Cross in Lockdown America*. 2nd ed. Minneapolis: Fortress Press, 2015.

Thiessen, Gerd. *The Social Setting of Pauline Christianity*. Edinburgh: T&T Clark, 1982.

Thomas, John Christopher. *Footwashing in John 13 and the Johannine Community*. JSNTSup 61. Sheffield: JSOT Press, 1991.

Thompson, Alan J. *One Lord, One People: The Unity of the Church in Acts in Its Literary Setting*. LNTS 359. London: T&T Clark, 2008.

Thompson, James W. *Moral Formation according to Paul: The Context and Coherence of Pauline Ethics*. Grand Rapids: Baker, 2011.

Thompson, Michael. *Clothed with Christ: The Example and Teaching of Jesus in Romans 12.1-15.13*. JSNTSup 59. Sheffield: JSOT, 1991.

Tilling, Chris. *Paul's Divine Christology*. WUNT 2.323. Tübingen: Mohr-Siebeck, 2012.

Tran, Jonathan, and Myles Werntz, eds. *Corners in the City of God: Theology, Philosophy, and the Wire*. Eugene, OR: Cascade, 2013.

Trible, Phyllis. *Texts of Terror: Literary-Feminist Readings of Biblical Narratives*. OBT 13. Philadelphia: Fortress Press, 1984.

Tucker, J. Brian. *"Remain in Your Calling": Paul and the Continuation of Social Identities in 1 Corinthians*. Eugene, OR: Pickwick Publications, 2011.

Vacek, Heather H. *Madness: American Protestant Responses to Mental Illness*. Waco, TX: Baylor University Press, 2015.

Van Cleve, Nicole Gonzalez. *Crook County: Racism and Injustice in America's Largest Criminal Court*. Stanford, CA: Stanford University Press, 2016.

van Houten, Christian. *The Alien in Israelite Law*. JSOTSup 107. Sheffield: Sheffield Academic Press, 1991.

Vanier, Jean. *An Ark for the Poor: The Story of L'Arche*. Toronto: Novalis, 1995.

———. *Community and Growth*. 2nd ed. New York: Paulist Press, 1989.

———. *The Scandal of Service: Jesus Washes Our Feet*. L'Arche Collections. Toronto: Novalis,

1998.

Van Opstal, Sandra. *The Next Worship: Glorifying God in a Diverse World*. Downers Grove, IL: InterVarsity Press, 2015.

Van Seters, John. *Abraham in History and Tradition*. New Haven, CT: Yale University Press, 1975.

Veyne, Paul. *Bread and Circuses: Historical Sociology and Political Pluralism*. London: Allen Lane, 1990. *The Visitor*. Directed by Tom McCarthy. Overture Films, 2008.

Volf, Miroslav. *Exclusion and Embrace: A Theological Exploration of Identity, Otherness, and Reconciliation*. Nashville: Abingdon, 1996.

Wacquant, Löic. *Prisons of Poverty*. Minneapolis: University of Minnesota Press, 2009.

Wadell, Paul J. *Becoming Friends: Worship, Justice, and the Practice of Christian Friendship*. Grand Rapids: Brazos, 2002.

Wagner, J. Ross. "The Christ, Servant of Jew and Gentile: A Fresh Approach to Romans 15:8-9." *JBL* 116, no. 3 (Fall 1997): 473-85.

Wainwright, Geoffrey. *Eucharist and Eschatology*. Oxford: Oxford University Press, 1981.

Wallace-Hadrill, Andrew. *Rome's Cultural Revolution*. Cambridge: Cambridge University Press, 2008.

Walls, Andrew F. *The Missionary Movement in Christian History: Studies in the Transmission of Faith*. Maryknoll, NY: Orbis, 1996.

Walters, James C. "Paul and the Politics of Meals in Roman Corinth." In *Corinth in Context: Comparative Studies on Religion and Society*, edited by Steven J. Friesen, Daniel N. Schowalter, and James C. Walters, 343-64. NovTSup 134. Leiden: Brill, 2010.

Wannenwetsch, Bernd. "The Desire of Desire: Commandment and Idolatry in Late Capitalist Societies." In *Idolatry*, edited by Stephen C. Barton, 315-30. New York: T&T Clark, 2007.

Ward, Roy Bowen. "Partiality in the Assembly: James 2:2-4." *HTR* 62, no. 1 (January 1969): 87-97.

_____. "The Works of Abraham: James 2:14-26." *HTR* 61, no. 2 (April 1968): 283-90.

Watson, Francis. *Paul and the Hermeneutics of Faith*. London: T&T Clark, 2004.

Webber, Robert E. *Celebrating Our Faith: Evangelism through Worship*. San Francisco: Harper and Row, 1986.

Webster, Jane S. *Ingesting Jesus: Eating and Drinking in the Gospel of John*. SBLAB 6. Atlanta: Society of Biblical Literature, 2003.

Weiman, David, and Christopher Weiss. "The Origins of Mass Incarceration in New York State: The Rockefeller Drug Laws and the Local War on Drugs." In *Do Prisons Make Us Safer? The Benefits and Cost of the Prison Boom*, edited by Steven Raphael and Michael Stoll, 73-116. New York: Russell Sage Foundation, 2009.

Wells, Samuel. *A Nazareth Manifesto: Being with God*. Malden, MA: Wiley Blackwell, 2015.

White, L. Michael. "Morality between Two Worlds: A Paradigm of Friendship in Philippians." In *Greeks, Romans, and Christians*, edited by David L. Balch, Everett

Fergusson, and Wayne A. Meeks, 201–15. Minneapolis: Fortress, 1990.
Wilson, Brittany E. *Unmanly Men: Refigurations of Masculinity in Luke-Acts*. Oxford: Oxford University Press, 2015.
Wilson, Walter T. "Urban Legends: Acts 10:1–11:18 and the Strategies of Greco-Roman Foundation Narratives." *JBL* 120, no. 1 (Spring 2001): 77–99.
Winter, Bruce W. *After Paul Left Corinth: The Influence of Secular Ethics and Social Change*. Grand Rapids: Eerdmans, 2001.
Wise, Mary Alice. "The Hospitality House: Portrait of a Prison Ministry." In *Prison*, edited by Robert B. Kruschwitz, 79–83. Christian Reflection. Waco, TX: Baylor University Press, 2012.
Wright, Christopher J. H. *Old Testament Ethics for the People of God*. Downers Grove, IL: InterVarsity Press, 2004.
Yarhouse, Mark A. *Understanding Gender Dysphoria: Navigating Transgender Issues in a Changing Culture*. Downers Grove, IL: InterVarsity Press, 2015.
Yong, Amos. *Hospitality and the Other: Pentecost, Christian Practices, and the Neighbor*. Maryknoll, NY: Orbis, 2008.
York, John O. *The Last Shall Be First: The Rhetoric of Reversal in Luke*. JSNTSup 46. Sheffield: JSOT Press, 1991.

성구 및 기타 고대 저작 색인

구약성서

창세기
1-2장 98
4:9-11 227
9:17 60
12:1-9 243
12:10 243
15:1-6 26
15:6 24, 224
15:13-14 241
15:18 60
17:1-14 26
17:8 243
18-19장 222, 241
18:1 225
18:1-8 28, 226
18:1-15 26, 224
18:2 225
18:4 158
18:10 226
18:14 226
18:16-33 224
18:20-21 227
19:1 228
19:1-2 228
19:1-3 27
19:1-29 224
19:2 158, 228
19:3 229
19:4 229
19:5 229
19:6 229
19:8 229
19:9 228
19:12-17 230
19:13 230
19:13-14 242
19:24-25 230
20장 243
20:1 243
21:27 60
21:32 60
21:34 243
22장 28
24:32 158
26장 243
26:28 60
28:12 145
35:6-7 244
35:27 244
37:1 244

43:24 158
47:4-9 244

출애굽기
2:23-25 227
3:7 227
3:14 152
6:7 237
12:14 59
12:48-49 245
12:49 245
16:4 48, 154, 244
16:15 48, 154, 244
16:18 287
16:20-21 153
17:1-6 152
22:21 239
23:9 239
24:8 60
32:6 108

레위기
7:6 110
16:29 245
19:9-10 245
19:16 292
19:18 278, 279, 280, 292
19:33 292
19:33-34 240, 278, 279
19:34 249, 280
21:1-3 279
21:10-11 279
21:16-23 71
21:17-23 279
23:22 245
24:22 245, 246
25:23 48, 245

민수기
9:14 245
11:1-9 48
15:15-16 245
19:11-19 279
20:2-13 152
21:5-6 109
25장 236
25:2 109
25:2-3 236

신명기
1:16-17 245
5:14-15 245
6:5 278
8:3 48
8:16 48
10장 241
10:17-18 66
10:17-19 240
10:19 249
14:22-26 110
14:28-29 291
15:1-8 291
16:11-14 245
23:1 71
23:3 236, 240
23:4 240

23:7 242
24:14-15 245
24:19-22 238, 245
26:5-9 244
26:12 244
27:19 240
31:9-13 245
32:39 152

여호수아
2:8-13 27
2:14 27

사사기
4장 241
17:6 231
18:1 231
19장 232, 241
19:1 231, 232
19:2 232
19:3 232
19:4 232
19:5 232
19:6 232
19:7-8 233
19:8 233
19:9 233
19:12 233
19:15 233
19:16 234
19:17 234
19:18 234
19:20-21 234

19:21 158
19:22 234
19:24 234
19:25 235
19:26-27 235
21:25 231

룻기
1:1 237
1:4 237
1:14-17 237
1:16-17 237
1:22 237
2:2 237
2:6 237
2:8-10 238
2:8-23 236
2:10 237
2:12 238
2:14 238
2:17-23 237
2:21 237
3:6-13 237
3:11 237
4:5 237
4:10 237

사무엘상
18:7 108
25:41 158

사무엘하
6:5 108

역대상
13:8 108
15:29 108
29:15 245

느헤미야
9:15 48

욥기
31:24-26 265

시편
14:1 269
23편 48, 107
23:5-6 245
39:12-13 245
78:18-19 109
78:24 154
78:24-25 245
78:24-28 107
78:24-38 48
96:5 178
104편 245
105:23 242, 244
105:37-42 107
105:40 48
146:9 241

잠언
11:28 265

이사야
2:2-4 280

5:7 227
11:10-16 98
14:1 246
19:24-25 247
25:6 149
25:6-8 245
25:6-9 49, 280
35:5-6 281
43:25 152
45:18-24 152-153
49:9-10 49
51:12 153
52:4 242
54:4-8 149
55:1-2 50
56:6-7 246
58:6 52, 292
58:6-7 52, 117
58:10 117
61:1 281
61:1-2 52
61:2 51
62:8-9 49
65:13-14 280
65:13-18 49
66:17-24 98

예레미야
31:12-13 149

에스겔
16장 149
22:7 241

26-28장　263
34:11-12　56
34:23-24　50
47:1　152

다니엘
1:10-12　55

호세아
2:18-20　149
6:6　279

요엘
3:18　150, 245

아모스
9:13-14　149
9:13-15　49, 245

미가
6:6-8　279

스가랴
2:11　246
7:9-10　240
8:7-8　280
8:19-23　280
14:8　152

신약성서

마태복음
6:11　256
6:19-21　266, 299
18:6-9　122
22:39　249
25:31-46　28, 210, 301
25:35-36　28
25:36　90
25:37-39　28
25:40　28
25:41　28
25:44-45　28
25:45　28

마가복음
7:15　119
9:42-50　122
10:44-45　195

누가복음
1:47　183
1:52-53　256
1:69　183
1:71　183
2:10-11　68
2:11　183
2:30　183
2:30-32　68
3:4-6　183
3:6　68
3:8　292

3:10-14 55
4:16-30 50
4:18 51, 89
4:18-19 51, 52, 74, 281
4:19 52, 55, 73, 90
4:24 52
4:39 186
4:40-41 186
5:20 29
5:27-32 29, 55, 75, 193
5:29 53
5:29-30 66
5:30-32 55
5:31-32 53
6:9 183
6:17-49 275
6:20-22 276
6:24-25 276
6:27 276
6:27-36 177, 280
6:27-38 64
6:30 276
6:32-35 276
6:35 277
6:35-36 300
6:36 277
6:37-38 278
7:2-10 70
7:9 29
7:11-17 66
7:29 55
7:29-30 278
7:34 55, 80, 114, 193

7:36-39 29, 195
7:36-50 29, 54, 55, 61, 75
7:39 55
7:48-50 75
7:50 29, 183
8:12 183
8:36 183
8:48 183
8:50 183
9:5 52
9:10-17 57, 61
9:11 58
9:11-17 55, 61, 184
9:12-17 63, 64
9:14-15 58
9:16 58, 59, 61
9:17 58
9:18-20 58
9:18-22 58
9:21-27 58
9:48 52
9:51-56 29, 153
9:53 52
10:1 193
10:1-16 29, 200
10:5-9 192
10:7 194
10:8-10 52
10:16 193
10:25 278
10:25-37 65, 205, 212, 271, 278
10:26 278
10:26-27 278

10:26-29 292
10:28 278
10:29 279
10:29-37 297
10:30 279
10:33 70, 279, 296
10:36 70, 279
10:37 279
10:38-42 61
11:37-41 29, 195, 270
11:37-44 279
11:37-54 55, 292
11:39 270
11:41 270
11:42 271
12:13-15 267
12:13-21 298
12:13-34 267
12:14 267
12:15 268
12:16 268
12:16-21 268
12:17 268
12:19 268
12:20 268
12:21 269, 270
12:22-32 256
12:22-34 269
12:24-31 269
12:31 270
12:31-32 269
12:31-34 299
12:33 270

12:33-34 270
12:42-46 63
12:44 67
13:23-30 280
13:26-29 292
14:1-6 29, 55, 195
14:1-14 280
14:1-24 61
14:7-14 298
14:12 282
14:12-14 281, 299
14:12-24 65, 280
14:14 282
14:16 281
14:16-24 280, 289
14:17 281
14:18-19 292
14:18-20 281
14:21 281
14:23 282
14:24 282
15:1-2 55, 56, 64, 66, 114, 195, 281
15:3-7 56
15:3-10 55
15:7 57
15:8-9 56
15:10 57, 291
15:11-32 55
15:16 291
15:24 56, 75
15:24-32 57
15:27 56
15:30 56

15:31　56
15:32　56, 75
16:13　290
16:14　290
16:14-15　278
16:15　290
16:15-31　298
16:19　290
16:19-31　64, 289, 297
16:20　290
16:21　291
16:22　291
16:22-23　291
16:23　291
16:29　292
16:31　292
18:1-8　66
18:9　278
18:9-14　55
18:18-30　64
19:1-10　29, 55, 114, 185, 193
19:5　54
19:5-9　85
19:6　57
19:6-7　55
19:7　66
19:7-9　75
19:9　54
19:41-44　29
20:46-47　66
21:1-4　66
22:14　59
22:14-20　110, 283

22:14-27　60, 184
22:14-38　61, 282
22:15-20　55, 59, 61, 68, 75, 282, 289
22:19　59, 62, 63, 283
22:19-20　62, 63
22:24　283
22:24-27　64
22:24-30　67
22:25　283
22:25-26　64
22:26　283
22:27　67, 283
22:29　60
22:30　60, 63, 67
23:11　181
23:46-47　70
24:13-35　61, 68, 203
24:16　62
24:28　61
24:28-35　75, 184
24:29　61
24:29-35　61, 63
24:30　61, 62, 63
24:31　62
24:35　62, 63

요한복음

1:1-3　144, 203
1:3　144
1:4　143
1:9　146
1:10　143, 144
1:11　143, 145, 146, 147

1:12 147
1:14 147, 148, 203
1:18 142, 144, 161
1:29 148
1:36 148
1:41 148
1:45 148
1:49 148
1:51 145
2:1-11 147, 153
2:2 148
2:3 148
2:4 150, 157
2:10 148
2:11 148
3:3-5 160
3:13 145
3:13-15 155
3:18-21 143
3:19 146
3:29 150
3:35 161
4:4 150
4:4-42 147, 150, 153
4:6 150
4:7 150
4:9 151
4:10 151, 153
4:10-14 152
4:12-15 152
4:14 151
4:15 151
4:19 152

4:22 153
4:25-26 152
4:26 150, 152
4:28-29 153
4:39 153
4:40-41 153
4:42 150, 153
5:20 161
6:1-71 147
6:22-71 155
6:26 155
6:27 153
6:30 155
6:30-40 145
6:31 154
6:32 154
6:33 145, 154
6:35 154, 155
6:36 155
6:38 154
6:39 154
6:40 155
6:41 154
6:42 146, 154, 155
6:44 154
6:44-48 154
6:46 155
6:47 155
6:47-48 154
6:48 154
6:50 154
6:51 154
6:53 154, 160

6:53-58 156
6:55 155
6:56 155
6:58 154
6:60-61 155
6:62 155
7:6-7 157
7:14-36 151
7:26-27 146
7:30 150, 157
7:37 152
7:37-39 151, 156
8:14 146
8:20 150, 157
8:23-24 143, 145
8:24 160
8:28 155
9:29 146
9:39 146
10:10 142
10:11 158
10:15 158
10:16-17 112
10:17 158, 161
10:17-18 158
10:18 158
12:23-27 150
12:27-36 156
12:46-47 146
13장 166
13-17장 167
13:1 150
13:1-2 160

13:1-20 147
13:3 157
13:4 157
13:4-5 159
13:8 150
13:10 160
13:10-11 160
13:13 162
13:14 162
13:15 162
13:16 159, 162
13:19 162
13:20 166
14:1-4 156, 160
14:1-6 147
14:2 161
14:3 161
14:6 178
14:31 161
15:9 163
15:12 163
15:14 163
15:15 162
16:28 146
16:32 150
17:1-2 161
17:6-11 161
17:24 161
18:37 146
19:9 146
19:9-10 146
19:25-26 150
19:30 157

19:34 154, 156
20:19-23 156
20:30-31 143, 170

사도행전
1:18 263
2장 211
2:21 183
2:40 183
2:41 64, 184
2:41-47 75
2:42 63
2:42-47 63, 66, 168
2:44 65
2:44-45 64
2:45 65, 284
2:46 63, 66
2:47 63, 66, 183, 206
4장 211
4:4 184
4:9 183
4:12 183
4:32 65
4:32-35 63
4:34 284
4:34-35 64
4:36-5:11 64
5:1-11 263
6:1 67
6:3 67
6:7 67
8:14-25 264
8:27 71

8:34 71
8:38 71
8:39 71
10장 72
10:1-6 70
10:1-8 73
10:1-11:18 185
10:3 72
10:9-16 73
10:17-23 73
10:23-33 73
10:34-35 73
10:35 52
10:44-46 73
10:48 73
11:14 183
12:20-23 178, 189
13:47 183
14:8-18 178, 189
14:9 183
15:1 183
15:11 183
16:11-15 189
16:16-18 178, 264
16:25-34 29, 189
16:30 183
16:31 183
16:39-40 189
17:1-9 189
17:5-8 29
18:1-4 90
18:7-8 29
19:1-40 178

19:8-40 189
19:23-27 264
20:20 189
21:4-5 190
21:8 190
21:17 190
21:37-40 70
24:24-26 264
27-28장 181
27:1-28:10 198
27:1 181
27:3 70, 182, 188
27:9-11 183
27:18-20 183
27:20 183
27:24 183
27:25-26 183
27:26 185
27:31 183
27:33 184
27:33-38 184
27:34 184
27:35 184
27:36 184
27:37 184
27:42 181
27:43 182, 183
27:44 183
27:44-28:1 185
28:1 183
28:1-2 190
28:1-10 69, 205
28:2 185,188

28:3-6 186
28:4 185
28:7 186, 188
28:7-10 190
28:8 186
28:9 186
28:10 186, 188
28:15 190
28:28 68, 183, 187

로마서
1:7 127
1:29 263
4:1-8 24
4:2-8 224
5:5 122
5:6 122
5:8 122
5:9-10 124
5:9-11 125
6:4 127
8:3-4 90
8:7-9 125
8:15 127
8:29 127
8:35 122
8:37 122
10:9-10 177
12장 289
12:2 262
12:10 123
12:13 23, 285
12:14-13:7 177

12:15 124
13:1-7 251
13:8 123
13:8-15:13 122
13:9 123
13:14 162
14:1 120
14:2 120
14:3 121
14:5 120
14:10 122
14:10-13 127
14:13 122
14:14 119
14:15 122, 123
14:17 120
14:19 123
14:20-21 122
15:1 122
15:1-2 123
15:1-3 121
15:1-7 137
15:2-3 123
15:3 122
15:5-6 123
15:6 127
15:7 115, 120, 121, 123
15:7-13 119
15:8-9 121
15:9-12 123
15:22-25 129
15:26 286, 287
16:1-2 129

16:18 263
16:23 23, 113

고린도전서
1:3 127
1:4-6 105
1:9 105, 110
1:10 113
1:10-12 126
1:11 127
1:26 127
1:26-31 114
2:1 127
2:10-16 105
3:1 127
5:1-8 82
5:3-6 105
5:4 111
6:6 127
6:8 127
6:9-11 178
6:11 160
6:12-20 201
6:13-20 200
6:15-19 105
7장 135
7:19-24 99
8-10장 191-192
8:4-6 177
8:6 127
8:7-13 196
8:11-13 114, 127, 137
8:12 127

9:1-15 194
9:1-18 114, 192
9:1-23 192
9:4 194
9:14 194
9:19 194
9:19-23 194, 195, 196, 199
9:20 195
9:21 195, 197
9:22 191, 195
10:1-4 108
10:1-13 107
10:3-4 107, 111
10:4 108
10:6 108
10:7 108
10:8 108
10:9 109
10:11 109
10:14 107
10:16 110
10:16-17 107
10:16-21 107
10:17 112
10:18 110
10:19-21 179, 200, 201
10:21 110, 111
10:23-11:1 192, 199
10:24 114, 137
10:27 192, 194, 200
10:32 33, 177
10:33 114, 197
11:1 114, 197

11:17 113, 117
11:17-34 192, 284
11:18 113
11:20 110, 114, 116
11:20-26 110
11:21 114
11:22 113, 116
11:23-26 107, 115
11:24 116
11:24-25 111
11:24-26 114
11:25-26 111
11:26 114, 116
11:29 118
11:33 111, 116
11:34 113, 116
12장 289
12:1-14:40 105
12:1-13 99
12:13 99, 289
15:24 127
16:1-2 288
16:5-9 129
16:10-11 129

고린도후서

1:12-23 129
2:12-13 127
5:18-21 124
5:21 90, 124, 196
8-9장 286
8:1 128, 288
8:1-4 286

8:2 288
8:4 287, 288
8:6 288
8:7 288
8:9 196, 288, 301
8:13-15 286, 287
8:14 287
8:15 287
8:18 128
8:22 128
8:23 128
9:3 128
9:5 128
9:6-10 288
9:8-15 299
9:10 288
9:11 289
9:11-13 301
9:12 289
9:13 287, 288
9:15 288
12:9-10 195
13:4 195

갈라디아서
1:1 127
1:3 127
1:4 127
2:1-10 128
2:10 284
2:11-14 101
2:14 101
3:6-9 24

3:13 196
4:12-20 127
6:2 285
6:9-10 285
6:10 128, 177

에베소서
2:1-3 178
2:12 178
2:14-18 125
4:4-6 289
5:5 263
5:26 160

빌립보서
1:12 74
1:27 126
2:2 68
2:5 68
2:5-8 125-126
2:6-8 196
2:19-30 126
2:25 127
3:2-17 126
3:19 263
4:2 126
4:10 128
4:14 128
4:14-19 287, 299
4:15-16 128
4:16 129

골로새서
1:15 127
1:18 127
1:20 125
1:20-22 124
3:5 263
3:5-8 178
3:9-11 99
4:10 23
4:10-11 129

데살로니가전서
2:17-3:8 127
3:12 177
5:14 285
5:15 177, 285

데살로니가후서
3:10 285
3:12 285

디모데전서
3:2 23
4:4-5 265
5:3-16 162
5:10 158
6:6-8 265
6:6-19 264
6:7 265
6:9 264
6:9-10 299
6:10 265
6:11 265

6:15-16 266
6:17 265
6:18 266
6:18-19 299
6:19 266

디도서
1:8 23
3:1 251
3:8 285
3:14 285

빌레몬서
16-18 129

히브리서
10:22 160
11:31 27
13:2 223
13:2-3 23, 89

야고보서
1:9-10 293
2:1 293
2:1-7 293
2:2 293
2:2-3 295
2:4 293
2:5 293
2:6 293
2:6-7 295, 297
2:13 27
2:13-16 28

2:15　27
2:17-19　27
2:25　28
2:25-26　28
4:1-2　294
4:4-6　294
4:6　293
4:13-17　293
5:1-6　295, 297
5:2-3　294
5:3　294
5:4　294
5:5　294
5:6　294

베드로전서
1:6　178
1:18　178
2:11-17　251
2:12　177
3:13-17　177
4:1-4　178
4:9　23

베드로후서
2:7　27, 229

요한2서
7-11　83

요한계시록
7:9　99
17-18장　295

18:2　295
18:3　295
18:4　296, 299
18:7　295
18:9　295
18:11-14　295
18:15-19　295
18:20-24　295
19:7-9　149
22:17　149

구약성서 외경과 위서

토빗
1:5　55

유딧기
12:1-2　55
12:19　55

솔로몬의 지혜서
19:13-14　224

집회서
9:16　54
11:29　54
11:34　54

마카베오1서
1:43　55
1:62-63　55

마카베오2서
6:4-7 55

바룩2서
29:1-30:4 50
29:2-7 150

에녹1서
25:4-6 50
62:13-16 50

요셉과 아스낫
7:1 55

레위의 유언
8:4-6 150

환대와 구원
혐오·배제·탐욕·공포를 넘어 사랑의 종교로 나아가기

Copyright ⓒ 새물결플러스 2019

1쇄 발행 2019년 10월 22일
6쇄 발행 2024년 6월 7일

지은이 조슈아 W. 지프
옮긴이 송일
펴낸이 김요한
펴낸곳 새물결플러스

편 집 왕희광 정인철 노재현 이형일 나유영 노동래
디자인 황진주 김은경
마케팅 박성민 이원혁
총 무 김명화 이성순
영 상 최정호 곽상원
아카데미 차상희

홈페이지 www.holywaveplus.com
이메일 hwpbooks@hwpbooks.com
출판등록 2008년 8월 21일 제2008-24호
주 소 (우) 04114 서울시 마포구 신촌로28가길 29
전 화 02) 2652-3161
팩 스 02) 2652-3191

ISBN 979-11-6129-125-3 93230

책값은 뒤표지에 있습니다.